TEORIA DA IGUALDADE TRIBUTÁRIA

HUMBERTO ÁVILA

TEORIA DA IGUALDADE TRIBUTÁRIA

6ª EDIÇÃO

Revista, atualizada e ampliada

2026

EDITORA *Jus*PODIVM | MALHEIROS EDITORES

www.editorajuspodivm.com.br

TEORIA DA IGUALDADE TRIBUTÁRIA

© Humberto Ávila

1ª edição, 01.2008; 2ª edição, 08.2009; 3ª edição, 05.2015;
4ª edição, 03.2021; 5ª edição, 2024.

www.editorajuspodivm.com.br

Rua Canuto Saraiva, 131 – Mooca – CEP: 03113-010 – São Paulo – São Paulo
Tel: (11) 3582.5757

Contatos: https://www.editorajuspodivm.com.br/central-de-relacionamento
malheiroseditores@terra.com.br

Diagramação: Editora JusPODIVM

Capa: Ana Caquetti

A958t Ávila, Humberto
Teoria da Igualdade Tributária / Humberto Ávila – 6.ed., rev., atual. e ampl. - São Paulo: Editora JusPodivm, 2025.
224 p.

ISBN: 978-85-442-6399-0.

1. Direito Tributário. I. Ávila, Humberto. II. Título.

CDD 341.39

Bibliotecária Responsável
Ana Carolina Ribeiro Mois – CRB7 – RJ 007348/0

Para Alcides Jorge Costa.

NOTA À 6ª EDIÇÃO

É com enorme satisfação que lanço a 6.ª edição do livro *Teoria da Igualdade Tributária*. A obra foi revista, atualizada e ampliada.

Esta nova edição passa a incluir considerações sobre o princípio da justiça tributária, objeto de previsão expressa no texto constitucional pela Emenda Constitucional nº 132/23, e sobre a importância da definição das finalidades para o controle da igualdade.

Com esses acréscimos e uma revisão total do texto, esta obra se mantém atualizada e permite que o leitor possa acompanhar os temas mais importantes relacionados à igualdade tributária.

Como sempre, agradeço penhoradamente às leitoras e aos leitores pela generosa acolhida que deram à presente obra.

São Paulo, agosto de 2025.

NOTA À 5ª EDIÇÃO

É com enorme alegria que lanço a 5.ª edição do livro *Teoria da Igualdade Tributária*. A obra foi revista, atualizada e ampliada, e traz novos e importantes trechos a respeito de temas relevantes julgados nos últimos anos e que tocam diretamente ao tema da igualdade tributária.

Esta nova edição passa a incluir tanto questões atinentes aos novos princípios introduzidos pela Reforma Tributária (Emenda Constitucional n. 132/23) como também decisões paradigmáticas sobre os temas aqui tratados, como a decisão sobre a coisa julgada em matéria tributária (Temas nº 881 e 885 do Supremo Tribunal Federal) e a decisão sobre o direito de creditamento sobre os insumos recicláveis (Tema nº 304 do Supremo Tribunal Federal).

Com esses acréscimos e uma revisão total do texto, esta obra se mantém atualizada e permite que o leitor possa acompanhar os temas mais importantes relacionados à igualdade tributária.

Como sempre, agradeço penhoradamente às leitoras e aos leitores pela generosa acolhida que deram à presente obra.

São Paulo, 20 de setembro de 2024.

NOTA À 4ª EDIÇÃO

É com enorme satisfação que apresento aos leitores a nova edição da *Teoria da Igualdade Tributária*, já há muito esgotada.

Esta nova edição conta, de um lado, com uma revisão geral do texto; de outro, com a inclusão de decisões judiciais a respeito dos temas nela tratados.

Mais uma vez, agradeço aos atentos leitores pela surpreendente acolhida que esta obra tem recebido.

São Paulo, dezembro de 2020.

NOTA À 3ª EDIÇÃO

É com enorme satisfação que apresento aos leitores a 3ª edição do meu *Teoria da Igualdade Tributária*. Ela conta com nova revisão geral do seu texto e novas decisões judiciais que dão suporte às teses defendidas ao longo da exposição.

Estas novas decisões comprovam a importância cada vez maior que o dever de igualdade vem assumindo no Direito Brasileiro: como, em regra, a legislação é elaborada com rapidez para atender aos mais variados interesses, são criadas inúmeras distinções entre os contribuintes, funcionando o dever de igualdade como parâmetro para aferir sua constitucionalidade. Assim, mais do que importância teórica, que é imensa, este trabalho tem uma enorme importância prática.

Agradeço, novamente, a todos os que têm, tão calorosamente, acolhido a presente obra, pelas valiosas contribuições que levam ao seu contínuo aperfeiçoamento.

APRESENTAÇÃO

Este livro é a tese com que o Autor cumpriu um dos requisitos para obter – e com brilho – o título de Livre Docente na Faculdade de Direito da Universidade de São Paulo.

Não hesito em dizer que esta obra vem enriquecer muito a literatura jurídica nacional. Como diz textualmente o Autor nas conclusões (p. 189), "a preferência axiológica que a Constituição atribui à igualdade não lhe garante efetividade alguma. A sua glorificação doutrinária tampouco. Ou seus elementos estruturais são devidamente explicados, e a relação entre eles bem compreendida, ou ela continua enclausurada em tinta preta". O Autor tem razão nestas suas observações.

A obra que tenho a honra e o prazer de apreciar é uma contribuição excepcional para a compreensão dos elementos estruturais da igualdade.

O livro tem muitos méritos, como o de somar um apurado exame teórico da igualdade em seus múltiplos aspectos com a análise de alguns casos concretos, o que é uma grande virtude. Esta análise contribui para melhor compreensão e, em consequência, para melhor aplicação da tributação mediante o uso de padrões fiscais, como é o caso das plantas de valores na cobrança do IPTU, das tabelas de valores de veículos automotores, como no do IPVA, ou da fixação padronizada das margens de valor agregado, como no da substituição para frente do ICMS. Da mesma forma, mostra como a igualdade e a eficiência administrativa não se contrapõem.

Enfim, repito, uma excelente contribuição, cuja leitura se vai tornar obrigatória para a boa compreensão da igualdade e dos problemas que suscita, leitura facilitada por um texto extremamente claro.

São Paulo, 11 de dezembro de 2007

Alcides Jorge Costa
Titular Aposentado de Direito Tributário
da Universidade de São Paulo.

PREFÁCIO

É admissível dizer, sem ufanismos, que o Brasil dispõe de uma experiência jurídico-tributária respeitável. Os problemas atinentes à intensa atividade legiferante; a uma oscilação jurisprudencial que, em alguns momentos, causou enormes preocupações; a uma produção doutrinária abundante, mas nem sempre voltada ao aprofundamento das ideias na seleção de questões fundamentais; tudo isso já lhe dá *status* para ser apreciada pela história de nossas instituições, ao longo de meio século de práticas reiteradas. Tornou-se possível avaliar o crescimento e a evolução das construções dogmáticas, comparando-as com as de outros países de cultura ocidental.

É nos horizontes dessas cogitações, entre os inevitáveis traços positivos e negativos inerentes a todo o processo submetido a juízo de valor histórico, que recebo a excelente contribuição do Professor HUMBERTO ÁVILA, mesmo porque venho notando flagrante retrocesso no que diz respeito ao rigor do tratamento científico do Direito Tributário. Vou expressar-me com mais clareza: trata-se de uma das exceções justamente porque a doutrina dominante parece retornar ao sincretismo metodológico que condenou, inapelavelmente, a Ciência das Finanças, denunciado pela retórica candente e expressiva de ALFREDO AUGUSTO BECKER. A pretexto de desenvolver uma análise mais abrangente do fenômeno descrito, focalizando-o na multiplicidade de seus aspectos, com pretensões à totalidade, os autores se esqueceram de preservar a pureza epistemológica que é própria desse tipo de manifestação da cultura. O modo de aproximar-se do objeto jurídico não comporta concessões. A chamada interpretação econômica ou qualquer outra que não a exclusivamente jurídica é incompatível com o domínio que assuma as proporções de feixe de normas reguladoras de condutas inter-humanas, dirigidas à implantação de valores no contexto social.

Ora, a proliferação de princípios, nos mais variados setores da disciplina dos comportamentos interpessoais, é uma realidade viva do momento por que passa a sociedade brasileira. Há princípios para todas as preferências, desde aqueles tradicionais, manifestados expressamente ou reconhecidos na implicitude dos textos do direito positivo, até outros, concebidos e declarados como entidades que dão versatilidade ao autor do discurso para locomover-se livremente, e ao sabor de seus interesses pessoais na interpretação do produto legislado. E lidar com tais estimativas é algo perigoso que promove a politização do trabalho hermenêutico, enfraquecendo o teor da mensagem, na medida em que o exegeta passa a operar com padrões móveis de referência, que se deslocam facilmente no eixo das ideologias e das tendências emocionais daquele que interpreta. Lembremo-nos de que o Direito, como objeto da cultura, requer a atribuição de valores para imprimir sentido ao texto editado pelo legislador. Todavia, a presença axiológica não pode assumir dimensões incontroláveis, sob pena de não atingir aquele *minimum* de segurança ínsito à existência do *dever-ser*. É a esse exagero que me refiro, como fator de transformação da prescrição jurídico-normativa em mera proposição de afirmação política, transitando a mensagem entre paradigmas inconciliáveis, que deixam a porta aberta para decisões desconcertantes, em face da infixidez dos padrões utilizados como justificação decisória. Exemplo desse mosaico de valores jogados aleatoriamente para servir de suporte a eventuais elaborações exegéticas, está expresso por certas tentativas de arrolar abundantes princípios, como fundamentos para a interpretação do texto, antecipando-se o editor das normas ao empenho de construção de sentido que caberá, por certo, ao aplicador do diploma. Recentemente, iniciativa de modificações importantes para a vida jurídica dos tributos faz menção, num único dispositivo, a nada menos do que vinte princípios que estariam prontos para ser acionados tendo em vista a compreensão do documento prescritivo. Pouco importa se alguns dos valores que constam da relação se apresentem contraditórios, como a *confidencialidade* em face da *transparência*, ou intrinsecamente redundantes, como o da *confiança legítima*. De qualquer modo, estariam lá, inteiramente disponíveis, ao alcance de quem se dispusesse a justificar suas decisões sobre a aplicação dos dispositivos. De ver está que o Direito assim considerado passa a ser mero instrumento de comunicação política, dissolvendo-se o *dever-ser* e perdendo a proposição normativa suas possibilidades coativas de eficácia. Relegado a esse nível de insegurança, o jurídico se transforma em atos de fala que se aproximam mais dos discursos políticos, portadores de uma retórica voltada aos objetivos de seduzir e de conquistar, posta a serviço de fins estranhos que nada dizem com o objetivo primordial de reger condutas intersubjetivas para canalizar o fluxo dos comportamentos e implantar o sobrevalor *justiça*.

Se partirmos da premissa de que a experiência brasileira já oferece material precioso, diga-se de passagem, para a reflexão, eis o intervalo adequado para repensarmos essa prática, reinserindo na Dogmática aquele ar de seriedade e de gravidade de que ela tanto necessita. Ao mesmo tempo, se reconhecermos nesses valores entidades imprescindíveis para o desempenho do Direito, aglutinando normas e conectando instituições, torna-se imperioso combater aquilo que podemos chamar de *banalização dos princípios*, uso indiscriminado desses primados, sem qualquer aderência a critérios de organização, associado à liberdade criativa de quem legisla, numa volúpia de estabelecer parâmetros que acomodem as várias possibilidades de composição discursiva. Nesse ponto residiria o comando supremo de *convencer a qualquer custo*, ainda que tal persuasão viesse em detrimento do que há de mais caro às tradições jurídicas de nossa sociedade.

É justamente no âmbito desse movimento de reação que surgem trabalhos do nível deste que tenho o agradável prazer de prefaciar. Seu Autor, o advogado e reconhecido jurista, HUMBERTO ÁVILA, marcou seu advento com o livro *Teoria dos Princípios – Da definição à aplicação dos princípios jurídicos*, numa demonstração eloquente de insatisfação com os rumos da axiologia no universo do Direito. Em seguida, deu à edição seu *Sistema Constitucional Tributário Brasileiro* e volta, agora, com *Igualdade Tributária – Estrutura, elementos, dimensões, natureza normativa e eficácia.* Certamente preocupado com a inusitada multiplicação de estimativas que a disciplina jurídico-tributária suscita, o ilustre Professor da Faculdade de Direito da Universidade Federal do Rio Grande do Sul empreende a distinção entre *princípios* e *regras*, aprofundando o assunto e trazendo à tona o que há de melhor na doutrina alemã, acrescida por sua fecunda experiência com juristas americanos na Universidade de Harvard, em especial FREDERICK SCHAUER.

No presente volume, explora as possibilidades cognoscitivas do princípio da igualdade, procurando construir categorias e formas, ao demarcar os limites e as projeções necessárias para sua real e efetiva implantação. O tributário comparece, aqui, como campo empírico dos testes promovidos pelo Autor, mas a assimilação dos conceitos e a abrangência das categorias habilitam o pensamento para operar em qualquer dos segmentos do saber jurídico.

Por HUMBERTO ÁVILA, a quem SOUTO MAIOR BORGES considera o grande expoente de sua geração, devo dizer que tenho grande apreço pessoal e intelectual. Admiro o tom de seriedade que imprime a suas manifestações e o conheci ao tempo de sua dissertação de mestrado, quando tive o ensejo de examinar excelente trabalho. De lá para cá, seu crescimento intelectual foi vertiginoso: esteve na Alemanha, onde se doutorou, e nos Estados Unidos, além das numerosas conferências que vem proferindo em todo o Brasil. Mas, o que me impressionou vivamente foi seu desempenho perante a exigente Banca Examinadora que o arguiu no concurso para Livre-Docente de Direito Tributário, na tradicional Faculdade de Direito do Largo de São Francisco (USP). Respondeu a todas as questões, movendo-se com desenvoltura e eloquência entre as elevadas categorias da Filosofia e da Teoria Geral do Direito, do Direito Constitucional, Administrativo e Tributário. O salão nobre daquela Casa do Saber Jurídico acolheu-o, com as melhores loas, ficando impregnado pelas palavras sóbrias, porém carregadas de força persuasiva com que defendeu as linhas de seu pensamento.

Por tudo isso, não poderia menos do que exprimir minha sincera admiração pelo produto final deste livro sobre a Igualdade Tributária, que vem fortalecer, de maneira significativa, o movimento de reação pela dignidade e pela magnitude dos escritos jurídicos no Brasil.

São Paulo, 30 de novembro de 2007

PAULO DE BARROS CARVALHO
Titular de Direito Tributário
da PUC/SP e da USP.

SUMÁRIO

AGRADECIMENTOS

Qualquer trabalho, por menor que seja, só é realizado graças à decisiva contribuição de muitas pessoas. Algumas auxiliam simplesmente pela aceitação do distanciamento necessário à sua realização, em momentos em que a permanência do autor era imprescindível. Outras ajudam estimulando a sua feitura, especialmente quando a força do autor para iniciá-lo custa a surgir, ou a energia para concluí-lo sem demora quer desaparecer. Outras, ainda, socorrem, de modo especial, com a saudade do autor, o sofrimento com sua ausência, muitas vezes silenciado. Poucas, por fim, impulsionam fazendo tudo isso, ao mesmo tempo.

Este trabalho foi quase todo elaborado em Cambridge, nos Estados Unidos, por ocasião de um semestre de estudos na *Harvard Law School*, onde fui admitido na qualidade de *Visiting Scholar*. Não por outro motivo ele é dedicado à minha esposa ANA PAULA, à minha filha GEORGIA e ao meu filho ANDRÉ. Sem sua aceitação, estímulo e saudade, este trabalho nunca teria sido escrito.

Assim, agradeço a cada uma delas em particular e a todas em conjunto, indo este reconhecimento até onde as palavras não chegam, e ainda mais longe.

Manifesto, igualmente, minha gratidão ao Professor FREDERICK SCHAUER, pelo acesso à Universidade de Harvard, pela indicação pontual dos livros certos e pela disponibilidade ao debate honesto sobre alguns pontos cruciais para a realização deste trabalho.

Meu muito obrigado, também, àquelas pessoas que estavam lá, torcendo para que tudo desse certo, incentivando-me nos momentos cruciais, especialmente naquelas ocasiões em que insegurança estava ali, à espreita, em busca de bloquear a arriscada tentativa de dizer, sem alarde e com simplicidade, algo novo, em favor da cômoda certeza de reproduzir, com barulho e sem objetividade, aquilo que já foi tantas vezes dito.

Este trabalho foi apresentado como parte dos requisitos para a inscrição em concurso de livre-docência junto ao Departamento de Direito Econômico e Financeiro, área de Direito Tributário, da Faculdade de Direito da Universidade de São Paulo. Cumpre-me, pois, em primeiro lugar, agradecer ao Professor PAULO DE BARROS CARVALHO, presidente da Banca do Concurso e Titular da Cátedra de Direito Tributário, pelo inestimável apoio para a realização do Concurso, pela irrepreensível condução dos trabalhos e pelas valiosas observações sobre o conteúdo geral da obra. Cabe-me, em segundo lugar, agradecer aos demais Professores que compuseram a Banca do Concurso, os Eminentes Professores CARLOS MÁRIO DA SILVA VELOSO, CLÉMERSON MERLIN CLÈVE, EROS ROBERTO GRAU e JOSÉ SOUTO MAIOR BORGES. A todos agradeço, profundamente, pela leitura atenta da obra e pelas valiosas sugestões para seu aperfeiçoamento.

Finalmente, devo meu muito obrigado aos Professores ALCIDES JORGE COSTA e LUIS EDUARDO SCHOUERI, entre tantas outras coisas pelo inestimável apoio para que eu prestasse o Concurso de Livre-Docência na Faculdade de Direito da Universidade de São Paulo.

1

CONSIDERAÇÕES INTRODUTÓRIAS

1.1 Objeto e importância (por que a igualdade?). 1.2 Método (ou sob que perspectiva será analisada a igualdade?). 1.3 Plano (ou como será analisada a igualdade?).

1.1 Objeto e importância (por que a igualdade?)

A extensão do dever de igualdade pode melhor ser compreendida por meio do uso de casos hipotéticos capazes de ilustrar o intrincado feixe de relações que o seu conceito pressupõe.

Nesse sentido, é comum escutar, por parte do contribuinte, a alegação de que a norma tributária é injusta, por desigual, na medida em que deixa de atentar para as particularidades do seu caso ou dele próprio. "O *meu* caso é diferente", exclama o contribuinte individual, reclamando, por exemplo, por não poder deduzir, da base de cálculo do imposto sobre a renda, a totalidade das despesas com educação ou com tratamentos médicos, sendo obrigado a obedecer a um padrão legal que permite a dedução somente até um determinado limite, aplicável a todos os contribuintes, *indistintamente*. O contribuinte insurge-se contra o conteúdo da norma tributária, pois a considera injusta, pelo fato de ela não levar em conta as suas particularidades, tratando-o, meramente, como membro de uma classe de indivíduos (os contribuintes do imposto sobre a renda) e, não, como um indivíduo. "E eu?", reclama como a exigir a inserção das *suas* particularidades no âmbito da norma tributária.

Diante dessa situação, o contribuinte alega violação ao princípio da igualdade, pelo fato de a norma não ter tratado de modo diferente o seu caso na medida em que ele supostamente se diferencia dos demais. Assim, a norma tributária é acusada de injusta por não levar em conta as particularidades do caso ou do destinatário. A sua injustiça reside no fato de tratar todos igualmente, *apesar de suas diferenças*. O contribuinte, em outras palavras, reclama da sua *padronização*, quando, em seu entendimento, deveria primar pela *individualização*; sua *simplicidade*, quando preferiria sua *complexidade*.

O mesmo ocorre, por exemplo, com a tributação da venda de mercadorias por meio da substituição tributária para frente, em que o preço de venda da mercadoria obedece a uma pauta fiscal que presume o valor médio de venda, e desconsidera os preços *efetivamente* praticados pelos contribuintes; com a tributação da propriedade de veículos automotores, em que o preço de mercado do veículo é previsto numa tabela de preços que, dada a sua generalidade, não abrange os detalhes de *cada* automóvel; com os casos de tributação da propriedade imobiliária, em que o preço de mercado da casa ou do apartamento segue uma planta de valores que, em virtude da sua generalidade, não leva em consideração *todas* as diferenças entre os imóveis, e assim por diante.

O interessante é que, diante dessas situações, a fiscalização sustenta que não pode fazer uma análise *particular*, por ser a norma *geral*. "Azar do contribuinte", diz a fiscalização. Para ela, pode-se hipoteticamente afirmar, o importante é aquilo que a norma prevê e, não, o que o caso supostamente reclama. E o contribuinte, ao seu turno, sustenta que a norma, justamente por ser *geral*, deve ser afastada em favor de uma consideração ao *individual*, ao *particular*. Para ele, é lícito considerar: o decisivo é aquilo que o caso, na sua "real concretude", exige, e, não, o que a norma, na sua "irreal abstração", prevê.

Não menos extraordinário, todavia, é ouvir, por parte dos mesmos contribuintes, a alegação de que a norma tributária é justa, por ser isonômica, precisamente na medida em que ela não atenta às particularidades do caso ou do destinatário da norma. "A norma geral não se aplica ao meu caso", exclama o contribuinte, justificando por que entende não poder ser obrigado a pagar imposto sobre a renda, justamente porque a lei, aplicável a todos indistintamente, supostamente não previu o seu caso. O contribuinte insurge-se contra a aplicação individualizada da norma tributária por considerar que a lei estabeleceu um padrão legal, de cuja generalidade ele se aproveitou e se beneficiou, e que não abre espaço para consideração do seu caso ou das suas particularidades. "Eu?", indaga o contribuinte, estranhando a tentativa de inseri-lo no âmbito da norma que não prevê, no sentido mais imediato do seu texto, as peculiaridades do seu caso individual. Perante esse quadro, o contribuinte alega violação ao princípio da igualdade pelo fato de a norma ter sido aplicada de modo diferente ao seu caso, quando ela não fazia qualquer distinção relativamente a ele. Aqui, a aplicação da norma tributária é injusta por ter levado em conta as particularidades do caso ou do destinatário. A injustiça da (aplicação da) norma tributária expressa-se, em outras palavras, na circunstância de a fiscalização pretender tratar os contribuintes de modo diferente, *apesar de a norma tratá-los igualmente*. O contribuinte alega que a lei é *padronizada*, e não poderia ser *individualizada* pelo fiscal.

O mesmo ocorre, por exemplo, nos casos de planejamento tributário, em que o contribuinte, com suporte na regra geral de tributação, pratica ou diz praticar propositadamente uma operação diferente daquela prevista na norma, e busca, com isso, bloquear a atuação individualizada da fiscalização mediante a alegação de que a norma geral não abrange o seu caso, devendo ela, no seu entendimento, ser aplicada indistintamente, apesar das diferenças do seu caso. O curioso é que, diante dessas situações, o contribuinte, de um lado, sustenta que a norma, justamente por ser geral, não permite uma consideração *individual*. "Azar do Estado", diz o contribuinte. Viva a norma, apesar do caso! E a fiscalização, de outro lado, alega que deve fazer uma análise *particular*, apesar de a norma ser *geral*. Viva o caso, apesar da norma!

Em outras palavras, essas hipóteses exteriorizam os diferentes sentidos da tão repetida frase cunhada por Anschütz, ainda sob a vigência da Constituição de Weimar, no sentido de que "as leis devem ser aplicadas sem a consideração da pessoa" (*Die Gesetze sollen vollzogen werden ohne Ansehen der Person*).[1] As leis deveriam, pois, ser aplicadas igualmente para todos, cabendo à fiscalização aplicá-las "sem olhar para a pessoa" do destinatário: se alto ou baixo, gordo ou magro, famoso ou desconhecido, pouco importa, a lei deveria ser igual para todos, não se admitindo fosse aplicada para uma pessoa de um jeito, e para outra, de outro. Não por acaso que a deusa da justiça está de olhos vendados. A venda simboliza, precisamente, o proposital distanciamento e a indispensável imparcialidade necessários ao justo julgamento. E também não fortuitamente que a atividade de ponderação é ilustrada por uma balança, a indicar o requerido sopesamento dos interesses contrapostos.[2]

---

1. Gerhard Anschütz, *Die Verfassung des Deutschen Reiches vom 11. August 1919*, 14ª ed., Darmstadt, Scientia Verlag Aalen, 1987, p. 523. Sobre o assunto, ver, também: Gerhard Leibholz, *Die Gleichheit vor dem Gesetz*, 2ª ed., München, Beck, 1959, pp. 30 e ss.

2. Stefen Gesepath, *Gleiche Gerechtigkeit*, Frankfurt am Main, Suhrkamp, 2004, p. 39.

Os casos antes mencionados, porém, expõem a complexidade envolvida na concretização dessa ideia, dependendo dos interesses contrapostos no momento da aplicação da lei. Numa situação, o contribuinte, quando a consideração das suas particularidades atenuaria o rigor da lei, exclama: "*olhe* para *mim*!". Em resposta, a Administração, fixando-se no padrão legal, afirma: "não posso *olhar* para *você*". Noutra circunstância, a Administração, entendendo que o contribuinte praticou fatos cujas particularidades permitem aplicar a regra de tributação ao seu caso, apesar do seu planejamento para que isso não ocorresse, afirma: "peguei *você*". O contribuinte, em contrapartida, entendendo ter-se beneficiado do padrão legal cuja rigidez impediria que a Administração considerasse as suas particularidades, vocifera: "*não* olhe para *mim*!". Isso tudo sem falar no caso hipotético de a fiscalização "fazer vista grossa" na aplicação da lei tributária a uma autoridade pública do alto escalão governamental, com base no suposto cumprimento da máxima de ter de aplicar a lei "*sem olhar para a pessoa*", justamente mediante a alegação – que seria ridícula, conquanto realista, especialmente se feita de modo dissimulado – de que não podia "olhar para *aquela pessoa*"!

Enfim, os casos acima descritos giram em torno da questão de poder ou não o aplicador – ou de quando tem esse poder e por meio do preenchimento de quais requisitos pode validamente exercê-lo, como se defende neste trabalho – considerar propriedades *individuais* na aplicação de normas *gerais*; em outras palavras, pode ele, afinal, *diferenciar* onde o legislador *igualou*, e *unir* onde ele *separou*?

É nesse contexto que se situa o problema relativo à complexidade das normas tributárias. Como o tratamento particularizado é muitas vezes glorificado – o Poder Legislativo entendendo que deve atentar às diferenças entre os contribuintes, e o Poder Executivo sustentando que precisa se encarregar de regulamentar todas as minúcias necessárias à aplicação da lei –, as leis tributárias terminam ficando repletas de regras específicas e excepcionais, ao mesmo tempo em que os regulamentos ficam abarrotados de regras de extremo detalhamento. Com isso, a legislação tributária fica espantosamente complexa, tornando-se quase incompreensível, até mesmo para especialistas. Frente a esse contexto, o mesmo contribuinte que clamava por uma legislação atenta às suas particularidades, agora se insurge contra o resultado daquilo mesmo pelo que clamou, alegando a violação ao princípio da igualdade pelo fato de a norma tratar de modo diferente cada contribuinte. A norma tributária seria injusta por levar em conta as particularidades do caso ou do destinatário e sua injustiça residiria na circunstância de, ao pretender tratar *cada um* diferentemente, gerar uma dificuldade soberba para ser aplicada para *todos*. Aquele mesmo que queria uma legislação tributária moldada às individualidades dos destinatários e, portanto, fundada na justiça particular, agora demanda por uma legislação tributária alheia a essas individualidades e, por conseguinte, baseada na justiça geral.

Esses casos, e os argumentos neles envolvidos, remetem à seguinte indagação: a norma tributária deve tratar todos os contribuintes igualmente, *apesar das suas diferenças*, ou todos os contribuintes diferentemente, *apesar da sua igualdade*? Este trabalho propõe-se a buscar respostas para essa intrincada pergunta, impulsionado, especialmente, pela alegação de que o Direito Tributário justo é aquele que sempre leva em consideração as particularidades dos casos concretos e dos contribuintes neles envolvidos; é aquele que privilegia o denominado princípio da capacidade contributiva subjetiva acima de tudo, em suposto detrimento da legalidade. Verificar a consistência dessa afirmação é um dos seus propósitos; o debate filosófico entre particularismo e generalização, um dos seus fundamentos; e a discussão tributária a respeito da contraposição entre capacidade contributiva e eficiência administrativa, um dos seus aspectos. A relevância da investigação deve-se à crescente utilização, no Direito Tributário, em especial no Direito Tributário Brasileiro, de padrões fiscais (pautas, tabelas, plantas), que desconsideram as particularidades dos casos concretos em nome da chamada eficiência administrativa, precisamente num momento em que os cidadãos, dentre os quais os contribuintes, rogam por uma atenção individualizada que preserve a sua dignidade.

Nesse quadro, a tese aqui apresentada posiciona-se no sentido de que o Direito Tributário Brasileiro adota um sistema misto de justiça individual e de justiça geral: o Poder Legislativo pode, sim, usar padrões fiscais; eles, no entanto, ademais de refletir a média dos fatos geradores efetivamente ocorridos, devem incorporar cláusulas de equidade capazes de corrigir discrepâncias significativas entre a dimensão presumida do fato e a sua dimensão real, nos casos em que elas geram uma desigualdade que, de tão extensa e intensa, termina por atingir bens jurídicos essenciais de direitos fundamentais dos contribuintes, especialmente os direitos de liberdade.

O embate entre a necessidade de generalização e o dever de atentar às particularidades dos casos e dos contribuintes implica um outro problema. Como a utilização de padrões conduz à desconsideração de todas as propriedades efetivamente existentes em cada caso, surge a questão de saber se basta ao legislador tributário tratar os contribuintes apenas *igualmente* ou se, além disso, ele precisa tratá-los *como iguais*, isto é, por meio de uma legislação que permita que eles atuem e que eles sejam como eles livremente podem atuar e podem ser. Nesse aspecto, entram em cena os efeitos do tratamento igualitário: ao estabelecer um padrão fiscal que leva em conta a média dos casos e, não, o caso que será efetivamente praticado, o legislador pode provocar efeitos adversos e díspares para determinados contribuintes que, em razão disso, talvez não possam exercer minimamente seus direitos de liberdade de exercício de atividade econômica e de livre concorrência, por exemplo, em virtude de se submeterem à mesma tributação, apesar de serem substancial e significativamente diferentes para o que é relevante do ponto de vista normativo.

As alegações se dividem também quanto a esse aspecto. A fiscalização tributária, pode-se idealmente conceber, alega que a norma tributária desconsidera os casos efetivamente praticados por razões ligadas à eficiência administrativa: ela *não deve* analisar cada caso, mas a média de todos eles, porque tentar analisar todos os casos e cada caso, ademais de impossível, impediria a fiscalização da maioria deles. O contribuinte, por sua vez, sustenta que – embora se esteja diante de uma tributação baseada na média dos casos, que, por isso mesmo, busca generalizar e, não, individualizar; mesmo que a média dos casos seja devidamente analisada e a norma tributária seja abstratamente justificável –, os efeitos concretos que ela produz relativamente a ele são tão díspares, quando comparados àqueles provocados para a maioria dos contribuintes, que é injusto, portanto, obrigá-lo a pagar tributos conforme o padrão. "Se eu for obrigado a pagar pela média, simplesmente não terei como exercer minha atividade", exclama o contribuinte, explicando a razão pela qual entende não poder ser intimado a pagar imposto sobre a venda de mercadorias com base em padrões de preços. Segundo seu raciocínio, a lei, aplicável a todos indistintamente, provoca um impacto tão adverso para ele, que o impede minimamente de exercer suas atividades, fixar seus preços ou estabelecer sua estratégia comercial. O contribuinte insurge-se contra a aplicação generalizada da norma tributária por considerar que a manutenção da aplicação da lei ao seu caso gera uma distorção tão significativa que compromete o livre exercício da sua atividade econômica. Diante disso, o contribuinte alega violação ao princípio da igualdade, não propriamente pelo fato de a generalização normativa não refletir a média ponderada dos casos, mas, em vez disso e apesar disso, pela circunstância de ela produzir efeitos severamente adversos no que concerne ao seu caso. A aplicação da norma tributária produz efeitos injustos *para ele*, apesar de produzir resultados justos *para a maioria*. A injustiça da (aplicação da) norma tributária está na circunstância de a fiscalização pretender tratar os contribuintes igualmente, e fazê-lo, *apesar de a norma produzir efeitos diferentemente com relação a eles*. O contribuinte alega que a lei, embora corretamente *padronizada*, gera *efeitos particulares adversos* que devem ser levados em conta.

A problemática, aqui, diz respeito aos *efeitos diferenciados da norma abstratamente igualitária*. Ainda que a generalização esteja justificada e a média dos casos adequadamente refletida na norma geral, a aplicação *indistinta* da norma provoca efeitos *distintos* nos contribuintes. Nesse âmbito, surge a questão de saber se as leis tributárias devem ou não ser neutras em relação aos contribuintes, no sentido de evitar que determinados contribuintes sejam adversamente atingidos pela norma tributária numa medida tal que os seus direitos de liberdade não mais possam ser minimamente realizados. Para sabê-lo, porém, é preciso indagar: o legislador tributário também deve considerar os efeitos adversos das normas relativas aos contribuintes? Em que consiste a neutralidade e em que medida ela se diferencia da igualdade? Se o dever de neutralidade existe, qual seu fundamento de validade? Como verificar a existência de um efeito tributário adverso e como medi-lo?

Este trabalho procura responder a essas complexas questões, visando, particularmente, a combater a alegação de que as normas tributárias, quando tratam os contribuintes igualmente e são aplicadas de modo uniforme, não podem ser modificadas ou afastadas pelo Poder Judiciário. A verificação da consistência dessa afirmação, à luz do confronto entre a igualdade abstrata e a concreta, é um dos seus alicerces; e a contraposição entre o dever de tratamento igualitário e o de tratamento antidiscriminatório, é uma de suas nuances. A relevância da investigação deve-se ao aumento da aplicação indistinta das leis tributárias pelo Poder Judiciário, sob a alegação de que ele nada pode fazer a não ser aplicar de modo uniforme a lei, tal como foi posta pelo poder competente – o Poder Legislativo.

Nesse âmbito, a tese aqui sustentada posiciona-se no sentido de que o Direito Tributário Brasileiro, precisamente por adotar um sistema misto de justiça individual e de justiça geral, não permite que o uso de padrões fiscais, ainda que sejam geralmente corretos, possam produzir efeitos concretos excessiva ou significativamente díspares: mesmo que o padrão fiscal reflita a média dos fatos geradores de determinado tributo e, por isso, seja *válido*, ainda assim não deve ser *aplicado* para determinados casos em que a desigualdade provocada pela sua utilização é, em alguma medida, disparatada. Em outras palavras, a posição, aqui defendida, propõe uma dissociação entre a validade do padrão legal e a sua aplicação, especialmente para concluir que é somente o padrão fiscal, como regra geral, que pode ser considerado definitivo, na medida em que ele subsiste apenas como regra geral e, nunca, como regra individual em todos os casos.

Noutro quadrante, é muito comum, em virtude das diferenças existentes entre os contribuintes, que o legislador crie normas gerais de tributação e normas excepcionais de exoneração. De um lado, se se trata de uma regra de tributação que sujeita determinados contribuintes ao pagamento de um tributo, aquele contribuinte, cujas atividades se situam no âmbito de aplicação da regra, insurge-se contra a norma alegando tratamento diferenciado. "*Por que* eu?", alega. "Afinal, se há alguns que não devem pagar, eu *também* não devo pagar", exclama o contribuinte, com suposto apoio na igualdade. De outro lado, se se trata de uma exceção que faz com que os contribuintes não paguem nada, ou paguem menos, o contribuinte que fica de fora da regra excepcional e, por isso, é obrigado a pagar, ou a pagar mais, insurge-se contra a norma alegando discriminação. "Por que eu *também não*?", indaga. "Ora, se os *outros* têm direito ao benefício, eu *também* devo ter", exclama o contribuinte, com pretenso apoio na igualdade. Diante desse embate, o contribuinte alega violação ao princípio da igualdade pelo fato de a norma de tributação ou de exoneração ter incluído seu caso na previsão normativa *sem uma razão justificadora*. A norma tributária é injusta porque considera distintivas propriedades que não existem, porque despreza aspectos que o contribuinte acredita relevantes, porque visa a atingir uma finalidade cuja utilização o contribuinte entende não ser juridicamente permitida ou porque, embora tenha se valido de uma finalidade cuja realização seja mesmo obrigatória, estabelece um critério de diferenciação que com ela não mantém nenhuma relação. A norma tributária é supostamente injusta por diferenciar arbitrariamente o contribuinte, enfim. A injustiça da norma tributária, em outras palavras, está na circunstância de tratar diferentemente os contribuintes, que até são descritivamente diferentes, mas *sem a razão justificadora, sem a consideração adequada das diferenças relevantes, ou com a consideração de diferenças irrelevantes*.

A questão, então, passa a dizer respeito à *motivação do tratamento diferenciado* e ao seu *modo de realização*. A igualdade pressupõe uma relação entre dois sujeitos com base em determinado critério de diferenciação. Esse critério de diferenciação, por sua vez, é utilizado para atingir determinada finalidade, correlacionando os sujeitos, tendo em vista determinadas propriedades que, relativamente àquela finalidade, são havidas como relevantes. As dificuldades começam, no entanto, quando são feitas as perguntas *pressupostas* pela relação de igualdade:

como saber se a finalidade utilizada como justificativa para o tratamento diferenciado foi corretamente manipulada? Como aferir se o critério de diferenciação foi devidamente usado? Quais são as propriedades individuais relevantes para uma diferenciação? O presente trabalho procura responder a essas perguntas, incentivado, notadamente, pela alegação de que o importante, no Direito Tributário, é a aplicação, de modo uniforme, das leis. Propõe-se a examinar a consistência dessa afirmação à luz do debate entre igualdade *na lei* e *perante a lei* e da contraposição entre o dever de igualar e o dever de diferenciar. Essa análise cresce em importância em razão do aumento de leis extremamente complexas no Direito Tributário, em especial no Direito Tributário Brasileiro, que instituem regras particulares com base na suposta prerrogativa legislativa, quando não administrativa, de regular as minúcias do caso concreto.

Sobre esse tema, a tese aqui defendida busca ir além da mera afirmação de que o Direito Tributário Brasileiro não tolera distinções arbitrárias entre os contribuintes para tentar encontrar critérios, intersubjetivamente controláveis, de delimitação dos casos em que a distinção é arbitrária.

A instituição de regras gerais e excepcionais cria um outro problema correlacionado ao anterior. Em algumas situações, o contribuinte alega que o regime tributário inicial era igualitário por tratar igualmente os contribuintes de um mesmo setor, sem grandes distorções, mas esse estado igualitário se vê posteriormente rompido com a introdução de novas exceções ou com a declaração de invalidade da regra de tributação pelo Poder Judiciário, concernente a determinado contribuinte ou grupo de contribuintes. “Antes, tudo bem, mas, *agora*, não”, exclama o contribuinte, atentando para o fato de que o estado inicial de igualdade para determinado setor, área ou atividade se viu drasticamente modificado em razão de algum acontecimento posterior. O contribuinte insurge-se contra o conjunto de normas tributárias por considerá-lo injusto em razão de ele criar um *estado de superveniente desigualdade*. Diante dessa situação, o contribuinte alega violação ao princípio da igualdade pelo fato de uma decisão judicial ou uma modificação legislativa tornar desigual o que inicialmente era igual. A injustiça da norma tributária reside na circunstância de ter concebido um sistema igualitário que, com determinada modificação, judicial ou legal, *passou a ser desigual*.

A problemática, dessa vez, diz respeito à igualdade *sistematicamente orientada* e *coerente no tempo*. Ainda que o conjunto de normas tenha tratado igualmente os contribuintes, sua modificação posterior provoca uma *desigualdade sistemática superveniente*. Nesse âmbito, surge a questão de saber se as leis tributárias devem continuar tratando os contribuintes do mesmo modo como os tratou, quando da instituição do regime tributário inicial. Para descobri-lo, no entanto, é necessário questionar: o legislador tributário é obrigado, com base na igualdade, a executar de forma coerente e sem contradição, estática e dinamicamente, as decisões iniciais que tomou ao instituir determinado regime jurídico? As decisões prévias do legislador obrigam-no a agir posteriormente de modo consequente, coerente e isento de contradições?

O presente trabalho tenta responder a estas difíceis questões, motivado, particularmente, pelas crescentes alterações legislativas que, a pretexto de adaptarem as regras aos novos tempos ou de criarem diferenças entre contribuintes havidos como diferentes, terminam por criar legislações anti-isonômicas. O fundamento da pesquisa é a análise da coerência material ou estática e da coerência descritiva ou dinâmica na atividade legislativa, bem como da contraposição entre a necessidade de mudar e o dever de manter.

Nesse terreno, a proposição aqui formulada é no sentido de que o Poder Legislativo deve estar comprometido perenemente com a igualdade, não bastando realizá-la num momento para logo adiante restringi-la. Em outras palavras, a tese aqui defendida propõe uma concepção coerente de igualdade, inclusive no tempo. Tal concepção, todavia, tenta ser criteriosa, na medida em que aponta para requisitos e procedimentos que devem ser observados em sua realização, tendo em vista que a busca da igualdade deve estar permanentemente em harmonia com a busca da segurança jurídica.

As considerações anteriormente apresentadas indicam algumas das questões que o tema da igualdade tributária suscita e pressupõe: igualdade *na lei* e *diante da lei*; igualdade *geral* e igualdade *particular*; igualdade *na norma* e igualdade *nos efeitos da norma*; igualdade como exigência de *tratar igualmente* ou *como igual*; igualdade *inicial* e igualdade *superveniente*. A par dessas, outras tantas são investigadas, como a neutralidade tributária, a natureza da norma de igualdade, a presunção de igualdade, o ônus de justificação na realização da igualdade e, assim por diante. O exame dessas questões concernentes ao tema objeto deste trabalho, pela complexidade dos aspectos envolvidos, é, não obstante, tarefa difícil, que exige perspectiva e procedimentos metodológicos bem cuidadosos e detalhados.

1.2 MÉTODO (OU SOB QUE PERSPECTIVA SERÁ ANALISADA A IGUALDADE?)

A dificuldade enfrentada pelos estudos referentes à igualdade decorre do intrincado feixe de relações que o seu próprio conceito pressupõe.

Em primeiro lugar, há as questões relativas aos seus *fundamentos,* que pressupõem um debate de filosofia geral e de filosofia moral: de filosofia geral, porque exige examinar a possibilidade de existência de igualdade entre os homens e as coisas, o que implica encontrar critérios de semelhança e de diferença, analisar o significado de semelhança, de similaridade, de diferença, de relevância, de finalidade, quando não mesmo de justiça; e de filosofia moral, porque demanda investigar a relação entre universalidade e moralidade, a existência de um imperativo moral (e jurídico) de consideração das particularidades, e assim por diante. Esses temas, ainda que jurídicos, não são exclusivamente tributários. O estudo da igualdade pressupõe a investigação de problemas de Teoria Geral do Direito, de Direito Constitucional, de Direito Administrativo e de Direito Processual, para nomear os ramos mais diretamente relacionados: de Teoria Geral do Direito, porque exige a definição do que significa um critério de diferenciação, um fim, uma propriedade relevante, uma relação de pertinência e congruência entre o critério escolhido e o fim a ser alcançado, entre outras coisas; de Direito Constitucional, porque demanda a investigação dos fundamentos constitucionais de validade para o tratamento igualitário ou diferenciado, da função e das prerrogativas de cada um dos Poderes, dos princípios constitucionais fundamentais, dos direitos individuais, e assim sucessivamente; de Direito Administrativo, porque reclama a análise da função do Poder Executivo e dos limites da sua atuação normativa e judicante, bem como do papel da Administração na edição de atos normativos gerais e de atos administrativos individuais; e de Direito Processual, porque pressupõe a investigação dos procedimentos por meio dos quais a igualdade pode e deve tornar-se realidade.

Em segundo lugar, a complexidade do estudo da norma da igualdade advém da *estrutura relacional* pressuposta pela sua aplicação. Como a igualdade exige uma comparação entre sujeitos, há a necessidade de estabelecimento de uma medida de comparação que sirva para atingir uma dada finalidade. Mas, como será tratado adiante, visto que não é inerente à própria norma da igualdade o critério ou a finalidade, o intérprete pode ter a impressão – correta num sentido, incorreta noutro – de que a igualdade é "vazia". Não por acaso alguns autores escreveram sobre o conteúdo vazio da igualdade ou sobre o seu caráter meramente formal.[3] Essa dificuldade, será demonstrado, decorre da conexão estrutural ou da hierarquia sintática que a norma da igualdade mantém com as normas substanciais da Constituição. Essas normas substanciais fornecem os critérios e as finalidades para a aplicação da igualdade (ou a igualdade fornece a estrutura formal para a aplicação das normas fundamentais, o que significa o mesmo, em razão da relação de reciprocidade existente entre os elementos formais e materiais de um sistema jurídico).

Em terceiro lugar, a complexidade do estudo da norma da igualdade advém da *relação entre elementos descritivos e prescritivos*.[4] Não é incomum tanto a afirmação de que os contribuintes, por *serem* iguais, *devem* ser tratados igualmente, como a de que eles, por *terem sido* sempre tratados igualmente ou distintamente, *devem* ser tratados desse ou daquele modo. Nessas situações, o intérprete pode estar, primeiro, confundindo o plano do *ser* com o do *dever ser*, extraindo conclusões do modo como os contribuintes *são* tratados para o modo como eles *devem ser* tratados. Ainda que haja múltiplas conexões entre esses planos, que serão oportunamente esclarecidas, eles não podem ser simplesmente misturados. O essencial, nesse aspecto, é que muitas diferenciações podem estar sendo realizadas, e há muito tempo, sem que isso implique obediência à norma da igualdade. Outra alternativa ainda é o intérprete estar baralhando a igualdade descritiva (os contribuintes "A" e "B" são, de fato, iguais) com a igualdade prescritiva (os contribuintes "A" e "B" devem ser, de acordo com o ordenamento jurídico, tratados igualmente). A definição desses conceitos é de vital importância para a compreensão da igualdade tributária.

Além disso, a dificuldade no trato da igualdade não decorre só dela. Ela advém, também, do *modo* como ela é normalmente tratada pela doutrina, também por várias razões:

(a) há uma tendência geral de tratar a igualdade de modo *elíptico*, isto é, mediante uma explicação que, deliberadamente, omite a explicação manifesta dos seus elementos essenciais na pressuposição de que eles

---

3. Peter Westen, *Speaking of equality. An analysis of the rhetorical force of "equality" in moral and in legal discourse*, Princeton, Princeton University, 1990, p. 90. Kent Greenawalt, "How Empty is the Idea of Equality", *Columbia Law Review* n. 83, pp. 1.167-1.185, 1983. Christopher Peters, "Equality Revisited", *Harvard Law Review*, n. 110, p. 1.210-1.264, 1997. Frederick Schauer, *Profiles, Probabilities and Stereotypes*, Cambridge, Belknap, 2003, p. 218.

4. Peter Westen, *Speaking of equality. An analysis of the rhetorical force of "equality" in moral and in legal discourse*, cit., p. 61.

são subentendidos por todos os operadores do Direito.[5] Isso não decorre apenas do fato de todos terem uma ideia a respeito da igualdade, e de pensarem que a sua análise se reveste de tal obviedade e capacidade de persuasão que não requer nem aprofundamento nem uso rigoroso da Linguagem.[6] Essa tendência advém, além disso, dos próprios elementos constitutivos da igualdade. Como ela pressupõe uma *relação* entre *sujeitos* com base em determinado *critério de diferenciação*, que é utilizado para atingir determinada *finalidade*, e correlaciona os sujeitos tendo em vista determinadas propriedades havidas, relativamente àquela finalidade, como *relevantes*, há uma tendência a achar que a *mera* menção a esses elementos já seria suficiente para tornar inteligível seu funcionamento. E isso está longe de acontecer, pois a definição de cada um desses elementos e o esclarecimento do seu funcionamento pressupõem a eliminação de uma série infindável de ambiguidades que serão, ao longo deste trabalho, mencionadas e, dentro do possível, diminuídas ou, quiçá, em algum sentido, eliminadas. Sem a análise desses elementos a igualdade não pode ser sequer compreendida, muito menos efetivamente aplicada;

(b) há uma tendência de analisar a igualdade de modo laudatório e emotivo, quando não mesmo sacro. Muitas vezes, cria-se a ideia de que defender o tratamento igualitário (enquanto tratamento que analisa as particularidades de cada cidadão) é defender algo necessariamente bom e, reversamente, sustentar o tratamento desigual (enquanto tratamento que bloqueia a análise de algumas diferenças de cada cidadão) é algo inevitavelmente ruim. Esse suposto valor intrínseco da igualdade particularista é algumas vezes defendido de modo emotivo, isto é, não é feito por meio da análise racional dos seus elementos constitutivos, mas, em vez disso, mediante a simples exaltação da sua importância, sem que a ela sejam agregados – como se pretende fazer neste trabalho – critérios minimamente funcionais que viabilizem a sua aplicação. Enfim, embora muito proclamada, à igualdade não são conferidos critérios operacionais seguros, como bem adverte Bandeira de Mello.[7] Essa emotividade chega, por vezes, a tal ponto que a norma da igualdade passa, para alguns, a ter uma dimensão quase sagrada, como tem acontecido com ela e com o princípio da dignidade humana. "Nós nos sentimos constrangidos pela própria

5. Peter Westen, *Speaking of equality. An analysis of the rhetorical force of "equality" in moral and in legal discourse*, cit., pp. 61 e 90.

6. Peter Westen, "To lure the tarantula from its hole: a response", *Columbia Law Review*, n. 83, p. 1.188, 1983.

7. Celso Antônio Bandeira de Mello, *O conteúdo jurídico do princípio da igualdade*, 3ª ed., 23ª tir., São Paulo, Malheiros Editores, 2014, p. 11.

palavra igualdade – negá-la é quase uma blasfêmia" (*We feel constrained by the very word – to deny equality is almost a blaspheme*), afirma Ryan.[8] Esses ingredientes não só dificultam a explicação da igualdade, como dificultam a sua própria realização. Eles ainda emperram a demonstração de que o Direito, e também o Direito Tributário, vive (e deve viver, em alguma medida) de diferenciações, e funciona (e deve funcionar, em algum grau) com base em generalizações.[9] Quem, porém, advoga, mesmo que aparentemente, contra a igualdade, termina assumindo uma posição defensiva, tal é a dogmatização do seu tratamento.[10]

É por essas e outras razões, decorrentes da estrutura da norma de igualdade e do modo como ela é analisada, que os autores atestam, com diferentes nomes, a complexidade implicada na noção de igualdade, chegando Dworkin, por exemplo, a dizer que ela é "misterious".[11] Não por outro motivo, também, é que se afirma ser a igualdade a mais apelativa e mais ameaçadora das ideias.[12]

Com a finalidade de vencer essas dificuldades, este trabalho opta por analisar determinados aspectos da igualdade (não todos, portanto) por meio de um determinado método (não por meio de todos, por conseguinte). Pretende-se, com isso, fazer um trabalho diferente no método, na linguagem e na pesquisa.

A distinção no método reside na proposta de realizar uma investigação primariamente (não exclusivamente, consequentemente) *analítico-funcional* da igualdade. A igualdade pode ser estudada a partir de diferentes racionalidades ou perspectivas: a histórica, por meio da qual se investiga a evolução das concepções de igualdade ao longo do tempo;[13] a econômica, mediante a qual se analisam a possibilidade de determi-

8. William Ryan, *Equality*, Nova York, Pantheon, 1981, p. 3. Peter Westen, *Speaking of equality. An analysis of the rhetorical force of "equality" in moral and in legal discourse*, cit., p. 114.

9. Frederick Schauer, "The generality of law", *West Virginia Law Review*, n. 107, p. 229, 2004.

10. Peter Westen, *Speaking of equality. An analysis of the rhetorical force of "equality" in moral and in legal discourse*, cit., "Prefácio", p. 17.

11. Ronald Dworkin, "What is equality", *Philosophy of Public Affairs* 10, n. 3, p. 185, 1981.

12. Christopher Peters, "Equality revisited", cit., p. 1.211.

13. Paulo Bonavides, "O princípio da igualdade como limitação à atuação do Estado", *Revista da Procuradoria do Estado de São Paulo* 16, pp. 71-96, 1980. Fábio Konder Comparato, "Igualdades, desigualdades", *Revista Trimestral de Direito Público* 1, pp. 69-78, 1993.

nadas igualdades e as suas repercussões com relação às necessidades e utilidades sociais; a sociológica, por intermédio da qual são examinadas as condutas dos indivíduos ou grupos no que concerne à igualdade; a comparativa, com a finalidade de verificar a sua aplicação em diferentes sistemas jurídicos. Pode-se, até mesmo, estudar a igualdade sob um viés apologético, justificando, defendendo ou mesmo louvando o seu uso. E, assim por diante. Este trabalho, porém, persegue uma perspectiva diferente, aqui intitulada de *analítico-funcional*: analítica, porque procura discernir, explicar e unir os elementos que formam a estrutura da igualdade, mediante o uso (tanto quanto possível) claro da linguagem; funcional, porque examina a estrutura conceitual da igualdade com a finalidade de fornecer critérios intersubjetivamente controláveis para o seu melhor funcionamento.[14] Ocioso dizer que as racionalidades antes mencionadas, ademais de importantes, são também utilizadas neste trabalho, mas enquanto instrumentos para melhor explicar a igualdade do modo aqui privilegiado.

A escolha do método analítico-funcional não é apenas uma contingência do estudo científico de qualquer objeto, incapaz de uma investigação sob todos os pontos de vista. Ela também é uma opção decorrente da constatação – que se pretende confirmar, de algum modo, por meio deste trabalho – de que não é a apologia da igualdade que permite a sua realização, como pensam muitos dos que optam pela mera exaltação de valores sem indicar critérios intersubjetivamente controláveis que permitam a realização desses mesmos valores. Louvar a igualdade pode até ser importante, mas não o essencial para garantir-lhe efetividade. Em vez disso, é a compreensão da sua estrutura e funcionalidade, do modo mais claro e objetivo possível, que abre o caminho para a sua efetividade. Essa exigência de clareza e concisão expressa a outra pretensa distinção deste trabalho – seu modo de exposição.

A peculiaridade do seu modo de exposição reside na tentativa de explicar um tema complexo da forma mais simples quanto possível. Para tanto, em consonância com o modo anglo-saxão moderno de exposição, serão utilizadas, dentre todas as palavras, as mais simples e, dentre essas, as mais curtas. Além disso, serão evitadas citações desnecessárias de obras, de autores ou de decisões, e as notas de rodapé, além de indicadas logo abaixo da referência, e não no final da obra, obedecerão a um critério qualitativo e, não, quantitativo. Esse critério qualitativo segue o

---

14. Humberto Ávila, *Sistema constitucional tributário*, 5ª ed., São Paulo, Saraiva, 2012, p. 641. Peter Westen, *Speaking of equality. An analysis of the rhetorical force of "equality" in moral and in legal discourse*, cit., "Prefácio", p. 18.

propósito de manter o texto objetivo e claro, sem entrar em discussões que, por mais interessantes que possam parecer, são paralelas aos temas centrais desenvolvidos neste trabalho. As decisões e os temas, portanto, não serão investigados em toda a sua amplitude, mas, apenas, naquilo em que contribuírem para a comprovação dos argumentos aqui sustentados. Privilegia-se o caráter crítico e argumentativo da pesquisa, mediante a construção de argumentos e o exame das críticas que lhe podem ser opostas, em detrimento do seu cunho meramente descritivo e informativo, por meio da catalogação de decisões e citações. Isso explica, também, a opção, deste trabalho, pela incorporação, ao seu texto, da investigação de poucos casos, propositadamente reduzidos para aumentar o seu poder ilustrativo. Essa escolha, paradoxalmente, concorreu para aumentar a dificuldade da pesquisa, dada a facilidade de se encontrarem, na doutrina, centenas de julgados ligeiramente catalogados, e a dificuldade de se descobrirem alguns poucos demoradamente investigados.

A diferença na pesquisa está na proposta de explicar o funcionamento da igualdade mediante o uso de exemplos, desde os mais gerais e singelos, até os mais específicos e complexos. Com isso, pretende-se não apenas ganhar em poder explicativo, que é sempre superior quando, no curso da argumentação, são utilizados exemplos que permitem ao próprio leitor conduzir o seu raciocínio. Almeja-se obter, além disso, um modo especial de verificação das próprias ideias defendidas ao longo do trabalho. Uma obra científica sem exemplos, além de ter de fugir constantemente do perigoso inimigo representado pela excessiva abstração, acaba conduzindo a um paradoxo e a uma contradição performativa: a um paradoxo, porque tenta explicar o funcionamento sem mostrar como funciona; a uma contradição performativa, porque visa a clarear sendo obscura. Este trabalho, em vez disso, procura – para usar uma elucidativa palavra alemã – "agarrar" (*begreifen*) a igualdade. Por isso, parte do trabalho é destinada a explicar (definir) o seu "conceito", cuja tradução, em língua alemã, só poderia mesmo ser "*Begriff*".

Além da forma, este trabalho pretende também ser diferente no seu conteúdo. Trabalhos anteriores do mesmo autor versaram aspectos apenas gerais e embrionários da igualdade.[15] Este trabalho procura agregar novos elementos para construir, ou pelo menos esboçar, mediante sistematização das novas contribuições da literatura alemã e norte-americana, uma espécie de teoria da igualdade tributária. Com ela, pretende-se oferecer

15. Humberto Ávila, *Sistema constitucional tributário*, cit., pp. 409 e ss. Humberto Ávila, "O princípio da isonomia em matéria tributária", in Heleno Taveira Tôrres (org.), *Tratado de Direito Tributário: estudos em homenagem a Paulo de Barros Carvalho*, São Paulo, Saraiva, 2005, pp. 407-439.

critérios para o entendimento e o controle de novos temas que surgem no âmbito do Direito Tributário, como aqueles relacionados à padronização, à neutralidade, à igualdade no tempo, à igualdade na igualdade, e assim sucessivamente. Sua finalidade é romper com posições tradicionais presentes na doutrina e na jurisprudência, oferecendo novos critérios para a realização da igualdade.

Com efeito, enquanto a doutrina, em geral, entende haver uma contraposição entre igualdade e eficiência, examina-se aqui a eficiência como forma de realização da própria igualdade. Ao passo que a doutrina sustenta que a padronização permite o abandono do critério da capacidade contributiva, sustenta-se, aqui, que a capacidade contributiva é parâmetro permanente para o cotejo da própria validade das generalizações no Direito Tributário. À medida que a doutrina, em geral, proclama a capacidade contributiva como o grande princípio do Direito Tributário, ela é vista, neste trabalho, como uma importante medida de comparação, constitucionalmente obrigatória apenas para alguns casos, mas vinculante como contraponto para todos os casos. Enquanto a jurisprudência, comumente, defende que a finalidade extrafiscal neutraliza o controle da medida de comparação pelo Poder Judiciário, sustenta-se, na presente pesquisa, que aquela finalidade apenas modifica o controle, especialmente no tocante à fixação de premissas fáticas e à previsão dos efeitos futuros da lei. Ao passo que a doutrina e a jurisprudência, normalmente, entendem que basta uma explicação para o tratamento desigual ou, quando muito, uma justificativa relativa à compatibilidade lógica entre medida de comparação e finalidade, criticam-se aqui essas concepções e propõe-se uma dissociação entre explicação e justificação e, no tocante a esta, aduz-se a necessidade de verificação de uma relação fundada e conjugada de pertinência entre a medida de comparação e a finalidade para assegurar a validade da diferenciação. À medida que a doutrina, na generalidade, ao explicar a liberdade do legislador na configuração da igualdade, se mantém entre os opostos da liberdade total ou da ausência total de liberdade, refuta-se essa posição, e propõe-se aqui um modelo gradual e criterioso que especifica quando e por que a liberdade do legislador é maior ou menor.

Assim procedendo – espera-se –, são criadas condições para ultrapassar alguns mitos que circundam o Direito Tributário, especialmente o brasileiro: o de que a eficiência administrativa tudo justifica; o de que a padronização se contrapõe à capacidade contributiva; o de que a extrafiscalidade imuniza o controle judicial; o de que basta a compatibilidade lógica ou a objetividade para validar uma medida de comparação; o de que a igualdade perante a lei se identifica com a legalidade administrativa e, assim por diante.

O abandono dessas crenças traz impactos práticos significativos. Dentre esses efeitos, podem-se mencionar o questionamento da uniformização dos contribuintes por meio de pautas fiscais do imposto sobre circulação de mercadorias; a discussão a respeito da ausência de diferenciação por meio de cláusulas de equidade nas pautas de mercadorias, nas tabelas de valores de veículos pelos Estados ou nas plantas gerais de valores de imóveis localizados em Municípios; a indagação relativa à validade das inúmeras distinções entre os contribuintes na legislação das contribuições sociais sobre o faturamento; a disputa no tocante à diferenciação entre os contribuintes por meio da desconsideração de planejamentos tributários sem simulação ou dissimulação, dentre tantos outros problemas.

A amplitude do tema relacionado à igualdade, porém, pressupõe a restrição da análise a ser desenvolvida. O objeto deste trabalho é o exame da igualdade entre os contribuintes no plano interno, com a finalidade de esboçar uma teoria da igualdade capaz de explicar, criteriosamente, o seu funcionamento enquanto norma constitucional. Essa proposta exclui, portanto, a investigação de tantos outros aspectos da igualdade, como a igualdade da República Federativa do Brasil relativamente a outros países, a igualdade entre os entes federados no sistema federativo,[16] a igualdade dos contribuintes no plano internacional, e assim sucessivamente.

1.3 Plano (ou como será analisada a igualdade?)

A opção por um método analítico-funcional no estudo da igualdade traz repercussões em relação ao próprio plano de estruturação da presente obra.

Na primeira parte, será examinada a significação da igualdade, com a finalidade de explicar quais são os seus elementos constitutivos e, com isso, como se aperfeiçoa o seu funcionamento. Como essa parte investiga a estrutura da igualdade, serão também analisadas as suas espécies e a operatividade de cada uma delas com o fito de demonstrar que a igualdade pode ser vista de várias formas e utilizada com diferentes propósitos. Nesta seção, será examinada a igualdade na lei e diante da lei, a igualdade geral e particular, a igualdade inicial e superveniente.

Na segunda parte, serão apresentados os modos de realização da igualdade. Inicia-se examinando a existência ou não de uma prevalência da norma jurídica da igualdade frente às demais normas jurídicas. Para tanto, será necessária a análise dos conceitos funcionais de hierarquia

16. Marcus Pleyer, *Föderative Gleichheit*, Berlim, Duncker und Humblot, 2005. Sigrid Boysen, *Gleichheit im Bundesstaat*, Tübingen, Mohr Siebeck, 2005.

(abstrata e concreta, absoluta e relativa) e de coerência (formal e material), com vista a investigar o modo como a igualdade deve se relacionar com as outras normas do ordenamento jurídico.[17] A seguir, passa-se ao exame da restrição à igualdade com base em outros princípios constitucionais. Após, investigam-se os sujeitos encarregados de realizar a igualdade, a saber: o Poder Legislativo e sua liberdade de configuração da igualdade; o Poder Judiciário e o seu dever de garantir a eficácia da igualdade; e o Poder Executivo e a sua função de concretizar os mandamentos de igualdade emanados do Poder Legislativo.

Se, ao final, o leitor compreender que a igualdade às vezes exige tratar todos os contribuintes igualmente, apesar das suas diferenças e, outras vezes, tratar todos os contribuintes diferentemente, apesar de serem iguais; que a igualdade diante da lei deve ser complementada pela igualdade na lei; que a igualdade não deve ser apenas garantida na norma, mas também diante dos seus efeitos; que a igualdade, como exigência de tratar igualmente, deve ser somada àquela de tratamento do contribuinte como um igual; que a igualdade não pode ser verificada apenas no momento inicial da instituição de um conjunto de normas, mas, também, nos momentos posteriores em que esse conjunto é alterado, entre tantas outras teses aqui defendidas, o intuito deste trabalho terá sido alcançado e ele terá obtido êxito. É que, se essas teses forem consistentes, alguns dogmas terão de ser afastados ou revistos, como o de que a capacidade contributiva subjetiva é o único critério apto a promover a igualdade no Direito Tributário, o de que a padronização tributária é necessariamente injusta, o de que o exame das particularidades do contribuinte é uma medida necessária de justiça, o de que a eficiência administrativa é um princípio capaz de permitir a restrição ao princípio da igualdade tributária, dentre tantos outros.

Ao pretender trilhar um caminho diverso, este trabalho como que incorre em uma aparente contradição performativa: fala da igualdade tentando ser diferente! O que não deixa de ser uma forma de exaltar a igualdade, mantendo com ela uma forte relação, ainda que de pretenso distanciamento.

---

17. Miguel Reale, *Introdução à filosofia*, São Paulo, Saraiva, 1988, p. 145. Sobre o assunto, ver também: Paulo de Barros Carvalho, *Curso de direito tributário*, 18ª ed., São Paulo, Saraiva, 2007, pp. 154 e 221. José Souto Maior Borges, "A isonomia tributária na Constituição de 1988", *Revista de Direito Tributário* 64/11, São Paulo, Malheiros Editores.

2
SIGNIFICAÇÃO DA IGUALDADE (OU IGUALDADE EM QUE SENTIDO E DO QUÊ?)

2.1 Considerações gerais

Para iniciar o exame da igualdade, seguindo a proposta deste trabalho, é preciso analisar um caso paradigmático. O caso escolhido, e aqui descrito nos seus elementos essenciais, é o relativo à instituição do sistema integrado de pagamento de impostos e contribuições das microempresas e empresas de pequeno porte denominado de "Simples".[1] O legislador federal criou um mecanismo diferenciado de pagamento de tributos federais por meio do qual as microempresas e as empresas de pequeno porte pagariam menos e de modo mais simplificado. Ao fazê-lo, o Poder Legislativo estabeleceu, como regra geral, um critério de distin-

1. ADI 1.643-1, STF, Tribunal Pleno, Rel. Min. Maurício Corrêa, j. 5.12.2002, *DJU* 14.3.2003.

ção baseado no porte da empresa, escolhendo a receita bruta anual como o seu elemento indicativo – as empresas que tivessem o faturamento até o limite legalmente estabelecido estariam abrangidas pelo benefício. O Poder Legislativo, no entanto, excluiu desse mecanismo determinadas categorias profissionais, como advogados, contadores e médicos, independente de eles se enquadrarem no limite de faturamento previsto para todas as outras categorias profissionais. Os contribuintes excluídos do benefício insurgiram-se contra a medida alegando que o tratamento diferenciado seria, de um lado, arbitrário, pois não haveria qualquer justificativa para excluir determinadas profissões do benefício e, de outro, discriminatório, pois prejudicaria o livre exercício de determinadas atividades profissionais.

Há violação ao princípio da igualdade? O Supremo Tribunal Federal entendeu, por maioria, que não. Para o Tribunal Pleno, não haveria qualquer arbitrariedade na exclusão de determinadas profissões do benefício. Mas como saber se o legislador violou o princípio da igualdade? Ou, em outras palavras, quais elementos devem ser analisados para verificar se há ou não violação ao princípio da igualdade? Eis o ponto crucial. Decompondo o caso em análise, em atenção à metodologia proposta por este trabalho, e utilizando-o como ferramenta explicativa, pode-se apontar uma estrutura de raciocínio que, bem ou mal aplicada, estará sempre presente na relação de igualdade.

A instituição de normas, pelo Poder Legislativo, visa – não no sentido subjetivo, mas no sentido objetivo, decorrente na análise dos princípios básicos adotados pelo próprio legislador – a atingir determinada *finalidade*. A lei pode ter por objetivo apenas retirar dinheiro dos particulares, como pode, além ou ao lado disso, pretender proteger o meio ambiente, desenvolver uma região, desestimular o consumo de produtos supérfluos, e assim por diante. No caso, parece (pois não há certeza a esse respeito, como adiante será esclarecido) que a finalidade imediata da lei era favorecer o desenvolvimento do pequeno empreendedor, talvez com um objetivo mais distante de estimular a criação de empregos. Para atingir essa finalidade, a lei utilizou uma *medida de comparação* entre os contribuintes: o seu tamanho ou porte. E para aferir o tamanho ou porte, usou um *elemento indicativo* ou *proxy*: a receita bruta anual. Seriam considerados "pequenos empresários" e, portanto, dignos do estímulo estatal, os contribuintes que tivessem uma receita bruta anual até determinado limite; e seriam considerados grandes empresários e, assim, excluídos do benefício, os contribuintes que tivessem receita bruta anual acima daquele patamar. Isso significa que a lei, para atingir determinada finalidade (estimular o desenvolvimento do pequeno empresário), escolheu uma medida de comparação (tamanho ou porte), aferindo-a por meio de um elemento indicativo (receita bruta anual). Para o Poder Legislativo, seria o porte da empresa a característica relevante para aferir a necessidade de estímulo estatal por meio da desoneração parcial dos tributos. E o porte deveria ser verificado pela receita bruta anual. Em outras palavras, a receita bruta anual seria um elemento cuja presença indicaria o porte da empresa; e o porte pequeno seria uma propriedade cuja existência revelaria a necessidade de estímulo estatal. Dito de outro modo, haveria, no entender do Poder Legislativo, uma *vinculação fundada*, de um lado, entre a receita bruta anual e o tamanho da empresa e, de outro, entre o tamanho da empresa e a necessidade de estímulo estatal. Essa regra geral foi, porém, excepcionada com uma regra de exclusão do benefício.

É que a lei *afastou* determinados profissionais liberais do benefício, como advogados, contadores e médicos. Na sua decisão, o Supremo Tribunal Federal, adotando as razões expostas pela Procuradoria da República, entendeu que os profissionais excluídos do benefício eram aqueles que não precisariam de estímulo estatal por meio da desoneração parcial de tributos, já que eles não se sujeitariam à dominação do mercado por grandes empresas, não se inseririam no contexto da economia informal, não careceriam de assistência estatal e não seriam geradores de empregos em escala satisfatória. Isso quer dizer que o Poder Legislativo, para atingir determinada finalidade (estimular o desenvolvimento do pequeno empresário), escolheu uma medida de comparação (tamanho), aferindo-a por meio de um elemento indicativo (profissão). Para o Poder Legislativo, seria o porte da empresa a característica relevante para aferir a necessidade de estímulo estatal por meio da desoneração parcial dos tributos. E o porte poderia também ser verificado pelo tipo de profissão exercida. Em outras palavras, o exercício de profissão liberal seria um elemento cuja existência indicaria o porte da empresa; e o porte pequeno seria uma propriedade cuja disponibilidade indicaria a necessidade de estímulo estatal. Haveria, no entender do legislador, uma *vinculação fundada* entre a profissão exercida e o tamanho da empresa, de um lado, e entre o tamanho da empresa e a necessidade de estímulo estatal, de outro.

A análise desses elementos estruturais da igualdade (sujeitos, medida de comparação, elemento indicativo da medida de comparação e finalidade da comparação) dá ensejo a uma série de questionamentos.

Relativamente à medida de comparação, surgem as seguintes indagações: por que o Poder Legislativo não escolheu outra medida de comparação, diferente do tamanho da empresa, para efeito de estimular o desenvolvimento econômico? Por que não preferiu o setor, a área ou o tipo de atividade exercida, ou mesmo a lucratividade? Pode o Poder Judiciário controlar essa escolha e, em caso afirmativo, em que medida?

No que se refere ao elemento indicativo da medida de comparação, surgem várias questões. No tocante à regra geral, pergunta-se: o tamanho da empresa pode ser aferido pela sua receita bruta anual? Em outras palavras, há uma vinculação causal entre a receita bruta anual e o tamanho da empresa, no sentido de que quanto maior a receita, maior a empresa, e quanto menor a receita, menor a empresa? Por que o Poder Legislativo não escolheu como elemento indicativo do tamanho da empresa o seu número de empregados ou a sua produtividade? Já no tocante à exceção, indaga-se: o tamanho da empresa pode ser aferido pelo tipo de atividade exercida? Colocando de outro modo: há uma vinculação causal entre o tipo de profissão e o tamanho da empresa (ou entre o tipo de profissão e a necessidade de auxílio estatal), no sentido de que, se a profissão exercida for uma profissão liberal, a empresa será necessariamente pequena (ou não necessitará de assistência do Estado)? Aferir o tamanho da empresa (ou a necessidade de assistência) pelo tipo de exercício profissional é uma forma de distinção em razão de ocupação profissional ou função exercida pelo contribuinte?

No que concerne à finalidade da comparação, sobrevêm as seguintes interrogações: qual a finalidade objetivada na lei? O estímulo ao desenvolvimento do pequeno empresário é uma finalidade suportada pela Constituição? Por que o Poder Legislativo não escolheu outra finalidade? Pode o Poder Judiciário controlar essa escolha e, em caso afirmativo, em que nível?

Todas essas indagações compõem a problemática da igualdade, pois mostram, precisamente, quais são os elementos presentes não só no caso paradigmático aqui destrinchado, mas em qualquer caso que envolva a igualdade. Com efeito, sempre que se pretende realizar a igualdade, há uma relação entre determinados elementos (sujeitos, medida de comparação, elemento indicativo da medida de comparação e finalidade da comparação). E a definição de cada um desses elementos suscita uma série de questionamentos gerais que ultrapassam a análise do caso inicial. Relativamente à medida de comparação, surgem as seguintes indagações: em que consiste uma medida de comparação e como ela deve ser escolhida? Pode o Poder Judiciário controlar a escolha feita pelo Poder Legislativo e, em caso afirmativo, em que medida? No que se refere ao elemento indicativo da medida de comparação, surgem várias questões: quando há uma vinculação causal entre a medida de comparação e o seu elemento indicativo? Havendo mais de um elemento indicativo, qual deles deve ser escolhido pelo Poder Legislativo? No que concerne à finalidade da comparação, surgem os seguintes questionamentos: como definir qual a finalidade da lei? Havendo mais de uma finalidade, qual delas o Poder Legislativo deve perseguir? Pode o Poder Judiciário controlar a escolha feita pelo Poder Legislativo e, em caso afirmativo, em que grau? São precisamente essas questões gerais que serão, adiante, investigadas.

2.2 *Definição*

2.2.1 *Conceito*

O caso paradigmático anteriormente analisado demonstra que a igualdade é uma relação entre dois ou mais sujeitos em razão de um critério que serve a uma finalidade. Quando se comparam sujeitos, esses sujeitos são necessariamente comparados em razão de uma medida: os sujeitos podem ser iguais com relação à idade que têm, ao salário que ganham, ao patrimônio que possuem, ou em razão da receita bruta auferida no ano, como foram no caso em exame.

Os sujeitos, porém, são sempre comparados por algum motivo. Não se compara por comparar; compara-se por algum motivo. Sempre que se fala em igualdade, di-lo acertadamente Carrazza, pergunta-se "igualdade em que? Igualdade sob que perspectiva e como?".[2] E é precisamente em razão disso que se pode verificar se a medida de comparação está correta. A cor da camisa pode ser relevante quando a comparação serve a algum propósito (entrar em campo para fazer parte de um time de futebol), e completamente irrelevante quando serve a outro propósito (ingressar num curso de ensino superior, ou obter assistência estatal por meio da desoneração tributária, como no caso em pauta). A relevância da propriedade escolhida está justamente na *relação de pertinência* ou *vínculo de correlação lógica* que ela deve manter com a finalidade que justifica a comparação.[3]

---

2. Roque Antonio Carrazza, "O princípio da igualdade", *Revista Justitia* 90, p. 338, 1975.

3. Celso Antônio Bandeira de Mello, *O conteúdo jurídico do princípio da igualdade*, cit., p. 17. Celso Antônio Bandeira de Mello, "Princípio da Isonomia: desequiparações proibidas e desequiparações permitidas", *Revista Trimestral de Direito Público* 1, p. 82, 1993. Cármen Lúcia Antunes Rocha, *O princípio constitucional da igualdade*, Belo Horizonte, Lê, 1990, p. 46. Arthur Lima Gonçalves, *Isonomia na norma tributária*, São Paulo, Malheiros Editores, 2003, p. 45.

É que as pessoas são iguais ou diferentes. Duas pessoas são iguais de acordo com o critério da idade (ambas têm 36 anos) ou são diferentes (uma tem 5 anos e a outra tem 50 anos); duas pessoas são iguais de acordo com o critério do sexo (ambas são do sexo feminino) ou são diferentes (uma é do sexo feminino e a outro do sexo masculino); duas pessoas são iguais de acordo com o critério da riqueza patrimonial (ambas têm um patrimônio de 100 mil reais) ou são diferentes (uma tem um patrimônio de 10 mil reais e outra um patrimônio de 100 mil reais); dois contribuintes são iguais (ambos são contadores) ou diferentes em razão da profissão escolhida (um é contador e o outro é publicitário), e assim por diante. Enfim, as pessoas são iguais ou são diferentes. O problema da igualdade no Direito, porém, não se esgota aí. Não importa apenas saber se as pessoas *são* ou *não são* iguais (igualdade descritiva). É preciso saber, também, se as pessoas *devem* ou *não devem* ser tratadas igualmente (igualdade prescritiva). Esses juízos comparativos estão evidentemente relacionados: para saber se as pessoas devem ser tratadas igualmente é preciso verificar, no plano dos fatos, se elas têm as propriedades selecionadas como relevantes pela norma; às vezes, uma razão para tratar as pessoas igualmente é o próprio fato de elas serem iguais, quando se pretende mantê-las iguais; outras vezes, uma razão para tratá-las igualmente é o fato de elas serem diferentes, caso se queira aproximá-las; e outras vezes, ainda, uma razão para tratá-las diferentemente é o fato de elas serem iguais, caso se queira separá-las.[4] Mas embora relacionados, esses juízos devem ser discernidos. De fato, duas pessoas podem ser iguais ou diferentes segundo o critério da idade, mas deverão ser tratadas de modo diferente para votar em alguma eleição, se uma tiver atingido a maioridade não alcançada pela outra; e deverão ser tratadas igualmente para pagar impostos, porque a concretização dessa finalidade é indiferente à idade. Duas pessoas podem ser consideradas iguais ou diferentes segundo o critério do sexo, mas deverão ser havidas como diferentes para obter licença maternidade, se somente uma delas for do sexo feminino e deverão ser tratadas igualmente para votar ou pagar impostos, porque a concretização dessas finalidades é indiferente ao sexo. Do mesmo modo, duas pessoas podem ser compreendidas como iguais ou diferentes segundo o critério da capacidade econômica: deverão ser vistas como diferentes para pagar impostos, se uma delas tiver maior capacidade contributiva; deverão ser tratadas igualmente para votar e para a obtenção de licença-maternidade, porque a capacidade econômica

4. Frederick Schauer, *Profiles, probabilities and stereotypes*, Cambridge, Belknap, 2003, p. 218.

é neutra relativamente à concretização dessas finalidades.[5] Vale dizer, a igualdade, enquanto dever de tratamento igualitário, só surge quando, para alcançar determinada finalidade que deve ser buscada, os sujeitos são comparados por critérios que, além de serem permitidos, são *relevantes* e *congruentes* relativamente àquela finalidade, como será adiante analisado.

Essas considerações já demonstram que a igualdade prescritiva só se completa quando estão presentes os seguintes elementos: sujeitos, critério ou medida de comparação, elemento indicativo da medida de comparação e finalidade. A igualdade é a relação entre esses elementos. Ou, no dizer acertado de Comparato, "a igualdade é uma medida de comparação. Não há como conceber, logicamente, a igualdade de um só".[6] Sem esses elementos, a relação de igualdade não se completa. Ela fica, em vez disso, totalmente oca. A igualdade pode, portanto, ser definida como sendo a relação entre dois ou mais sujeitos, com base em medida(s) ou critério(s) de comparação, aferido(s) por meio de elemento(s) indicativo(s), que serve(m) de instrumento para a realização de uma determinada finalidade. Ou, segundo definição de Westen: "Equality signifies the comparative relationship that obtains between two or more distinct persons or things by virtue of their having being jointly measured by a relevant standard of comparison and found to be indistinguishable by reference to that standard".[7] É preciso, pois, analisar cada um desses elementos integrantes da igualdade.

2.2.2 Elementos estruturais

2.2.2.1 Sujeitos

O primeiro elemento imprescindível para o estabelecimento da relação de igualdade são os sujeitos, objetos de comparação: os cidadãos e, no caso do Direito Tributário, os sujeitos passivos da obrigação tributária. A compreensão dos sujeitos deve ser feita, porém, do modo mais amplo possível, por dois motivos.

Um deles diz respeito ao fato de que, quando se fala em sujeitos, se está fazendo menção ao envolvimento que o raciocínio de igualdade con-

5. Paul Kirchhof, *Die Verschiedenheit der Menschen und die Gleichheit vor dem Gesetz*, Munique, Siemens Stiftung, 1996, pp. 8 e ss.

6. Fábio Konder Comparato, "Precisão sobre os conceitos de lei e de igualdade jurídica", *Revista dos Tribunais* 750/18, 1998.

7. Peter Westen, *Speaking of equality. An analysis of the rhetorical force of "equality" in moral and in legal discourse*, Princeton, Princeton University, 1990, p. 39.

trai, direta ou indiretamente, com a relação entre sujeitos. A referência a pessoas não deve levar ao entendimento de que o raciocínio de igualdade não implica a relação com outros elementos, tais como pessoas jurídicas, coisas, situações ou atividades. Na verdade, o raciocínio de igualdade é comparativo de quaisquer objetos (fatos, situações ou atividades) relacionados a sujeitos que, no que concerne a eles, tenham interesses juridicamente protegidos. Não é por outro motivo que a doutrina menciona, como elemento estrutural da igualdade, a comparação entre duas ou mais "entidades", tangíveis ou intangíveis.[8] Mesmo assim, mantém-se a referência a sujeitos, esclarecendo-se, no entanto, que sua compreensão deve ser a mais ampla possível.

O outro motivo é concernente ao fato que, quando se fala em sujeitos passivos da obrigação tributária, não se está fazendo alusão apenas àqueles que se situam no polo passivo da relação obrigacional tributária. Em grande parte dos casos, o raciocínio de igualdade envolve a comparação entre o regime jurídico aplicado a diferentes contribuintes ou responsáveis. Ocorre, porém, que, em outros tantos casos, a igualdade serve exatamente para justificar que aquele que não foi eleito pelo Poder Legislativo como sujeito passivo seja colocado como tal ou que aquele que tenha sido assim escolhido seja excluído dessa condição. Enfim, a relação de igualdade pressupõe a comparação entre sujeitos, estejam eles inseridos ou não na relação obrigacional tributária, quer principal, quer acessória.[9]

2.2.2.2 Medida de comparação

Os sujeitos, objeto de comparação, devem, no entanto, ser comparados ou medidos com referência a uma medida comum de comparação.[10] Os sujeitos podem ser comparados com base na idade, no sexo, na capacidade econômica, e assim sucessivamente. O problema, como já se afirmou, não é propriamente a aceitação de que a igualdade envolva uma relação entre dois ou mais sujeitos relativamente a uma medida de comparação (*standard of measurement*). A questão central é, precisamente, saber como escolher a medida de comparação, dentre as tantas disponí-

8. Peter Westen, *Speaking of equality. An analysis of the rhetorical force of "equality" in moral and in legal discourse*, cit., p. 62.

9. Georg Müller, *Rechtsgleichheit*, Zurique, Helbing & Lichtenhahn, 1995, p. 20.

10. Misabel de Abreu Machado Derzi, "O princípio da igualdade e o direito tributário", *Revista da Faculdade de Direito Milton Campos* 1/190, 1994. Luis Eduardo Schoueri, *Normas tributárias indutoras e intervenção econômica*, Rio de Janeiro, Forense, 2005, p. 274.

veis, e qual deve ser a relação existente entre a medida de comparação e a finalidade que justifica a sua utilização.[11]

Inicialmente, é preciso atentar para o fato de que somente uma distinção, fundada em uma *diferenciação factual existente* entre os contribuintes, pode ser considerada válida. Uma diferenciação dos contribuintes, feita com base em motivos meramente subjetivos e não fundamentada em finalidade objetivamente verificável e constitucionalmente aferível, é irrazoável.[12]

Alguns casos julgados pelo Supremo Tribunal Federal ilustram essa exigência de *suporte empírico* para as diferenciações. Uma lei estadual instituiu um adicional de férias de um terço para os inativos. Levada a questão a julgamento, considerou-se indevido o referido adicional por traduzir uma vantagem *destituída de causa* e do necessário coeficiente de razoabilidade, na medida em que só deve ter adicional de férias quem tem férias.[13] Uma lei estadual determinou que os estabelecimentos de ensino expedissem os certificados de conclusão do curso e do histórico escolar aos alunos da terceira série de ensino médio que comprovassem aprovação em vestibular para ingresso em curso de nível superior, independentemente do número de aulas frequentado pelo aluno. O Supremo Tribunal Federal entendeu caracterizada a relevância jurídica da arguição de inconstitucionalidade sustentada pela autora da ação, uma vez que a lei impugnada, à primeira vista, revela-se destituída de razoabilidade, pois *inverteu a ordem natural* acadêmica para atribuir aos estudantes, independentemente da frequência, o direito à expedição da conclusão do ensino médio, desde que aprovados em vestibular.[14] Uma norma constante de Constituição Estadual determinava que o pagamento dos servidores do Estado fosse feito, impreterivelmente, até o décimo dia útil de cada mês. O Supremo Tribunal Federal considerou ser irrazoável que a norma impugnada, para evitar o atraso no pagamento dos servidores estaduais, estabelecesse uma antecipação de pagamento de *serviços que ainda não*

---

11. Rolf Eckhoff, *Rechtsanwendungsgleichheit im Steuerrecht*, Colônia, Otto Schmidt, 1999, p. 70.

12. ADI 1.643, STF, Tribunal Pleno, Rel. Min. Maurício Corrêa, j. em 15.12.2002, *DJU* 14.3.2003. Antônio Roberto Sampaio Dória, *Princípios constitucionais tributários e a cláusula "due process of law"*, São Paulo, EGRT, 1964, p. 139.

13. ADI MC 1.158, STF, Tribunal Pleno, Rel. Min. Celso de Mello, j. em 19.12.1994, *DJU* 26.5.1995.

14. ADI MC 2.667, STF, Tribunal Pleno, Rel. Min. Celso de Mello, j. em 19.6.2002, *DJU* 12.3.2004.

haviam sido prestados.[15] Nesses casos, o Poder Legislativo elegeu uma causa inexistente ou insuficiente para a atuação estatal.

Tais casos, aos quais poderiam ser somados muitos outros, evidenciam a necessidade de vinculação da medida de comparação com a realidade. Por esse motivo, o Tribunal Constitucional Alemão também afirma que o fundamento da diferenciação deve provir da "natureza das coisas" (*Natur der Sache*), não podendo ser contrário à "realidade concreta" (*nicht sachfremd*): deve estar baseado em "considerações concretas" (*sachgerechten Erwägungen*) e, assim por diante.[16] O essencial é que, sem uma diferença real, concretamente existente, a diferenciação normativa é arbitrária. Uma lei, por exemplo, que atribua uma vantagem a alguém que, no plano concreto, não possui diferença que justifique o tratamento diferenciado, a rigor está concedendo um privilégio. Não por outro motivo que as prerrogativas do poder público só são compatíveis com o princípio da igualdade quando suportadas por diferenças concretas. Não sendo assim, o poder público, em vez de receber tratamento diferenciado justificado, está recebendo mero privilégio odioso. Nesse sentido, todas as diferenças atribuídas ao poder público devem ter fundamento na própria igualdade, nunca na suposta supremacia do interesse público.[17]

No entanto, não basta ter existência para que a medida de comparação seja válida. É preciso que, além disso, ela seja pertinente à finalidade que justifica sua utilização. Isso só pode ser descoberto se for desvendada a finalidade da norma de tributação. É que a medida de comparação não surge antes (logicamente) da finalidade. Ela surge depois. Claro, para saber como comparar dois sujeitos é preciso, antes, saber a finalidade da comparação. Se dois sujeitos são comparados tendo em vista o pagamento de um imposto pessoal e direto, a capacidade contributiva pode ser relevante, e o sexo absolutamente impertinente. Se dois sujeitos são comparados para obter um benefício fiscal concedido como estímulo ao desenvolvimento de pequenas empresas, o seu porte pode ser relevante, e o produto vendido irrelevante. Enfim, a medida de comparação utilizada pelo Poder Legislativo só pode ser aquela que mantenha uma relação de *pertinência* com a finalidade buscada pela diferenciação. Quatro exemplos podem ilustrar melhor essa relação.

---

15. ADI 247, STF, Tribunal Pleno, Rel. Min. Ilmar Galvão, Relator para o acórdão Min. Nelson Jobim, j. em 17.6.2002, *DJU* 26.3.2004.

16. Rolf Eckhoff, *Rechsanwendungsgleichheit im Steuerrecht*, cit., p. 146.

17. Humberto Ávila, "Repensando o princípio da supremacia do interesse público sobre o particular", *Revista Trimestral de Direito Público (RTDP)* 24/159-180, São Paulo, Malheiros Editores, 1999.

O primeiro deles diz respeito a uma lei estadual que determinou que o período de trabalho de secretários de Estado deveria contar em dobro para efeitos de aposentadoria. Levada a questão a julgamento, afirmou-se a não razoabilidade de se considerar que o tempo de serviço de um secretário de Estado deva valer o dobro que o dos demais servidores. Trata-se de discriminação arbitrária ou aleatória. Em virtude disso, a distinção foi considerada inválida, dentre outros motivos, porque o critério escolhido (ser secretário de Estado) não mantinha qualquer relação com a finalidade buscada (garantir meios de subsistência após aposentadoria).[18]

O segundo exemplo é o da lei que vinculou o número de candidatos por partido ao número de vagas na Câmara de Deputados. O número de candidatos foi escolhido como critério de discriminação eleitoral. Os partidos insurgiram-se contra a medida, alegando ser ela irrazoável. No julgamento, porém, considerou-se haver congruência entre o critério de distinção e a medida adotada, pois a vinculação das vagas ao número de candidatos levaria à melhor representatividade populacional, isto é, o critério escolhido (número de candidatos) mantinha uma relação de pertinência com a finalidade buscada (representatividade democrática).[19]

O terceiro exemplo diz respeito à lei que instituiu a contribuição dos inativos e estabeleceu duas diferenças para efeito de pagamento da referida contribuição: primeiro, entre servidores inativos dos Estados e dos Municípios, de um lado, e servidores inativos da União, de outro; segundo, entre aposentados e pensionistas em gozo do benefício antes da Emenda Constitucional da Reforma da Previdência, de um lado, e aposentados e pensionistas que se aposentaram ou receberam pensão depois dela, de outro. O Tribunal julgou inconstitucionais essas diferenciações justamente porque injustificáveis: na primeira hipótese, porque não havia nexo de causalidade algum, para não dizer relevância qualquer, entre a medida de comparação (ser o beneficiário ligado a determinado ente federado) e a finalidade (financiamento da seguridade social); na segunda, porque inexistia nexo de pertinência entre a medida de comparação (ter o beneficiário se aposentado ou recebido pensão antes da Emenda Constitucional) e a finalidade (financiamento da seguridade social).[20]

---

18. ADI MC 489, STF, Tribunal Pleno, Rel. Min. Sepúlveda Pertence, j. em 7.8.1991, *DJU* 22.11.1991.

19. ADI MC 1.813-5, STF, Tribunal Pleno, Rel. Min. Marco Aurélio, j. em 23.4.1998, *DJU* 5.6.1998.

20. ADI 3.105, STF, Tribunal Pleno, Rela. Min. Ellen Gracie, j. em 18.8.2004, *DJU* 18.2.2005.

E, por fim, o quarto exemplo diz respeito ao julgamento pelo Supremo Tribunal Federal do art. 47 da Lei nº 11.196/05, que estabelecia restrição ao aproveitamento de créditos de PIS/COFINS sobre a aquisição de materiais reciclados, como aparas de papel, em detrimento do tratamento tributário concedido para a aquisição de produtos semelhantes da indústria extrativista (Tema de Repercussão Geral nº 304). Entendeu o Tribunal, inclusive citando as ideias desta obra, que a referida disposição violava frontalmente o princípio da igualdade exatamente em virtude da eleição de critério de distinção ilegítimo entre os contribuintes, tendo em vista que a legislação terminou por criar distinção dentre empresas pertencentes ao mesmo segmento econômico (fabricação de celulose) por critério inadequado (espécie de insumo, se reciclado ou não), vinculado tão somente ao tipo de atividade econômica exercida (se reciclagem ou não), sem que se estabelecesse uma finalidade justificadora dessa distinção para fins de não cumulatividade.[21]

Nesse sentido, *considera-se pertinente aquela medida de comparação avaliada por elementos cuja existência esteja relacionada com a promoção da finalidade que justifica sua escolha*. Uma medida é pertinente quando ela se vale de elementos que, presentes, provocam efeitos que contribuem para a promoção da finalidade; uma medida é impertinente quando sua existência nada diz quanto à promoção da finalidade normativa. Afirmar que uma medida de comparação é pertinente é o mesmo que dizer que ela é relevante. E afirmar a relevância de alguma coisa é dizer que ela ajuda e colabora com algo, ou conduz a algo, ou serve à realização de algo.[22] Assim, uma medida de comparação relevante é aquela cuja verificação contribui substancialmente para a promoção da finalidade que justifica sua utilização. Por isso mesmo é que o Supremo Tribunal Federal decidiu, a respeito de uma diferenciação de tratamento com base em finalidades extrafiscais, que o princípio proíbe desigualdades injustificadas, assim entendidas aquelas que não são constitucionalmente relevantes para o tratamento da matéria em questão.[23]

Feitas essas considerações, pode-se retornar ao caso paradigmático preambular para testar o conceito ora proposto de pertinência. O Poder Legislativo, para atingir determinada finalidade (estimular o desenvol-

21. RE 607109, STF, Tribunal Pleno, Rel. do acórdão Min. Gilmar Mendes, j. 08.06.2021.

22. Peter Westen, *Speaking of equality. An analysis of the rhetorical force of "equality" in moral and in legal discourse*, cit., p. 30.

23. RE 203.954, STF, Tribunal Pleno, Rel. Min. Ilmar Galvão, j. em 20.11.1996, *DJU* 7.2.1997.

vimento do pequeno empresário), escolheu uma medida de comparação (tamanho ou porte), aferindo-a por meio de um elemento indicativo (receita bruta anual). A receita bruta anual seria um elemento cuja existência indicaria o porte da empresa; e o porte pequeno seria uma propriedade cuja existência indicaria a necessidade de estímulo estatal. Ora, se a finalidade da norma é garantir o estímulo estatal às pequenas empresas, pode-se afirmar que o seu tamanho mantém uma relação de pertinência com essa finalidade, na exata medida em que ser de determinado porte permite verificar a necessidade de desoneração. Há, assim, entre a medida de comparação e a finalidade, uma vinculação de pertinência.

2.2.2.3 Elemento indicativo da medida de comparação

A problemática da igualdade, todavia, não se esgota nem na medida de comparação propriamente dita, nem na relação de pertinência entre ela e a finalidade. A questão da igualdade só se completa com a introdução do *elemento indicativo da medida de comparação* e com a exigência de relação de congruência não só entre ele e a medida de comparação, como entre a medida de comparação e a finalidade que justifica sua utilização. Isso porque a medida de comparação pode ser verificada de vários modos. Por exemplo, para promover a participação democrática (finalidade), o Poder Legislativo deve estabelecer diferenças entre os cidadãos, com base na sua capacidade de discernimento ou julgamento (medida de comparação). O problema, todavia, é que essa capacidade pode ser verificada de vários modos: pela idade, pela educação, e, assim, sucessivamente. Isso significa que, ao lado da medida de comparação, está o seu elemento indicativo (*Elemente, die dieses Merkmal aufweisen*) ou *proxy*.[24] E, entre a medida de comparação e o seu elemento indicativo, deve haver uma relação *fundada* e *conjugada*. Esse ponto é crucial.

Há uma relação fundada entre a medida de comparação e o seu elemento indicativo quando existe um vínculo de correspondência estatisticamente fundado entre o elemento indicativo e a medida de comparação. Por exemplo, a idade, para a maior parte dos casos, é elemento indicativo da capacidade de discernimento: um jovem de doze anos *normalmente* não tem capacidade para avaliar maduramente os acontecimentos da vida pública de um país, ao passo que um homem de trinta e cinco anos *geralmente* tem condições de fazê-lo. Vale dizer que entre a idade (elemento indicativo da medida de comparação) e a capacidade de discernimento (medida de comparação) existe uma relação de causa e efeito, uma corre-

24. Rolf Eckhoff, *Rechtsanwendungsgleichheit im Steuerrecht*, cit., p. 68.

lação, no sentido de uma relação de dependência entre os dois elementos de tal sorte que a presença de um elemento leva à do outro (ter doze anos normalmente afasta a presença de capacidade de discernimento ou ter trinta e cinco anos geralmente leva à existência de capacidade de discernimento). Outro exemplo é a distinção entre pilotos, estabelecida pelo Poder Legislativo com a finalidade de garantir segurança dos passageiros em voos de avião (finalidade), baseada no seu reflexo e na sua visão (medida de comparação), aferindo-a com base na idade (elemento indicativo da medida de comparação): pilotos acima de sessenta e cinco anos de idade não podem mais pilotar.[25] Nesse caso, o Poder Legislativo *pressupõe* que, na maior parte dos casos, a idade é elemento indicativo da diminuição dos reflexos apurados em situações de estresse, e da manutenção da visão em perfeitas condições: os homens acima da idade limite *normalmente* perdem seus reflexos e sua visão, enquanto os homens abaixo daquele limite *geralmente* têm seus reflexos e sua visão em condições normais. Dessa forma, estabelece uma *correlação* entre a idade (elemento indicativo da medida de comparação) e o reflexo e a visão (medida de comparação). Essa correlação deixa de existir, sendo, por isso, espúria, quando não há uma relação estatisticamente fundada entre a medida de comparação e o seu elemento indicativo, isto é, quando as evidências disponíveis não proporcionam um *suporte empírico considerável* no sentido de que a existência do elemento indicativo se correlaciona com a existência (ou intensificação) das propriedades que a medida de comparação pretende conotar.[26]

Seria espúria, nessa perspectiva, a correlação entre a homossexualidade e a falta de coragem, entre a raça e a capacidade de trabalho, entre o sexo e a força de trabalho, entre determinado signo e uma dada característica pessoal. Foi justamente a compreensão de que tais correlações são espúrias que levou à inclusão, na Constituição, de vedações expressas de utilização de medidas específicas de comparação, como sexo, cor ou raça. O importante, todavia, é verificar que só há uma relação fundada entre a medida de comparação e o seu elemento indicativo quando existir uma correlação estatisticamente fundada entre ambas, no sentido de que a existência ou inexistência do elemento indicativo se correlaciona com a presença da medida de comparação, e a correlação aumenta quando aumenta a intensidade do elemento indicativo.

Analisados esses requisitos, pode-se novamente voltar ao caso paradigmático preambular para confirmar o conceito proposto de congruência

25. Frederick Schauer, *Profiles, Probabilities and Stereotypes*, cit., p. 108.
26. Frederick Schauer, *Profiles, Probabilities and Stereotypes*, cit., p. 112.

fundada. O legislador federal, ao criar um mecanismo diferenciado de pagamento de tributos federais, estabeleceu, como regra geral, um critério de distinção baseado no porte da empresa, escolhendo a receita bruta anual como o seu elemento indicativo. No entanto, excluiu desse mecanismo determinadas categorias profissionais. Reconstruindo o caso, pode-se afirmar que o Poder Legislativo, para atingir determinada finalidade (estimular o desenvolvimento do pequeno empresário), escolheu uma medida de comparação (tamanho), aferindo-a por meio de um elemento indicativo (profissão). O porte da empresa seria a característica relevante para aferir a necessidade de estímulo estatal por meio da desoneração parcial dos tributos, sendo o porte aferido pelo tipo de profissão exercida. Diante desses elementos, pode-se perguntar: há uma relação de congruência fundada entre o elemento indicativo e a medida de comparação? Como visto, há uma relação fundada entre a medida de comparação e o seu elemento indicativo quando há uma correspondência estatisticamente fundada entre a existência do elemento indicativo e a medida de comparação. Diante disso, é de se perguntar se, entre a profissão (elemento indicativo da medida de comparação) e o porte da empresa (medida de comparação), existe uma relação de causa e efeito? Esta é a questão.

No julgamento, duas posições foram sustentadas. De um lado, sustentou-se, com base em presunções, que haveria uma relação fundada entre a profissão exercida e o tamanho da empresa. De outro, sustentou-se que a conexão com a profissão colidiria com a proibição constitucional de distinção em razão da ocupação profissional, sem maiores considerações relativamente à existência, ou não, de conexão fundada entre a medida de comparação e o seu elemento indicativo. Independente da análise do acerto da decisão aludida, importa notar que a decisão prevalente fundamentou a existência de relação entre a profissão exercida e o tamanho da empresa em presunções. Veja-se que a maioria dos julgadores, adotando as razões expostas pela Procuradoria da República, entendeu que os profissionais liberais, cuja confederação promoveu a ação, não se sujeitariam à dominação do mercado por grandes empresas, não se inseririam no contexto da economia informal, não careceriam de assistência estatal e não seriam geradores de empregos em escala satisfatória. Dito de outro modo, para ser fundada a relação entre a profissão liberal e o porte da empresa, e entre esse e a necessidade de desoneração, é preciso haver uma relação necessária entre o exercício da profissão liberal e a ausência de sujeição à dominação do mercado por grandes empresas, de inserção na economia informal e de geração de empregos em escala satisfatória. Tirante a questão de saber se esse tipo de ilação pode ser feita sem qualquer tipo de fundamentação e comprovação, e com base em meras presunções (matéria a ser analisada no capítulo relativo à realização da igualdade, no qual se discutirá o ônus de fundamentação decorrente do caráter fundamental da igualdade), logo se constata que tais presunções são manifestamente infundadas, pois:

(1) é conhecida a dominação do mercado de contadores por grandes empresas de auditoria, de médicos por grandes empresas de assistência médica, de publicitários por grandes empresas de publicidade, para mencionar algumas profissões excluídas pelo legislador porque supostamente não se sujeitariam à dominação do mercado por grandes empresas;

(2) é sabida a inserção de atores, de produtores de espetáculos, de músicos e de fisicultores na economia informal, para referir algumas das profissões excluídas do benefício porque supostamente não se inseririam na economia informal;

(3) é aceita a dificuldade dos físicos ou químicos de disputarem, sem a assistência estatal, o mercado de trabalho dominado por empresas multinacionais, para registrar alguns dos profissionais excluídos do benefício porque não precisariam de qualquer desoneração tributária;

(4) é conhecida a contribuição que os consultórios de dentistas, corretores, advogados e médicos dão para a geração de empregos no país, para citar alguns dos profissionais excluídos do benefício porque não seriam geradores de empregos em escala satisfatória.[27]

Não é objetivo deste trabalho confirmar ou infirmar presunções feitas pelo Poder Judiciário. É sua finalidade, porém, demonstrar, de um lado, a existência de justificação do tratamento desigual com base em presunções (que não tenham suporte empírico considerável) e, de outro, a aferição de medidas de comparação com base em meras presunções aparentemente espúrias. O que deve ficar claro, neste ponto particular, é que só há relação sustentada entre a medida de comparação e o seu elemento indicativo quando existir uma correlação estatisticamente fundada entre ambas. Não havendo um suporte empírico considerável nesse sentido, a distinção será irrazoável, por infundada.

Mas, entre a medida de comparação e o seu elemento indicativo (e entre a medida de comparação e a finalidade que justifica sua escolha), não deve haver apenas uma relação fundada. Deve existir, além disso, uma relação *conjugada*. Há uma relação conjugada entre a medida de

27. Marcelo Harger, "O SIMPLES e o princípio da isonomia", *Revista Tributária e de Finanças Públicas* 40, p. 227, 2001.

comparação e o seu elemento indicativo quando esse foi escolhido por ser o *mais significativo* dentre os elementos indicativos existentes e vinculados à medida de comparação. Com efeito, uma medida de comparação pode ser aferida por vários elementos: a capacidade de discernimento pode ser aferida pela idade, pelo nível de instrução, pelas notas, e assim por diante; a agilidade física pode ser estimada pela idade, pela compleição física, pela elasticidade, e, assim, sucessivamente; a capacidade econômica pode ser avaliada pelo patrimônio, pelos rendimentos, pelo consumo de bens supérfluos, e, assim, continuamente; o porte de uma empresa pode ser calculado pelo seu faturamento, pelo seu número de empregados, pela sua atividade, e assim por diante. Mas, se há vários elementos de aferição de uma dada medida de comparação, surge a questão de saber qual dentre eles deve ser escolhido ou, no mínimo, se algum deles não pode ser escolhido em detrimento de outros. Aqui, entra em consideração a conjugação dos elementos indicativos.

Os elementos indicativos devem ser conjugados no sentido de que o Poder Legislativo (ou Executivo, em alguns casos) não pode escolher um elemento, ainda que ele mantenha uma relação fundada com a medida de comparação, se houver outros elementos que mantenham uma relação *ainda mais próxima* com a medida de comparação.[28] Como a relação entre a medida de comparação e o seu elemento indicativo deve ser de correlação estatisticamente fundada, no sentido de que a (maior ou menor) presença do elemento indicativo deve se correlacionar com a (maior ou menor) existência da medida de comparação – e a correlação deve aumentar, quando aumentar a intensidade do elemento indicativo –, podem existir dois ou mais elementos indicativos da medida de comparação que mantenham relações diferentes com a medida de comparação: a existência de um determinado elemento indicativo contribui para a existência da medida de comparação, ao passo que a presença do outro elemento indicativo contribui ainda mais, em termos relevantes e substanciais, para a existência da medida de comparação. Nesse caso, *deve* ser escolhido o último, por ser mais significativo. Com isso, não se pretende afastar a liberdade de configuração ou a margem de apreciação do Poder Legislativo (ou Executivo), mais adiante estudadas, relativamente à escolha do elemento indicativo. Quer-se preservá-la, limitando-a, porém, mediante o afastamento do elemento indicativo escolhido quando houver outro que mantenha, de maneira evidente, uma relação *bem mais* próxima com a medida de comparação eleita, a tal ponto que se possa, com segurança,

28. Frederick Schauer, *Profiles, probabilities and stereotypes*, cit., pp. 148 e 196.

afirmar, que a finalidade objetivada pela diferenciação seja sensivelmente mais promovida com a escolha de outro elemento indicativo.

O retorno ao caso paradigmático inicial pode ilustrar melhor o argumento. No caso, o Poder Legislativo, para atingir determinada finalidade (estimular o desenvolvimento do pequeno empresário), escolheu uma medida de comparação (tamanho ou porte), aferindo-a por meio de um elemento indicativo (receita bruta anual). Nesse ponto, é preciso investigar se não havia outro elemento que, além de manter uma relação fundada com a medida de comparação, contraísse com ela uma relação ainda mais próxima. Por que o Poder Legislativo não escolheu, como elemento indicativo do tamanho da empresa, o seu número de empregados ou a sua produtividade? Não seriam esses elementos igualmente disponíveis e *mais designadores* das propriedades que a medida de comparação pretende conotar?

Nesse ponto, pode haver dois tipos de relação entre os elementos indicativos: uma relação entre dois elementos indicativos de *tipos diferentes*; e uma relação entre dois elementos indicativos de *tipos iguais*. Os elementos indicativos são de tipos diferentes quando dizem respeito a propriedades diversas. A capacidade de discernimento pode ser aferida pela idade ou pelo nível de instrução, cada uma dessas propriedades fazendo referência a uma realidade diversa. A diferença de tipo pode levar à promoção da medida de comparação em graus diferentes. Por exemplo, a idade mede melhor a agilidade física do que a elasticidade corporal, na medida em que pessoas idosas, por hipótese, ainda que portadoras de grande elasticidade, perdem sua coordenação motora com o passar dos anos. Dentre elementos indicativos de diferentes tipos, deve ser escolhido aquele que contribui *mais* para a existência da medida de comparação.

Os elementos indicativos são do mesmo tipo, mas de graus diferentes, quando dizem respeito às mesmas propriedades, existentes em graus distintos. Por exemplo, o porte de uma empresa pode ser calculado pelo seu faturamento, podendo esse ser objeto de consideração em faixas completamente diferentes. Dentre elementos indicativos de mesmo tipo, deve ser escolhido aquele que contribui com *maior* intensidade para a existência das propriedades que a medida de comparação pretende revelar.

Regressando ao caso paradigmático inicial, seria oportuno indagar por que o Poder Legislativo não escolheu como elemento indicativo do tamanho da empresa, em vez do seu faturamento, o seu número de empregados ou a sua produtividade. Independente de qual seja efetivamente o melhor elemento indicativo, o que é impertinente neste momento, deverá ser escolhido, dentre os elementos indicativos de diferentes tipos, aquele que contribui mais para a existência da medida de comparação. E uma vez escolhido qual deles é o mais adequado, deve-se verificar qual é, dentre as suas possibilidades de aplicação, o nível mais adequado: se for escolhido o faturamento como o elemento indicativo mais significativo do porte da empresa, deve-se verificar qual a faixa de faturamento mais adequada para dimensionar uma empresa de pequeno porte e uma microempresa; se for escolhido o número de empregados como o elemento indicativo mais significativo do porte da empresa, deve-se confirmar qual o número de empregados adequado para dimensionar uma empresa de pequeno porte e uma microempresa; e, assim, sucessivamente.

O que fica, de tudo quanto se disse até aqui, é que, entre a medida de comparação, qualificadora de algo efetivamente existente, e a finalidade que lhe serve de justificação deve haver uma relação de pertinência; e, entre a medida de comparação e o seu elemento indicativo deve haver uma relação fundada e conjugada. Sem esses requisitos, a rigor não se realiza a igualdade.

Ressalte-se que a referida exigência de conjugação entre o elemento indicativo e a medida de comparação não se identifica com a exigência de proporcionalidade entre elas. O dever de conjugação diz respeito à exigência de *maior significação* do elemento indicativo para a exteriorização da propriedade conotada pela medida de comparação ou dessa para com a finalidade (por exemplo, envolve descobrir o que é mais significativo para medir o porte da empresa, se a sua receita bruta ou o seu número de empregados). O dever de proporcionalidade, a ser mais adiante explicado, não faz uma avaliação *unidirecional* entre o elemento indicativo e a medida de comparação (ou entre essa e a finalidade), no sentido de examinar a maior significação de um para o outro. Ele, em vez disso, proporciona um exame *multidirecional* entre os efeitos positivos, decorrentes da utilização do elemento indicativo (ou da medida de comparação) para a promoção da finalidade, e os efeitos negativos, decorrentes do seu uso para a restrição de determinados princípios constitucionais. Ele, por exemplo, permite, entre outras coisas, verificar se não havia outros meios menos restritivos e se os efeitos positivos, decorrentes do uso da medida de comparação, são proporcionais aos seus efeitos negativos. O exame da conjugação ou significação exige comprovar, apenas, se outro elemento não era mais significativo unicamente para a aferição das propriedades que a medida de comparação quer conotar, sem relação com efeitos negativos relativos a direitos fundamentais correlatos, ou à consideração global de várias finalidades constitucionais. Não se podem confundir esses controles.

Importa notar, ainda, que a exigência de relação fundada e conjugada entre a medida de comparação e o seu elemento indicativo também se aplica à relação entre a medida de comparação e a finalidade que justifica sua utilização. A relação entre ambas também deve ser *fundada* e *conjugada*. Há uma relação fundada entre a medida de comparação e a finalidade, quando há uma correspondência que estatisticamente se sustenta entre a existência das propriedades conotadas pela medida de comparação e os bens jurídicos cuja disponibilidade compõe o estado ideal de coisas, representado pela finalidade. Isso significa que, entre a medida de comparação e a finalidade, também deve existir uma relação de causa e efeito, uma correlação, no sentido de dependência entre os dois elementos, de tal sorte que a existência de um elemento leva à do outro. Há uma relação conjugada entre a medida de comparação e a finalidade que orienta sua escolha quando a medida de comparação foi escolhida sem desprezar as outras medidas de comparação existentes e igualmente relevantes. As medidas de comparação devem ser conjugadas no sentido de que o Poder Legislativo não pode escolher um critério, ainda que ele mantenha uma relação fundada com a finalidade, se houver outras medidas de comparação que contraiam uma relação ainda mais próxima com a finalidade a ser buscada.

A volta ao caso paradigmático preambular pode ser novamente ilustrativa. O Poder Legislativo, para atingir determinada finalidade (estimular o desenvolvimento do pequeno empresário), escolheu uma medida de comparação (tamanho), aferindo-a por meio de um elemento indicativo (porte, como regra geral, e profissão, como regra excepcional). O porte da empresa seria a característica relevante para detectar a necessidade de estímulo estatal por meio da desoneração parcial dos tributos. Em face desses dados, pode-se perguntar: há uma relação de congruência fundada e conjugada entre a medida de comparação e a finalidade a ser buscada? Seria o mesmo que questionar, de um lado, se, entre o porte da empresa (medida de comparação) e a finalidade estatal (estímulo ao pequeno empreendedor), existiria uma relação de causa e efeito e, de outro, se não havia outra medida de comparação que, embora contraísse uma relação fundada com a finalidade, mantivesse com ela uma relação ainda mais próxima.

Ocorre, porém, que, para assegurar validade à medida de comparação, não basta que entre ela e o seu elemento indicativo, e entre ela e a finalidade da comparação, haja um vínculo fundado e conjugado de pertinência. É preciso que, a esses elementos estruturais ou conceituais da igualdade, sejam agregados elementos normativos: a medida de comparação deve ser compatível com a Constituição.

Essa compatibilidade – isto é importante – é afastada quando a Constituição veda sua utilização, assim fazendo de dois modos principais. O primeiro deles constitui-se na disposição expressa através da qual a Constituição veda a utilização de uma medida de comparação, como ocorre em casos como: o inciso IV do art. 3º proíbe preconceitos de origem, raça, sexo, cor, idade e quaisquer outras formas de discriminação; o inciso I do art. 5º proíbe distinção em razão do sexo; o inciso XLII do art. 5º veda a diferenciação em virtude da raça; o inciso XXX do art. 7º afasta a diferenciação no trabalho em razão do sexo, idade, cor ou estado civil; o inciso XXXI do art. 7º proíbe discriminação em virtude de deficiência física; o inciso XXXII do art. 7º exclui a distinção baseada na qualidade manual, técnica ou intelectual do trabalho; o § 2º do art. 12 veda a distinção entre brasileiros em razão da origem de sua nacionalidade; o art. 19 impede os entes federados de diferenciar os brasileiros entre si; e assim por diante. No capítulo relativo ao Sistema Tributário Nacional, também há vedações expressas: o inciso II do art. 150 proíbe distinção em razão de ocupação profissional ou função exercida pelo contribuinte, independentemente da denominação jurídica dos rendimentos, títulos ou direitos; o inciso I do art. 151 proíbe que a União tribute diferentemente em razão do ente federado; o art. 152 não permite que os entes federados diferenciem bens ou serviços em razão da sua procedência ou destino; e assim sucessivamente.

No segundo modo, há vedação expressa de diferenciação quando a Constituição, ao definir qual a medida de comparação deve ser a adotada para o tributo especificamente considerado, exclui qualquer outra. É o que ocorre com a determinação prevista no § 1º do art. 145 da Constituição, que estabelece que os impostos terão caráter pessoal e serão graduados segundo a capacidade econômica do contribuinte. Ao fazê-lo, a Constituição estabeleceu, para os impostos pessoais, uma medida de comparação obrigatória: a capacidade econômica dos contribuintes. Sendo assim, se a hipótese material de incidência da regra de tributação permitir, e não houver nenhuma outra finalidade que possa justificar seu afastamento, o Poder Legislativo deve utilizar a capacidade contributiva como medida de comparação, sendo vedada qualquer outra.

Em todos esses casos, a Constituição é expressa ao proibir a utilização de determinada medida de comparação (origem, raça, sexo, cor, idade, cor, estado civil, deficiência física, qualidade do trabalho, caráter do vínculo empregatício, origem da nacionalidade, ocupação profissional, procedência ou destino do bem), ou ao obrigar o seu uso (capacidade contributiva). Há, porém, formas implícitas de vedação de diferenciações, feitas, em regra, das seguintes maneiras:

(1) quando a Constituição protege determinado bem jurídico por meio da positivação de um princípio. Por exemplo, ao instituir o princípio do livre exercício de atividade econômica, a Constituição obriga os entes federados a praticar atos que provoquem efeitos que contribuam para a promoção dessa liberdade. Ao fazê-lo, a Constituição implicitamente proíbe que os entes federados estabeleçam diferenças em razão do exercício da atividade econômica. O mesmo ocorre com todos os princípios constitucionais: ali onde a Constituição obrigou a promover, não pode o Poder Legislativo restringir por meio de diferenciações, considerando-se ocorrida uma restrição dessa natureza quando o Poder Legislativo usa medida de comparação incompatível com a realização de princípios constitucionais;

(2) quando a Constituição une determinados elementos que, por isso, não podem ser separados pelo Poder Legislativo. É o que ocorre, por exemplo, quando a Constituição equipara o trabalhador urbano ao rural, ou quando iguala o trabalhador com vínculo empregatício permanente ao trabalhador avulso. Nesses casos, a Constituição, ao igualar com base em determinada medida de comparação, implicitamente veda diferenciações nela baseadas;

(3) quando a Constituição uniformiza determinado tratamento, assegurando-o a todos. É o que se dá, por exemplo, quando a Constituição assegura "a todos" o direito de petição, ou "com valor igual para todos" o direito ao voto. O mesmo ocorre quando a Constituição estabelece que "ninguém" será privado da liberdade ou de seus bens sem o devido processo legal. Nessas hipóteses, a Constituição, ao uniformizar o tratamento, implicitamente veda o estabelecimento de diferenciações com base nas medidas de comparação que pressupõe;

(4) quando a Constituição define a hipótese material de incidência do tributo por meio da preexclusão de determinadas medidas de comparação. Por exemplo, o inciso I do art. 156, na redação constitucional original, atribuía competência para os Municípios instituírem imposto sobre a propriedade predial e territorial urbana, permitindo que ele fosse progressivo, mas apenas para assegurar a função social da propriedade. Em razão disso, somente o valor da propriedade poderia ser eleito como

critério de comparação para diferenciar os contribuintes. Outras medidas de comparação não poderiam ser escolhidas. Justamente por isso – e sem analisar todos os aspectos da discussão, não só extensos como ora impertinentes – várias leis que estabeleciam diferenças entre os contribuintes com base na localização e no uso do imóvel foram declaradas inválidas. A tributação diferenciada dos contribuintes era "incompatível com a progressividade decorrente da capacidade econômica do contribuinte".[29] E, também por isso, foi necessária a modificação da Constituição pela Emenda Constitucional n. 29/2000, que passou a permitir a progressividade do imposto em razão do valor do imóvel e a diferença de alíquotas de acordo com a localização e o uso do imóvel. Esse exemplo demonstra que a própria definição do aspecto material da regra de tributação funciona como mecanismo de eleição e de exclusão de medida de comparação.

Outras formas de vedação de utilização de medidas de comparação poderiam ser somadas às anteriores. Independente do seu modo de exteriorização, importa ainda saber, a esse respeito, se as vedações são *definitivas*, no sentido de que nenhuma diferenciação pode ser baseada em medidas de comparação vedadas pela Constituição. A resposta a essa pergunta depende do modo como ela é entendida.

Se a indagação for interpretada no sentido de descobrir se a Constituição tolera distinções exclusivamente fundadas em medidas de comparação vedadas, a resposta é afirmativa: as vedações de utilização de medidas de comparação são definitivas, porque sua utilização não é justificável por qualquer outro elemento estrutural da própria igualdade ou do sistema constitucional. Entende-se por distinção fundada em medida de comparação vedada aquela que se baseia na sua *mera* consideração ou é feita por causa da sua *exclusiva* avaliação. Trata-se de uma diferenciação como que "só por só" baseada naquela medida de comparação.[30] Assim, ninguém pode ser tratado diferentemente apenas em razão do seu sexo ou da sua ocupação profissional. Isso significa que a diferenciação não pode ser *fundada* nessas medidas de comparação, no sentido de que elas não podem ser utilizadas como ponto de referência (*Anknüpfungspunkt*) para um tratamento diferenciado. Ninguém pode ser onerado de modo diverso "apenas porque" escolheu essa ou aquela profissão, por exemplo.

29. RE 153.771, STF, Tribunal Pleno, Rel. Min. Moreira Alves, j. em 5.9.1997, *DJU* 5.9.1997.

30. Celso Antônio Bandeira de Mello, *O conteúdo jurídico do princípio da igualdade*, cit., p. 18.

Todavia, se a indagação for interpretada no sentido de saber se a Constituição admite distinções baseadas em medidas de comparação preliminarmente vedadas, mas cuja utilização seja uma implicação de finalidades constitucionalmente estabelecidas, a resposta é negativa: as vedações de utilização de medidas de comparação não são definitivas, porque podem ser justificadas pela finalidade mesma da diferenciação. Entende-se por distinção referida a medida de comparação vedada, mas cuja utilização seja uma implicação de finalidade constitucionalmente estabelecida, aquela que a considera como decorrência de um mandamento constitucional. Assim, embora ninguém possa ser tratado de modo diferente em razão de deficiência física ou da sua ocupação profissional, qualquer um pode ser tratado distintamente em razão do cargo público a ser preenchido, se ele requerer exatamente uma habilidade cuja existência seja impedida pela deficiência, ou com referência à sua ocupação profissional se a finalidade a ser atingida exigir precisamente o estímulo de determinadas atividades em detrimento de outras. Nesses casos, a diferenciação não é rigorosamente *fundada* em medidas de comparação primariamente vedadas. Em vez disso, a utilização da medida de comparação é mera decorrência *acidental* e *secundária* da promoção de um fim que a legitima.

As considerações feitas até aqui demonstram que o Poder Legislativo não pode diferenciar por causa de uma medida de comparação constitucionalmente vedada.[31] O que ele pode fazer, com ônus redobrado de fundamentação e argumentação (adiante investigados no capítulo referente à aplicação da igualdade), é usar medidas de comparação primariamente vedadas se sua utilização for uma mera decorrência acidental da promoção de finalidades constitucionalmente postas.

Essas observações crescem em importância em virtude da introdução de dois dispositivos constitucionais que permitem diferenciações por razões relacionadas a princípios da atividade econômica: a Emenda Constitucional n. 42/2003, que, ao introduzir o art. 146-A na Constituição, atribui competência para a lei complementar estabelecer "critérios especiais de tributação" em razão de possíveis "desequilíbrios da concorrência"; e a Emenda Constitucional n. 20/1998, que, ao introduzir um novo parágrafo ao art. 195 da Constituição, permite que as contribuições sociais tenham alíquotas ou bases de cálculo "diferenciadas, em razão da atividade econômica ou da utilização intensiva de mão de obra".

---

31. Luciano Amaro, *Direito tributário brasileiro*, 12ª ed., São Paulo, Saraiva, 2006, p. 136.

Uma leitura apressada desses dispositivos poderia levar ao entendimento de que, a partir das Emendas Constitucionais que os introduziram, o Poder Legislativo poderia estabelecer uma diferenciação *fundada* no exercício profissional ou no exercício de atividade econômica ou na utilização de mão de obra, isto é, de que, com as inovações constitucionais, o Poder Legislativo estaria, por assim dizer, livre para diferenciar com base em medida de comparação antes vedada, mesmo que sua utilização não fosse justificada por uma finalidade constitucional. Esse entendimento, todavia, não procede, pelos seguintes motivos.

Em primeiro lugar, porque faz parte da estrutura da igualdade um vínculo fundado e conjugado de pertinência entre a medida de comparação escolhida e a finalidade que a justifica. Pensar a igualdade sem esse vínculo é desnaturá-la ou, na linguagem constitucional, aboli-la como princípio constitucional fundamental. Esse tipo de interpretação, no sentido de que o Poder Legislativo estaria desprendido para diferenciar, com base no exercício profissional ou no exercício de atividade econômica ou utilização de mão de obra, mesmo que esteja ausente uma finalidade constitucional para essa diferenciação, esbarra na proibição de instituição de emenda constitucional tendente a abolir direitos fundamentais, conforme o estabelecido pelo § 4º, inciso IV, do art. 60 da Constituição. Em outras palavras, a modificação constitucional não pode ensejar esse tipo de interpretação, pois, se assim pretendesse fazer, ela própria seria inconstitucional.

Em segundo lugar, porque, além de inconstitucional, esse tipo de interpretação leva à arbitrariedade, e a arbitrariedade é incompatível com o princípio do Estado de Direito.[32] Com efeito, entender que o Poder Legislativo poderia diferenciar, com base no exercício profissional ou no exercício de atividade econômica ou utilização de mão de obra, mesmo sem um motivo para tanto, é permitir a arbitrariedade, no sentido de distinções imotivadas. E distinções imotivadas não são compatíveis com o princípio do Estado de Direito, em cujos elementos, para dizer o mínimo, está a necessária fundamentação clara, objetiva e racional dos atos estatais que causem gravame aos contribuintes.[33]

---

32. Gerhard Leibholz, *Die Gleichheit vor dem Gesetz*, 2ª ed., München, Beck, 1959, p. 1.

33. Katharina Sobota, *Das Prinzip Rechtsstaat*, Tübingen, Mohr Siebeck, 1997, pp. 63 e ss. José Carlos Vieira de Andrade, *O dever de fundamentação expressa de actos administrativos*, Coimbra, Almedina, 1992, pp. 228 e ss. Georg Müller, *Rechtsgleichheit*, cit., p. 31.

Em terceiro lugar, para pôr fim a uma lista de argumentos que poderia ser alongada, essa interpretação levaria à restrição do núcleo essencial do princípio da liberdade de exercício profissional. Sendo o princípio da liberdade de exercício de atividade econômica princípio fundamental, o Poder Legislativo não pode estabelecer diferenciação "simplesmente porque" o contribuinte escolheu essa ou aquela atividade. Permiti-lo é restringir os elementos essenciais do princípio da liberdade de exercício de profissão. Dito de outro modo, não se pode interpretar a norma constitucional desse modo, pois, se assim pretendesse fazer, a lei seria inconstitucional.

Além disso, não se pode esquecer que a própria Constituição, no art. 150, inciso II, veda a distinção em razão de ocupação profissional ou função exercida pelo contribuinte, independentemente da denominação jurídica dos rendimentos, títulos ou direitos. Vale dizer, a liberdade de exercício de profissão não é apenas protegida, em geral, pelos princípios da atividade econômica. Ela é garantida, em particular, por meio de uma vedação expressa no âmbito do sistema tributário. Em outras palavras, a Constituição, ao proteger, de modo tão enfático, a liberdade de exercício de profissão, indicou que uma distinção a ela relacionada (nunca nela fundada) é, desde o início, suspeita, devendo receber, portanto, uma atenção redobrada do aplicador, que deverá exigir um ônus elevado de justificação, fundamentação e comprovação para sua permanência.

Todas as considerações precedentes levam ao entendimento de que a medida de comparação:

(a) deve abranger um elemento efetivamente existente; será arbitrária a escolha de um elemento inexistente no mundo dos fatos, dada a vinculação entre o Direito e a realidade que ele visa a regular;

(b) precisa manter uma relação fundada e conjugada de pertinência com o seu elemento indicativo, o que ocorre quando se possa plausivelmente afirmar, com suporte empírico considerável, que a existência do elemento indicativo escolhido promove a existência da medida de comparação em maior medida que os outros elementos indicativos disponíveis;

(c) deve manter uma relação fundada e conjugada de pertinência com a finalidade que justifica sua utilização, assim se verificando quando se possa plausivelmente comprovar, com suporte empírico considerável, que a existência da medida de comparação eleita fomenta a existência da finalidade em maior medida que as outras medidas de comparação disponíveis;

(d) tem de ser compatível com a Constituição, o que não ocorre no caso de ela vedar ou impor expressamente sua adoção ou vedar implicitamente sua utilização, assim se verificando quando: protege determinado bem jurídico por meio da positivação de um princípio e exclui determinadas medidas de comparação com ele incompatíveis; une determinados elementos que, por isso, não podem ser separados pelo Poder Legislativo; uniformiza determinado tratamento, assegurando-o a todos; ou define qual medida de comparação deve ser a adotada para o tributo especificamente considerado;

(e) pode ser utilizada mesmo que preliminarmente vedada pela Constituição; mas, nesse caso, apenas e tão somente se sua utilização for uma decorrência acidental e secundária da promoção de outras finalidades constitucionalmente postas.

As conclusões acima referidas, por conferirem critérios claros a respeito dos requisitos a serem preenchidos pela medida de comparação, podem ser transformadas em perguntas que devem ser sucessivamente respondidas para assegurarem validade à adoção da medida de comparação, do seguinte modo:

(a) Qual a medida de comparação eleita pelo Poder Legislativo? Ou: qual propriedade foi eleita como critério de distinção entre os contribuintes?

(b) Qual o elemento indicativo da medida de comparação? Ou: qual o elemento constante da lei cuja existência pretende aferir a existência das propriedades exteriorizadas pela medida de comparação?

(c) O elemento indicativo mantém relação fundada com a medida de comparação? Ou: pode-se aferir a existência da medida de comparação pela existência do elemento indicativo?

(d) O elemento indicativo mantém relação conjugada com a medida de comparação? Ou: há outro elemento indicativo que seja bem e visivelmente mais significativo para a existência da medida de comparação que o legalmente escolhido?

(e) A medida de comparação guarda relação fundada com a finalidade? Ou: pode-se identificar a promoção da finalidade pela existência da medida de comparação?

(f) A medida de comparação mantém relação conjugada com a finalidade? Ou: há outra medida de comparação cuja existência seja mais significativa para a promoção da finalidade que a escolhida pelo Poder Legislativo?

(g) A relação entre o elemento indicativo e a medida de comparação, e entre essa e a finalidade, foi devidamente comprovada pelo aplicador, ou meramente presumida? Se presumida, sustentou-se em suporte empírico considerável?

(h) A Constituição permite o uso da medida de comparação eleita pelo legislador? Ou: há regra vedando o seu uso ou princípio, que torna incompatível sua utilização?

(i) A diferenciação feita pelo Poder Legislativo é fundada em medida de comparação vedada ou simplesmente tem relação com ela? Ou: a diferenciação foi feita só por causa da propriedade cujo uso é vedado ou ela atende a outra finalidade, com a qual mantém relação fundada e conjugada de pertinência?

Tanto as conclusões a que este trabalho até aqui chegou quanto as perguntas que elas permitiram formular são de capital importância para a efetividade da igualdade. Elas revelam, entre outras coisas, que a diferenciação feita pelo Poder Legislativo por meio da edição de uma dada lei não é compatível com a igualdade apenas porque a medida de comparação guarda pertinência lógica com a finalidade, traduzida essa como um vínculo meramente causal. Os argumentos procuram demonstrar, justamente, que, entre a medida de comparação e a finalidade, deve haver um vínculo fundado e conjugado que ultrapassa, portanto, a compatibilidade lógica para exigir a análise de questões ligadas à proximidade entre esses elementos, à significância de cada um deles e à compatibilidade *positiva* e não meramente *negativa* com o sistema constitucional.

A importância teórica disso está em demonstrar que a justificação da desigualdade envolve juízos *graduais*, mais de *congruência material*, do que de *consistência formal*. E o seu destaque prático está em permitir um maior controle ao poder de tributar: sabendo mais precisamente quais são os critérios de validação das diferenciações, melhor pode o ente estatal realizar a igualdade, e o contribuinte controlar a sua realização.

Como afirmado acima, a medida de comparação só pode ser avaliada quando em conexão com a finalidade que justifica sua utilização. É preciso, então, investigar o significado e a extensão da finalidade dentro do âmbito da igualdade.

2.2.2.4 *Finalidade da diferenciação*

A finalidade é um estado de fato que precisa ser atingido (*Ist-Zustand*), como aspecto graduável de um estado de coisas (*graduell abstufbaren Aspekt von Zuständen*) ou critério de sua graduação (*Rang-*

kriterium), dependendo do caso.[34] Se é a finalidade a ser perseguida que, em última análise, vai permitir verificar a correção da medida de comparação utilizada, a sua definição assume extrema relevância, pois a sua manipulação pode significar não apenas deixar de promover uma finalidade constitucionalmente posta, como expressar a restrição oblíqua da própria igualdade.

Em razão disso, é preciso verificar, relativamente à igualdade, o modo como a finalidade deve ser definida, como ela deve ser fundamentada e comprovada e quais as suas espécies.

As finalidades que podem servir de parâmetro para a escolha das medidas de comparação são aquelas previstas no sistema normativo constitucional.[35] Essa afirmação reveste-se, no caso da igualdade, de grande importância, especialmente no Direito Tributário. É que a Constituição prevê várias finalidades a serem atingidas, podendo elas ser subdividas em duas grandes espécies: normas com finalidade fiscal (*Fiskalzwecknormen*), entendidas como aquelas que visam primariamente a arrecadar receitas para o Estado e, em virtude disso, repartem os encargos com base em medidas de comparação aferidas por elementos presentes nos próprios contribuintes, como sua capacidade econômica; e normas com finalidade extrafiscal (*Nichtfiskalzwecknormen*), consideradas como aquelas que visam a atingir algum fim público autônomo, tal como a proteção do meio ambiente ou o desenvolvimento regional, e, em razão disso, distribuem as obrigações mediante o emprego de medidas de comparação estimadas por elementos existentes fora do universo pessoal dos contribuintes, como o potencial poluidor ou o subdesenvolvimento regional.[36] Nesse caso, a diferenciação entre os contribuintes é feita com base em elementos a eles exteriores. A tributação baseia-se numa finalidade estranha à própria distribuição igualitária da carga tributária. Critério e finalidade separam-se para consubstanciar duas realidades empiricamente discerníveis. Em razão disso, fala-se em *fim externo*, entendido como aquele que é perceptível fora do âmbito jurídico.[37]

---

34. Martin Hensche, *Teleologische Begründungen in der juristischen Dogmatik*, Baden-Baden, Nomos, 1998, p. 56.

35. Celso Antônio Bandeira de Mello, *O conteúdo jurídico do princípio da igualdade*, cit., p. 42.

36. Luis Eduardo Schoueri, *Normas tributárias indutoras e intervenção econômica*, cit., p. 28. Sacha Calmon Navarro Coêlho, *Curso de direito tributário brasileiro*, 9ª ed., Rio de Janeiro, Forense, 2006, pp. 87 e 274.

37. Klaus Vogel, "Die Abschichtung von Rechtsfolgen im Steuerrecht", *Der offene Finanz- und Steuerstaat*, Heidelberg, Müller, 1991, p. 542. Dieter Birk, *Steuerrecht I, Allgemeines Steuerrecht*, 2ª ed., Munique, Beck, 1994, pp. 10-11. Stefan

A constatação de que a Constituição prevê várias finalidades a serem atingidas poderia levar ao entendimento de que qualquer uma dessas finalidades poderia ser utilizada como parâmetro para a escolha de medidas de comparação, válidas no âmbito tributário. Assim não se pode, porém, entender. Isso porque o poder de tributar, na Constituição de 1998, foi atribuído por meio de regras de competência, as quais delimitam, na maioria dos casos, quais são os fatos ou situações que podem ser objeto de tributação. Como regras, elas ou preexcluem a tributação com base em finalidades extrafiscais ou predeterminam quais são as finalidades as quais deve servir a instituição do tributo.[38]

Há preexclusão da tributação com base em finalidades extrafiscais quando a Constituição prevê uma hipótese material de incidência, para cuja configuração a finalidade é impertinente. No inciso II do art. 145, a Constituição permite que os entes federados instituam taxas, em razão do exercício do poder de polícia ou pela utilização, efetiva ou potencial, de serviços públicos específicos e divisíveis, prestados ao contribuinte ou postos à sua disposição. A instituição da taxa não serve de meio para promover algo ainda não existente. Ela se presta, em vez disso, para custear uma atividade específica já prestada ou a ser diretamente prestada. Nesse sentido, as taxas não servem de instrumento para atingir finalidades extrafiscais. Elas servem para remunerar o exercício do poder de polícia ou a utilização de serviços públicos. Outra finalidade, além dessa fiscal, não pode servir de parâmetro para justificar medida de comparação entre os contribuintes que não seja o proveito do exercício do poder de polícia ou a utilização efetiva ou potencial de serviços públicos. A própria linguagem constitucional já o denuncia, quando permite a instituição de taxas "em razão" de algo já previamente delimitado, o que exclui, por tabela, "outras razões".

Esse exemplo demonstra que a preexclusão da tributação com base em finalidades extrafiscais, ocorrente no caso de a Constituição prever uma hipótese material de incidência para cuja configuração a finalidade é impertinente, significa que nenhum fim poderá ampliar o aspecto material da regra de competência e, com isso, justificar a eleição de outra medida de comparação, diversa daquela pressuposta.

Huster, *Rechte und Ziele: Zur Dogmatik des allgemeinen Gleichheitssatzes*, Berlim, Duncker und Humblot, 1993, p. 149.

38. Humberto Ávila, *Sistema constitucional tributário*, 5ª ed., São Paulo, Saraiva, 2012, pp. 94 e ss. Humberto Ávila, *Teoria dos princípios*, 20ª ed., São Paulo, Malheiros Editores, 2021, pp. 134 e ss.

Há predeterminação da finalidade extrafiscal a ser perseguida quando a Constituição prevê uma hipótese material de incidência, vinculando-a a um propósito específico. Por exemplo, no inciso I do art. 156, a Constituição atribui poder aos Municípios para instituírem o imposto predial territorial urbano. Como a regra ali prevista, antes da alteração por emenda constitucional, mencionava apenas a propriedade imobiliária como fato apto de ser tributado, atrelando a ele apenas uma finalidade determinada a ser promovida (proteção da função social da propriedade) de acordo com requisitos constitucionalmente estabelecidos (fixação por lei municipal editada de acordo com lei federal anterior), o Poder Legislativo não podia optar por promover outro fim diverso daquele extrafiscal, constitucionalmente traçado, muito menos sem o preenchimento dos requisitos constitucionalmente previstos. A tentativa de perseguição de outro propósito foi declarada inválida pelo Poder Judiciário.[39]

Esse exemplo demonstra que a predeterminação da tributação, com base em finalidades extrafiscais, ocorrente no caso de a Constituição prever uma hipótese material de incidência vinculada a um fim determinado, quer dizer que nenhum outro poderá delimitar o aspecto material da regra de competência e, com isso, justificar a eleição de outra medida de comparação diversa daquela eleita.

Sobre a finalidade, é preciso, ainda, fazer duas ponderações. A primeira delas diz respeito à constatação de que as finalidades, mesmo no caso de estarem vinculadas a uma regra de competência, não podem servir de justificativa para a ampliação da medida de comparação constitucionalmente eleita. Dois exemplos o demonstram.

Vale referir que o tema voltou à discussão no Plenário do Supremo Tribunal Federal no julgamento do RE 240.785, que discutia a constitucionalidade da inclusão do valor do imposto sobre circulação de mercadorias e serviços na base de cálculo das contribuições sociais.[40] Nesse caso, definido por maioria, vencidos os Ministros Eros Grau e Gilmar Mendes, prevaleceu o entendimento de que "os valores relativos ao imposto sobre a circulação de mercadorias e serviços não compõem a base de incidência da COFINS, porque estranhos ao conceito de faturamento" (voto do Ministro Marco Aurélio), em que pese o apelo à solidariedade e às necessidades de custeio da seguridade social promovido pela Fazenda Nacional. Esta discussão foi retomada no julgamento do RE 574.706,

39. RE 153.771, STF, Tribunal Pleno, Rel. Min. Moreira Alves, j. em 5.9.1997, *DJU* 5.9.1997.

40. RE 240.785, STF, Tribunal Pleno, Rel. Min. Marco Aurélio, j. 8.10.2014.

desta vez com repercussão geral reconhecida, e o Tribunal Pleno, por sua maioria, ratificou o entendimento de que "o ICMS não compõe a base de cálculo para a incidência do PIS e da Cofins", vencidos os Ministros Edson Fachin, Roberto Barroso, Dias Toffoli e Gilmar Mendes. Novamente, portanto, prevaleceu o entendimento de que a necessidade de recursos para o custeio da seguridade social (finalidade à qual as contribuições em discussão se dirigem) não justifica a ampliação da medida de comparação adotada.[41]

No inciso I do art. 195, na redação constitucional original, havia previsão para a União Federal instituir contribuições sobre a "folha de salários". Ao atribuir poder por meio da indicação de fatos, a Constituição estabeleceu, para o efeito de pagar ou não pagar o tributo, uma única medida de comparação: pagamento de salário. Os contribuintes, em função disso, não poderiam ser obrigados a pagar com base noutra medida de comparação, mesmo existentes finalidades extrafiscais relacionadas ao destino da arrecadação, como o princípio da universalidade do financiamento da seguridade social ou o princípio da solidariedade social. Nem mesmo essas finalidades sociais poderiam servir de parâmetro para justificar outra medida de comparação entre os contribuintes que não o pagamento de salários. O próprio Supremo Tribunal Federal decidiu nesse sentido, quando asseverou que a Seguridade Social, mesmo devendo ser financiada por toda a sociedade, só o pode ser por meio de bases de incidência próprias e não simplesmente com base no princípio da universalidade do financiamento, ao mencionar que os contribuintes somente poderiam ser obrigados a pagar "mediante fases de incidência próprias" (folha de salários, o faturamento e o lucro).[42] No mesmo sentido, o Tribunal afastou a incidência de contribuições sociais sobre fatos discrepantes do conceito constitucionalmente previsto, apesar da existência de finalidades sociais.[43]

No inciso I do art. 195, na redação constitucional original, havia previsão de a União Federal instituir contribuições sobre o faturamento. Ao atribuir poder por meio da indicação de fatos, a Constituição estabeleceu, para o efeito de pagar ou não pagar, uma única medida de comparação: a existência de faturamento. Os contribuintes, em razão disso, não poderiam ser obrigados a pagar com base noutra medida de

41. RE 574.706, STF, Tribunal Pleno, Rel. Min. Carmen Lúcia, j. 15.3.2017.

42. RE 150.764, STF, Tribunal Pleno, Rel. Min. Marco Aurélio, j. em 16.12.1992, *DJU* 2.4.1993.

43. RE 166.772, STF, Tribunal Pleno, Rel. Min. Marco Aurélio, j. em 12.5.1994, *DJU* 16.12.1994.

comparação, mesmo existentes finalidades extrafiscais relacionadas ao destino da arrecadação, como a promoção da solidariedade social. Nem mesmo essas finalidades sociais serviram de parâmetro para justificar outra medida de comparação entre os contribuintes que não fosse a existência de faturamento.[44]

Esses exemplos demonstram, com clareza, que as finalidades, mesmo no caso de estarem vinculadas a uma regra de competência, não servem de justificativa para a ampliação ou modificação da medida de comparação constitucionalmente eleita.

A segunda ponderação diz respeito à constatação de que finalidades diferentes daquelas vinculadas à regra de competência, embora não possam justificar a eleição de outras medidas de comparação diversas daquelas constitucionalmente eleitas, podem assumir importância jurídica para efeito de dimensionar o montante a ser pago. Trata-se de uma hipótese bastante específica e excepcional, melhor explicada por meio de um exemplo.

No art. 149, a Constituição atribui poder à União para instituir contribuições de intervenção no domínio econômico, como instrumento de sua atuação nas respectivas áreas, tendo por base o faturamento, a receita bruta ou o valor da operação. Sem considerar as várias questões, algumas delas intermináveis, que poderiam ser suscitadas a respeito do assunto e que não são pertinentes ao ponto ora debatido, pode-se afirmar que as contribuições de intervenção só poderão ser cobradas de sujeitos passivos relacionados a setores, áreas ou atividades em que algum princípio geral da atividade não esteja sendo realizado como constitucionalmente previsto.[45] A finalidade da instituição dessas contribuições pode ser classificada didaticamente como uma finalidade extrafiscal, que requer medida de comparação condizente com sua promoção. Essa finalidade se distingue da fiscal, pois, ao visar à arrecadação e à repartição equânime dos encargos tributários, requer uma medida de comparação específica: a capacidade econômica. Ocorre, no entanto, que a finalidade fiscal, embora não possa justificar a eleição de outras medidas de comparação, distintas daquelas constitucionalmente previstas (o faturamento, a receita bruta ou o valor da operação), pode assumir importância jurídica para efeito de calibrar o montante a ser pago: depois (logicamente) de definir os sujeitos relacionados a setores, áreas ou atividades que reclamem intervenção, e depois (logicamente) de delimitar concretamente a base de cálculo sobre

44. RE 346.084, STF, Tribunal Pleno, Rel. Min. Marco Aurélio, *DJU* 1.9.2006.

45. Paulo Roberto Lyrio Pimenta, *Contribuições de intervenção no domínio econômico*, São Paulo, Dialética, 2002, pp. 32 e ss.

a qual incidirá a alíquota, a capacidade contributiva pode ser utilizada como *medida interna* de comparação para efeito de determinar quem deve pagar mais e quem deve pagar menos. Nesse caso, isso é possível porque a Constituição apenas escolheu a base de cálculo, *dentro* de cujos limites o Poder Legislativo pode exercer sua liberdade de configuração.

Nesse ponto, é importante mencionar que, não obstante a clareza da Constituição em delimitar de forma vinculante as bases de cálculo que poderiam ser utilizadas pelo legislador para as contribuições previstas no artigo 149, o Supremo Tribunal Federal alterou seu entendimento a esse respeito. Em 2013, o Tribunal havia reconhecido, por unanimidade, o caráter taxativo das bases de cálculo ali previstas, ao julgar a inconstitucionalidade da inclusão do ICMS na base de cálculo do PIS/COFINS--Importação, por entender que sua inclusão desbordava da base de cálculo prescrita pela Constituição no caso das contribuições incidentes sobre importação (valor aduaneiro).[46] Em 2020, contudo, o Tribunal alterou, por maioria, a sua posição: julgou constitucionais as contribuições devidas ao SEBRAE, à APEX e à ABDI incidentes sobre a folha de salários, ainda que essa base de cálculo não esteja prevista na lista prevista no art. 149.[47] O Tribunal concluiu, portanto, que a lista de bases de cálculo do art. 149 seria meramente exemplificativa, sem força vinculante, nada obstante a natureza prescritiva das normas de competência constitucionais.

Isso significa, em outras palavras, que finalidades diferentes daquelas vinculadas à regra de competência de tributação, conquanto não possam legitimar a seleção de outras medidas de comparação distintas daquelas constitucionalmente escolhidas, podem operar, digamos, "por dentro", para justificar o tratamento diferenciado entre os contribuintes.[48] Nesse caso, uma segunda medida de comparação, justificada por uma segunda finalidade, irá atuar sobre uma primeira medida de comparação, legitimada por uma primeira finalidade, calibrando a intensidade ou grau com que será utilizada. Havendo espaço na regra de competência para o uso desse mecanismo, a coerência sistemática suporta sua utilização, pois mais princípios constitucionais serão realizados ao mesmo tempo.[49]

46. 45. STF, Tribunal Pleno, RE 559.937, rel. p/acórdão Min. Dias Toffoli, j. 20.3.2013.

47. STF, Tribunal Pleno, RE 603.624, rel. p/acórdão Min. Alexandre de Moraes, j. 23.9.2020.

48. Arthur Lima Gonçalves, *Isonomia na norma tributária*, São Paulo, Malheiros Editores, 2003, p. 64.

49. Humberto Ávila, *Sistema constitucional tributário*, cit., pp. 87 e ss. Aleksander Peczenik, *On law and reason*, Dordrecht, Kluwer, 1989, p. 162. Susanne Bracker, *Kohärenz und Juristische Interpretation*, Baden-Baden, Nomos, 2000, p. 107.

A problemática relativa à igualdade, todavia, não se exaure na sua conceituação, na sua classificação ou mesmo na sua previsão. Novamente, como deve haver uma relação fundada e conjugada de pertinência entre a medida de comparação e a finalidade que justifica sua utilização, sendo a finalidade um dos termos dessa relação, e como são várias as finalidades constitucionalmente previstas, surge a questão, crucial, de saber como devem ser fundamentadas e comprovadas as finalidades. É que, se não forem indicados critérios para a delimitação da finalidade a ser promovida, ameaçada está a realização da igualdade.

Sobre isso, convém enfatizar que o aplicador da igualdade, ou quem pretenda sê-lo, deve, em primeiro lugar, demonstrar o suporte constitucional de validade da finalidade escolhida. Não é qualquer finalidade que pode ser objeto de promoção, mas uma finalidade cuja persecução seja constitucionalmente prescrita. Essa demonstração deve ser feita mediante a indicação do suporte expresso ou implícito cujo significado preliminar permita aferir a previsão do fim em nível constitucional. Não basta, porém, a demonstração de que a finalidade está prevista. Isso seria facilmente realizável, dada a multiplicidade de finalidades constitucionalmente previstas. É preciso algo mais.

É necessário que o aplicador da igualdade demonstre que a finalidade eleita não está indiretamente excluída (quer pela definição da hipótese material de incidência do tributo por meio da preexclusão de determinadas medidas de comparação, quer pela definição da medida de comparação que deve ser a adotada para o tributo especificamente considerado), nem colide com aquela finalidade predeterminada pela regra de tributação ou pelo regime jurídico constitucional estabelecido relativamente à obrigação tributária objeto de instituição.

Visível está, por conseguinte, que a indicação da finalidade não pode ser ambígua nem contraditória, nem tampouco implícita. Deve, em vez disso, ser clara, coerente e expressa. Afinal, se é dever do ente estatal tratar todos igualmente, a não ser que haja um motivo para tratá-los diferentemente, deve demonstrar com "suficiente determinação" (*mit hinreichender Bestimmtheit*) a finalidade que justifica a distinção.[50] O retorno ao caso paradigmático inicial pode ser de grande valia, ainda que isso seja feito, sem examinar o seu mérito, para demonstrar como a fundamentação *não* deve ser feita.

50. Jürgen Vogt, *Neutralität und Leistungsfähigkeit*, Frankfurt am Main, Peter Lang, 2003, p. 87.

No caso escolhido,[51] o legislador federal criou um mecanismo diferenciado de pagamento de tributos federais. Por meio dele, as microempresas e as empresas de pequeno porte pagariam menos tributos e de modo mais simplificado. Ao estruturar tal mecanismo, o legislador estabeleceu um critério de distinção baseado no porte da empresa, escolhendo a receita bruta anual como o seu elemento indicativo, na regra geral, e o tipo de profissão, na regra excepcional. Qual, porém, a finalidade perseguida pelo Poder Legislativo? Logo que o caso foi descrito neste trabalho, afirmou-se, propositadamente, que a finalidade imediata perseguida pela lei instituída pelo Poder Legislativo "parecia" ser o estímulo ao pequeno empreendedor, e a finalidade mediata, a criação de empregos. Isso porque, como será demonstrado, a finalidade não foi definida de modo claro, coerente e expresso, nem pelo Poder Legislativo, nem pelo Poder Judiciário. O julgamento pelo Tribunal Pleno do Supremo Tribunal Federal revela as dificuldades presentes na definição da finalidade perseguida, a partir das quais se podem construir os critérios que devem orientar a sua delimitação.

De um lado, o Ministro Relator afirma inexistir violação ao princípio da igualdade, porque o legislador pode discriminar "por motivo extrafiscal", desde que a distinção seja razoável, derivada de uma finalidade objetiva e aplicada a todas as pessoas da mesma classe ou categoria. Os motivos extrafiscais, segundo o voto do relator, seriam a simplificação das obrigações tributárias das micro e pequenas empresas, a proteção do abuso do poder econômico, o combate à informalidade e o estímulo ao desenvolvimento do pequeno empreendedor. Essas finalidades assumem caráter extrafiscal, na medida em que dizem respeito a estados de coisas almejados e independentes da arrecadação de receita.

De outro lado, porém, o mesmo Relator, ao reproduzir as razões adotadas no julgamento da medida liminar, afirmou existir justificativa para o tratamento desigual em "favor do mais fraco, de modo a atender também à norma contida no § 1º do art. 145 da Constituição Federal". Essa finalidade – favorecer o mais fraco de acordo com a capacidade contributiva – é uma finalidade fiscal, já que busca a obtenção de receita por meio da consideração a características presentes nos próprios contribuintes.

51. ADI 1.643-1, STF, Tribunal Pleno, Rel. Min. Maurício Corrêa, j. em 5.12.2002, *DJU* 14.3.2003.

Logo se constata que a referência à finalidade ou às finalidades é, a um só tempo, obscura e (porque sem qualquer explicação adicional) contraditória. É obscura, porque a decisão não indica, com clareza, qual a finalidade buscada ou quais aquelas perseguidas, se a simplificação, a proteção do pequeno empreendedor ou o favorecimento do portador de menor capacidade contributiva, se cada uma delas separadamente ou conjuntamente, se uma delas como instrumento para alcançar as outras, e, assim, sucessivamente. As finalidades são mencionadas, mas não esclarecidas no seu significado. E é também contraditória, porque a decisão indica duas espécies de finalidades que, na maior parte dos casos, ausente uma explicação muito específica, são mutuamente excludentes: ou a diferenciação tem uma finalidade fiscal, ou tem uma finalidade extrafiscal. A referência contraditória às finalidades é perigosa na medida em que cada uma delas requer a utilização de medidas de comparação diversas: a finalidade fiscal, dependendo do tipo de tributo instituído, é normalmente medida pela capacidade contributiva; e cada finalidade extrafiscal diferente exige a utilização de medidas específicas de comparação, não havendo coincidência necessária, por exemplo, entre as medidas de comparação demandadas pela simplificação das obrigações tributárias, pela proteção do abuso do poder econômico, pelo combate à informalidade e pelo estímulo ao desenvolvimento do pequeno empreendedor.

Ora, a referência obscura e contraditória à finalidade buscada impede o controle intersubjetivo da realização da igualdade na exata medida em que obsta a verificação da relação fundada e conjugada de pertinência entre a finalidade e a medida de comparação, pela falta de clareza relativamente a um dos termos dessa relação. A ausência de indicação clara e coerente da finalidade permite, a rigor, a sua manipulação e, com ela, a construção forjada da relação fundada e conjugada de pertinência entre a finalidade e a medida de comparação: se a pertinência da medida de comparação depende da finalidade escolhida, alterada essa, modificada está aquela.[52] Independente do exame da questão de fundo, o tamanho da

52. O tema foi objeto de recente discussão no âmbito do julgamento da ADC n. 96, na qual se discutia a validade das alterações de alíquotas de IOF pelos Decretos Presidenciais n. 12.466, 12.467 e 12.499/25. A discussão envolvia a validade da mitigação da legalidade no caso diante do suposto caráter arrecadatório da medida. Segundo o Ministro Relator Alexandre de Moraes, não teria havido desvio de finalidade no aumento das alíquotas pelo governo federal, porquanto os aumentos teriam tido natureza extrafiscal e não arrecadatória, na medida em que o Governo justificou, de maneira superveniente, os ajustes com base nas finalidades de "promover a padronização normativa, a simplificação operacional e a maior neutralidade tributária e realizar uma harmonização das alíquotas aplicáveis a pessoas físicas e pessoas jurídicas e das

empresa, medido pelo tipo de profissão ou pelo patamar de faturamento, terá sua validade enquanto medida de comparação dependendo de ser a finalidade da norma a simplificação das obrigações tributárias, a proteção do abuso do poder econômico, o combate à informalidade, o estímulo ao desenvolvimento do pequeno empreendedor, o aumento da arrecadação ou o favorecimento do portador de menor capacidade contributiva. Em outras palavras, ou a finalidade, cuja utilização legitima o uso da medida de comparação, é controlada pela exigência de fundamentação clara e coerente, ou a igualdade deixará de ser concretizada pela falta de definição de um dos termos que compõem a relação que ela significa. Para servir de elemento legitimador da medida de comparação, a finalidade deve ser específica.[53]

Assim, tanto o Poder Legislativo, quando edita determinada lei, quanto o Poder Judiciário, quando interpreta e aplica aquela lei, devem ser claros e isentos de contradição com relação à finalidade. De um lado, o Poder Legislativo deve fornecer critérios objetivos e coerentes que permitam, mediante análise objetiva da lei, compreender os objetivos pretendidos. Quando se fala em finalidade legal não se está propondo o exame da vontade subjetiva do legislador (elemento genético-subjetivo).[54] Está-se, em vez disso, sustentando o exame da vontade objetiva na lei (elemento sistemático-teleológico). De outro lado, o Poder Judiciário deve examinar, de modo objetivo e coerente, os objetivos da lei, de modo a permitir o controle intersubjetivo da igualdade.

Todas as ponderações anteriores conduzem ao entendimento de que a finalidade, na realização da igualdade:

(a) deve ser constitucionalmente prescrita e demonstrada, sem ambiguidade ou contradição, mediante a indicação do suporte expresso ou

---

operações de câmbio de investimento". (STF, ADC n. 96, Decisão Monocrática Min. Alexandre de Moraes, DJ 16.07.2025). Bem analisada a questão, constata-se que essas finalidades são obscuras e contraditórias, impedindo o devido controle sobre seu cumprimento. Sobre a importância da definição das finalidades (ou fins) e dos modos de raciocínio envolvidos na relação entre meios e fins, ver: ÁVILA, Humberto. Controles instrumental e justificativo da extrafiscalidade. In: OLIVEIRA, Ricardo Mariz de; ZILVETI, Fernando Aurélio; MOSQUERA, Roberto Quiroga; PURETZ, Tadeu. (Org.). *Direito Tributário: estudos em homenagem ao Professor Luis Eduardo Schoeuri por ocasião de seus 20 anos como Professor Titular em Direito Tributário na Faculdade de Direito da Universidade de São Paulo.* 1. ed. São Paulo: IBDT, 2023, p. 279-291.

53. Antônio Roberto Sampaio Dória, *Princípios constitucionais tributários e a cláusula "due process of law"*, cit., p. 200.

54. Humberto Ávila, "Juristische Theorie der Argumentation", in *Festschrift für Claus-Wilhelm Canaris zum 70. Geburtstag*, Heldrich, Prölss e Koller (orgs.), München, Beck, 2007, p. 971. Gerhard Leibholz, *Die Gleichheit vor dem Gesetz*, 2ª ed., München, Beck, 1959, p. 4.

implícito, cujo significado preliminar permita aferir a previsão do fim em nível constitucional;

(b) pode ser fiscal, quando busca aumentar a arrecadação e se vale de elementos presentes nos contribuintes para ser medida, ou extrafiscal, quando almeja atingir um estado autônomo de coisas aferido com base em elementos independentes dos contribuintes;

(c) não pode ser qualquer finalidade, mas somente uma finalidade que não seja nem preexcluída pelas regras de tributação (seja pela definição da hipótese material de incidência do tributo por meio da preexclusão de determinadas medidas de comparação, seja pela definição da medida de comparação que deve ser a adotada para o tributo especificamente considerado), nem incompatível com a finalidade predeterminada pela regra de tributação ou pelo regime jurídico constitucional estabelecido relativamente à obrigação tributária objeto de instituição;

(d) deve ser objeto de uma análise integral do próprio documento legislativo, de modo a ser objetivamente definida, não de acordo com uma eventual e irreconhecível vontade subjetiva, mas conforme àquilo que foi, efetivamente, posto, em termos objetivos, pelo Poder Legislativo;

(e) não pode servir de justificativa para a modificação da medida de comparação constitucionalmente eleita, mesmo quando vinculada a uma regra de competência, dado o caráter excludente e conceitual do aspecto material das hipóteses de incidência das regras de competência;

(f) admite, dentro do âmbito material da hipótese de incidência e ausente contradição, depois de eleito o sujeito passivo do tributo e sua base de cálculo, que uma outra finalidade possa ser utilizada para diferenciar os contribuintes relativamente ao montante a ser pago.

As conclusões acima referidas, por proporcionarem critérios mais objetivos relativamente aos requisitos a serem preenchidos para a identificação da finalidade, também podem ser transformadas em perguntas destinadas a verificar a validade de sua adoção:

(a) Qual a finalidade da diferenciação? Ou: qual estado de coisas o Poder Legislativo pretende objetivamente atingir ou manter com os efeitos que supostamente serão provocados pela diferenciação?

(b) Essa finalidade é protegida pela Constituição? Ou: há normas constitucionais que protegem, direta ou indiretamente, a finalidade objetivamente eleita pelo Poder Legislativo?

(c) A finalidade da norma tributária, de acordo com a análise dos elementos objetivos constantes da própria lei, é aumentar a arrecadação ou concretizar algum outro fim autônomo e existente fora do mundo jurídico?

(d) Há regra de competência cuja hipótese material de incidência torna impertinente a relevância da finalidade escolhida efetivamente pelo Poder Legislativo, ou vincula a tributação a outra finalidade diferente?

(e) A finalidade foi clara e congruentemente definida pelo ente público? Ou: foi indicado suporte constitucional expresso ou implícito para sua utilização?

Os resultados acima sumariados e as perguntas agora formuladas são cruciais para a realização da igualdade. Isso porque permitem verificar que a falta de controle da finalidade torna extremamente vulnerável a efetividade da igualdade, na medida em que é a sua indicação precisa que permitirá aferir a validade da medida de comparação escolhida pelo Poder Legislativo e, em última instância, legitimar a diferenciação entre os contribuintes. Justamente por isso, sua indicação deve ser clara e isenta de contradições. Caso contrário, por trás da enunciação de uma finalidade, pode existir o propósito inconfessável de discriminar os contribuintes com base, até mesmo, em propriedades preliminarmente vedadas pela Constituição, quando não, mesmo, mediante diferenciações fundadas em bens jurídicos essenciais ao exercício dos direitos fundamentais de liberdade.

A importância teórica dessa constatação reside na comprovação de que a Constituição, pela sua multiplicidade de dispositivos, pode suportar a realização de inúmeros fins. A delimitação desses fins não está pronta e acessível ao intérprete, devendo ser objeto de relações que estão entremostradas no sistema constitucional. O seu realce prático está alocado na verificação de que a ausência de critérios mais precisos para a demonstração da finalidade da diferenciação, a rigor, enseja o bloqueio do exame da relação fundada e conjugada de pertinência entre a finalidade e a medida de comparação, pela falta de um dos seus elementos essenciais.

Analisados os elementos essenciais da igualdade, é preciso, agora, investigar quais são os diferentes aspectos da igualdade e de que modo cada um deles é previsto pela Constituição.

2.3 Dimensões

2.3.1 *Igualdade na lei* x *igualdade diante da lei*

O art. 5º da Constituição Federal dispõe sobre o princípio da igualdade. Ele é previsto, no entanto, de um modo que parece, à primeira vista, redundante. É que o dispositivo não só declara que "todos são iguais perante a lei", mas, além disso, que devem sê-lo "sem distinção de qualquer natureza", garantindo-se "aos brasileiros e aos estrangeiros residentes no País a inviolabilidade do direito à igualdade". Uma leitura apressada do dispositivo poderia levar ao entendimento de que a igualdade foi garantida duas ou mais vezes. Isso, porém, não ocorre. Na verdade, o dispositivo protege duas formas de igualdade: a igualdade *perante a* lei (*Gleichheit vor dem Gesetz, equality before the law*), também conhecida como *igualdade formal*; e a igualdade *na* lei (*Gleichheit im Gesetz, equality by the law*), também chamada de *igualdade material*.[55]

A igualdade formal garante a aplicação uniforme da lei: os cidadãos, e os contribuintes em particular, devem ter o mesmo tipo de aplicação da lei, sem qualquer distinção. Uma mesma lei não pode ser aplicada de um modo para um contribuinte e de outro, para outro contribuinte. Quando o dispositivo declara que "todos são iguais perante a lei" faz, pois, referência à igualdade perante a lei, exigindo uniformidade na sua aplicação, independente do seu conteúdo. A igualdade formal, no entanto, é apenas um aspecto da igualdade. Ou, no dizer de Kelsen, "*igualdade perante a lei não é assim igualdade, mas adequação à norma* (*Normgemäßheit*)".[56]

É que a lei, embora aplicada de modo uniforme, pode conter uma distinção arbitrária em seu conteúdo.[57] Se a exigência de igualdade se exaurisse na igualdade perante a lei, leis que tratassem diferentemente os cidadãos, e os contribuintes em particular, em razão do sexo ou da raça, seriam constitucionais, desde que aplicadas da mesma forma para todos aqueles do mesmo sexo ou da mesma raça.[58] Afinal, no dizer de Flew, as pessoas que dispõem de mínimas condições econômicas podem ser tratadas igualmente tanto para garantir a elas esse mínimo para sua

---

55. Hans Kelsen, *Reine Rechtslehre*, 2ª ed., Viena, Franz Deuticke, 1960, p. 396. José Afonso da Silva, "O advogado perante o princípio da igualdade", *Revista Jurídica* 92, p. 41, 1997. Fábio Konder Comparato, "Precisão sobre os conceitos de lei e de igualdade jurídica", *Revista dos Tribunais* 750/17, 1998. Miguel Seabra Fagundes, "O princípio constitucional da igualdade perante a lei e o Poder Legislativo", *Revista dos Tribunais* 235/7, 1955.

56. Hans Kelsen, *Reine Rechtslehre*, cit., p. 396. Sobre o assunto, ver também: Gerhard Leibholz, *Die Gleichheit vor dem Gesetz*, 2ª ed., Munique, Beck, 1959, p. 31.

57. Peter Westen, *Speaking of equality. An analysis of the rhetorical force of "equality" in moral and in legal discourse*, cit., p. 76.

58. Kent Greenawalt, "How empty is the idea of equality", *Columbia Law Review*, 83, p. 1.193, 1983.

subsistência, quanto para fritá-las no óleo fervente;[59] e, na expressão de Frankena, as pessoas que sabem ler podem ser tratadas igualmente tanto para que lhes seja assegurada o acesso à melhor literatura, quanto para que lhes seja vedada a leitura de todo e qualquer livro.[60] É justamente por isso que o dispositivo garante o "direito à igualdade", "sem distinção de qualquer natureza", reportando-se, nesse ponto, à igualdade na lei. Não basta, portanto, que a lei seja aplicada de modo uniforme para satisfazer à exigência de igualdade. É preciso, além disso, que ela própria não contenha uma distinção arbitrária.[61] Não é suficiente que a lei seja aplicada a todos; é preciso que ela seja também igual para todos.[62] Afinal, uma lei arbitrária também pode ser aplicada de modo uniforme.[63]

Embora a distinção entre igualdade perante a lei e na lei seja antiga e, até certo ponto, trivial, reveste-se de extrema importância e atualidade. Um exame atento da jurisprudência logo evidencia que a aplicação da igualdade muitas vezes se circunscreve, de modo velado, à igualdade perante a lei. Um exemplo pode ilustrar essa situação.[64] O Poder Legislativo, ao instituir a contribuição social sobre o faturamento, majorou a sua alíquota de dois para três por cento, autorizando a compensação de até um terço dela com outra contribuição social, a incidente sobre o lucro. Com isso, o legislador terminou por estabelecer alíquotas diferenciadas para contribuintes com lucro e sem lucro: aqueles que tinham lucro no exercício poderiam efetuar a compensação e, com isso, pagar menos um por cento da contribuição sobre faturamento; aqueles que não tinham auferido lucro no exercício, justamente por isso, não poderiam fazer a compensação, sujeitando-se, por isso, a uma alíquota um ponto percentual

---

59. Antony Flew, *The politics of Procustes: contradictions of enforced equality*, Buffalo, NY, Prometheus Books, 1981, pp. 29-30.

60. William Frankena, "The concept of social justice", in Richard Brand (Org.), *Social Justice*, Englewood Cliffs, NJ, Prentice-Hall, 1962, p. 17.

61. ADI MC 1.355-6, STF, Tribunal Pleno, Rel. Min. Ilmar Galvão, j. em 23.11.1995, *DJU* 23.2.1996, p. 3.623. Sobre o assunto, inicialmente, Gerhard Leibholz, *Die Gleichheit vor dem Gesetz*, cit., p. 11.

62. Francisco Campos, *Direito constitucional*, v. 2, Rio de Janeiro, Freitas Bastos, 1956, p. 14. José Souto Maior Borges, "Significação do princípio da isonomia na Constituição de 1998", *Revista Trimestral de Direito Público* 15/31, São Paulo, Malheiros Editores, 1996.

63. Rolf Eckhoff, *Rechtsanwendungsgleichheit im Steuerrecht*, Colônia, Otto Schmidt, 1999, p. 5. Robert Alexy, *Theorie der Grundrechte*, Frankfurt am Main, Suhrkamp, 1985, p. 357.

64. RE 336.134, STF, Tribunal Pleno, Rel. Min. Ilmar Galvão, j. em 20.11.2002, *DJU* 16.5.2003.

mais elevada. A questão crucial era, portanto, a de saber se o conteúdo da lei obedecia ao princípio da igualdade, sendo necessário, para tanto, verificar, seguindo a terminologia proposta neste trabalho, se a medida de comparação (lucratividade) mantinha uma relação fundada e conjugada de pertinência com a finalidade da contribuição (financiamento da seguridade social). Essa questão, porém, independente do seu mérito, foi tergiversada pela maioria dos julgadores.

É que, levada a questão a julgamento, apenas uma minoria dos julgadores adentrou no exame do conteúdo da lei, entendendo que a medida de comparação (lucratividade) seria discriminatória, pois além de submeter contribuintes em situação equivalente (obrigação de pagar a contribuição com base na alíquota majorada) a regras diferentes (as empresas lucrativas com direito à dedução de um por cento da contribuição a pagar e as não lucrativas sem esse direito), ainda beneficiava as empresas em melhores condições para financiar a Seguridade Social (empresas lucrativas) em prejuízo daquelas que tinham piores condições de fazê-lo (empresas não lucrativas), o que não só afrontaria a exigência de razoabilidade como, também, a medida de comparação eleita pela própria Constituição (equidade no custeio). A maioria dos julgadores, no entanto, fixou-se apenas na aplicação uniforme da lei, afastando a lesão ao princípio da igualdade "porque o benefício foi concedido a empresas que preenchem os requisitos devidos" (voto do Ministro Gilmar Mendes) e "porque todos aqueles submetidos à contribuição (...) continuam recolhendo essa contribuição à alíquota de 3% (três por cento). Esses são iguais entre si. E todos os contribuintes da Contribuição Social sobre o Lucro Líquido podem, eventualmente, compensar parte do valor devido a tal título com aquilo que já foi recolhido a título de COFINS. Portanto são esses a outra categoria de iguais tratados com absoluta isonomia" (voto da Ministra Ellen Gracie). Ao afirmar que todos que se encontram submetidos à lei terão o mesmo direito, os votos terminaram por não investigar o conteúdo da lei, mas, apenas, a sua aplicação isonômica. Obedeceram apenas à primeira parte do *caput* do art. 5º da Constituição, que prescreve que "todos são iguais perante a lei", sem atentar, no entanto, para a sua segunda parte, onde consta que os cidadãos devem ser tratados "sem distinção de qualquer natureza", garantindo-se a eles "a inviolabilidade do direito à igualdade".

Este tipo de análise não é isolado, e se repete com certa frequência em votos proferidos no Supremo Tribunal Federal. Outro exemplo ilustra a questão. O Plenário do Supremo Tribunal Federal julgou arguição de inconstitucionalidade do art. 12 da Lei 7.713/1988, que determinava que rendimentos recebidos acumuladamente decorrentes de remuneração e benefícios previdenciários deveriam ser tributados pelo imposto de renda no mês do recebimento do crédito sobre o total dos rendimentos, tendo como base a sistemática de tributação própria do regime de caixa. Nesse caso, portanto, não seria aplicável a tabela de progressividade atinente ao mês em que o valor deveria ter sido pago, mas sim aquela referente ao mês em que o rendimento, de forma integral, seria efetivamente pago, o que levaria a uma tributação diferenciada dos valores. Por maioria, o Tribunal Pleno do Supremo Tribunal Federal concluiu pela inconstitucionalidade do artigo, sem redução de texto, para determinar que a incidência do imposto de renda deve ocorrer de acordo com a tabela progressiva vigente no período mensal em que apurado o rendimento percebido a menor, ou seja, conforme o regime de competência.[65] Prevaleceu, portanto, o entendimento de que a norma feria a igualdade e a capacidade contributiva ao afastar a tributação dos rendimentos conforme eles deveriam ter sido pagos, gerando dupla penalização aos contribuintes (o recebimento com atraso e o pagamento a maior do imposto de renda). Em que pese à conclusão da maioria dos Ministros, a Ministra-Relatora Ellen Gracie entendeu que não haveria violação ao princípio da igualdade porque "não há, na lei, qualquer distinção de tratamento entre contribuintes" (voto da Ministra Ellen Gracie), na medida em que todos estariam submetidos àquela regra. O exame, novamente nesse caso, circunscreveu-se à igualdade perante a lei, sem se atentar para o fato de que o conteúdo da lei violava o princípio da igualdade ao diferenciar os contribuintes não conforme a sua capacidade contributiva, mas conforme a data de recebimento dos seus rendimentos, ainda que esta seja tardia por responsabilidade do próprio Estado.

O que merece consideração, do quanto se disse a respeito dos modos de manifestação da igualdade aqui analisados, é que não basta, para realizar a igualdade, que se garanta sua aplicação uniforme. "A regularidade implica a igualdade, mas ela não exaure a igualdade", afirma Fried.[66] É preciso, conjuntamente, que a própria lei, cuja aplicação se guarde uniforme, seja isonômica no seu conteúdo, sendo assim considerada aquela lei que não diferencie os contribuintes senão por meio de

65. RE 614.406, STF, Tribunal Pleno, Rela. Min. Ellen Gracie, Rel. para o acórdão Min. Marco Aurélio, j. 23.10.2014.

66. Charles Fried, *Saying what the law is. The Constitution in the Supreme Court*, Cambridge, Harvard University Press, 2004, p. 208.

fundadas e conjugadas medidas de comparação atreladas a finalidades constitucionalmente postas.

Investigada nas suas acepções de igualdade na lei e perante a lei, é preciso compreendê-la frente à contraposição entre sua dimensão geral e sua dimensão particular. É o que se passa a fazer.

2.3.2 Igualdade geral x *igualdade particular*

2.3.2.1 Considerações gerais

Para aprofundar a problemática da igualdade, seguindo o método aqui proposto, é necessário novamente investigar um caso paradigmático. O caso escolhido, e aqui explicado nos seus elementos mais importantes, é o relativo à instituição do mecanismo da substituição tributária para frente, mediante o qual o legislador, em vez de cobrar o imposto sobre venda de mercadorias com base no preço real da mercadoria, depois de ocorrida a operação de venda, exige-o no início do ciclo econômico, com base no seu valor presumido nas operações que serão realizadas nas fases subsequentes do ciclo econômico, até a venda final ao consumidor.[67] O legislador estadual, ao instituir o mecanismo da substituição tributária, baseou-se numa norma constante de um convênio celebrado entre os Estados, por meio da qual eles não estariam obrigados a devolver o montante de imposto cobrado, caso o valor real de venda da mercadoria fosse menor do que aquele inicialmente presumido. Contra tal previsão é que se insurgiram os contribuintes, alegando não só a violação ao dever constitucional de restituição quando a operação presumida não ocorrer, mas também – e o que interessa aqui mais de perto – a lesão ao princípio da igualdade, verificado com base na capacidade contributiva. Isso porque os contribuintes seriam obrigados a pagar mais do que o devido, caso fossem compelidos a recolher o imposto com base no valor presumido em vez da consideração ao valor real. As autoridades envolvidas, a seu turno, sustentaram que a substituição tributária não precisaria atentar para o valor real da operação, porque ela se justificaria pelo princípio da praticidade da tributação, considerando a economia, eficiência e celeridade na fiscalização de tributos.

O que este caso revela, para a discussão desenvolvida neste capítulo, é o conflito entre a justiça geral e a justiça individual: de um lado, os contribuintes sustentam que o imposto deve ser cobrado de acordo com

67. ADI 1.851, STF, Tribunal Pleno, Rel. Min. Ilmar Galvão, j. em 8.5.2002, *DJU* 22.11.2002.

o valor de venda da mercadoria individualmente praticado, de modo a assegurar o tratamento de cada contribuinte de acordo com suas diferenças particulares; de outro, as autoridades fiscais defendem a exigência do imposto com base em valores geralmente praticados pela média dos contribuintes, pois, não sendo assim, seria impossível ou extremamente onerosa a fiscalização da maioria das operações.

A mesma situação, presente nesse caso, ocorre com a tributação da propriedade de veículos automotores, em que o preço de mercado do veículo é previsto numa tabela de preços que, em virtude da sua generalidade, não abrange os detalhes de cada automóvel. Ela também se verifica na tributação da propriedade imobiliária, em que o preço de mercado do imóvel segue uma planta de valores que, em razão da sua generalidade, não leva em consideração as diferenças entre os imóveis. Ela acontece, igualmente, na tributação da renda, em que o pagamento do tributo deve ser feito com base em faixas de tributação e de dedução aplicáveis indistintamente a todos os contribuintes. Nesses casos, e noutros tantos, o contribuinte é obrigado a pagar tributos com base em padrões que desconsideram suas características pessoais em favor da consideração a elementos médios, presentes na maior parte dos casos.

O pano de fundo da discussão, para o que está aqui em pauta, é a concepção de igualdade e o conflito que sua aplicação pode suscitar. Afinal, para atender a igualdade, a norma tributária deve considerar todas as particularidades dos contribuintes e das operações por eles praticadas, tratando o seu caso de modo diferente na medida em que ele se diferencia dos demais? Ou basta, para preservar o tratamento isonômico, que a norma tributária trate os contribuintes com base em qualidades geralmente presentes na maioria deles ou nas operações por eles praticadas, considerando o seu caso como pertencente a uma classe de casos, mesmo que ele seja eventualmente diferente, se examinados outros elementos não selecionados pelo legislador? Nesse contexto, entram em cena duas concepções de igualdade: a igualdade particular ou particularista e a igualdade geral ou generalista.

A igualdade particular é aquela que exige uma relação estabelecida entre dois sujeitos, mediante a consideração de todas as propriedades particulares que os diferenciam dos demais. Trata-se de uma espécie de justiça "sob medida": cada indivíduo é tratado conforme demandam as suas características individuais e as propriedades particulares do seu caso. No entanto, como as leis são gerais e indeterminadas, enquanto aplicáveis a um número indeterminado de pessoas e de situações, operando não "sob medida", mas com "tamanho único" ou "tamanhos médios", elas selecionam algumas propriedades havidas, no momento da sua edição, como relevantes, desconsiderando outras tantas que, no ato de aplicação, podem se tornar importantes, dependendo da perspectiva que se adote. Sendo assim, a desconsideração de algumas particularidades pode provocar uma aplicação injusta da lei. Isso ocorrerá quando a hipótese de incidência da norma for incompatível com a sua finalidade, gerando o fenômeno conhecido como "experiência recalcitrante": um novo caso revela uma particularidade desconsiderada pelo padrão legal, mas avaliada como importante no momento da aplicação da lei, podendo gerar uma discrepância entre aquilo que a hipótese da norma prevê e aquilo que a sua finalidade exige.[68] Um exemplo pode esclarecer esse tipo de fenômeno. A legislação do imposto sobre a renda permite a dedução de um montante máximo a título de gastos com saúde e educação tanto do próprio contribuinte quanto de cada dependente seu. Esse limite é estabelecido a partir de gastos médios dos contribuintes e de seus dependentes com despesas básicas. No entanto, pode suceder que determinado contribuinte, por ter problemas psicológicos ou por ter um filho portador de determinada síndrome, revele uma situação particular que evidencie, *para ele*, *nesse contexto*, a insuficiência dos limites legais gerais. Seria uma experiência do contribuinte, não prevista pelo legislador, que desvelaria uma incompatibilidade entre aquilo que a lei buscava para todos os casos (permitir a dedução dos gastos essenciais com saúde e educação e com dependentes) e aquilo que a sua hipótese permitiu alcançar naquele caso (não permitiu a dedução dos gastos essenciais com saúde e educação e com dependentes).

A ideia de igualdade individual, enquanto manifestação da justiça particular, vem à tona bem aqui. Por ser geral, a lei operou com classes de contribuintes e, por isso mesmo, selecionou algumas propriedades em detrimento de outras, por meio da fixação de padrões legais (*Pauschalierungen*), de que são exemplos as tabelas, pautas ou plantas de valores. Ao fazê-lo, desconsiderou determinadas particularidades dos contribuintes.[69] A regra geral, por definição, ignora certas diferenças, embora não

68. Jaap C. Hage, *Reasoning with rules: an essay on legal reasoning and its underlying logic*, Dordrecht, Kluwer, 1997, pp. 5 e 118. Frederick Schauer, *Playing by the rules: a philosophical examination of rule-based decision-making in law and in life*, Oxford, Clarendon, 1991, pp. 47 e 59.

69. Misabel de Abreu Machado Derzi, *Direito tributário, direito penal e tipo*, São Paulo, Ed. RT, 1988, pp. 319 e 325. Rolf Eckhoff, *Rechtsanwendungsgleichheit im Steuerrecht*, cit., p. 71.

todas.[70] Diante dos casos em que o padrão legal revela-se insuficiente para dar conta das particularidades do caso individual, surge a questão decisiva: o padrão legal deve ser mantido ou superado?

Nesse ponto, cabe recorrer, ainda que sumariamente e na medida da sua pertinência com o debate aqui tratado, aos filósofos clássicos para melhor explicar o argumento aqui defendido.[71] Platão, em seu livro *O Político*, conta a história do estrangeiro de Elea, que mantém um diálogo com Sócrates a respeito da situação em que um médico e um instrutor físico têm de se ausentar do seu local de trabalho e, em razão disso, deixam diretrizes a serem seguidas pelos seus pacientes durante a sua ausência.[72] Exatamente porque eles estão afastados e, por conseguinte, não podem decidir, a cada momento, o que é melhor para seus pacientes, é que eles deixam diretrizes. Ao contrário das decisões de um capitão de navio, que pode decidir, diante de cada nova situação, o que é melhor para sua tripulação, ao médico e ao instrutor só resta deixar instruções gerais. Se, no entanto, lhes fosse permitido o retorno, aduz o diálogo de Platão, seria uma "injustiça" (*injustice*) não retificar as ordens antes prescritas.[73] As leis são, pois, instrumentos gerais de regulação, justamente, porque é inviável "promulgar qualquer simples regra para tudo e para todo o tempo". Daí atribuírem elas "igual exercício para todas as classes". O legislador, porque "legisla para a maioria" (*legislate for the majority*), irá "olhar para multidões" (*watch over the herds*), e "jamais poderá ser capaz, ao fazer leis para toda coletividade, de prover exatamente o que é melhor para cada indivíduo" (*will never be able by making laws for all collectively, to provide exactly that which is proper for each individual*).[74]

Esse exemplo demonstra a razão de ser e a insuficiência das normas gerais. Elas se originam da impossibilidade de considerações particulares e da tomada de decisões a cada novo caso. Mas é precisamente quando essa impossibilidade da consideração de circunstâncias individuais se transforma em possibilidade, que se questiona a manutenção da diretriz

---

70. Hans Kelsen, *Reine Rechtslehre*, cit., p. 391. Hans Kelsen, *Was ist Gerechtigkeit?* 2ª ed., Viena, Franz Deuticke, 1975, p. 26.

71. Frederick Schauer, *Profiles, probabilities and stereotypes*, cit., p. 30.

72. Platão, "O Político" ("Statesman"), in *Statesman, Philebus, Ion*, tradução de Harold N. Fowler e W. R. M. Lamb, Cambridge, Harvard University Press, 2001, p. 137 (295 A-B).

73. Platão, "O Político" ("Statesman"), cit., p. 143 (295 D).

74. Platão, "O Político" ("Statesman"), cit., p. 137 (294 E a 295 A).

geral frente ao caso concreto. Nesse ponto, entram em cena as ponderações de Aristóteles a respeito da equidade. A equidade seria precisamente o raciocínio mediante o qual o intérprete corrige a lei que se revela injusta em razão da sua generalidade.[75] Praticar a justiça, no ponto que aqui interessa, seria analisar cada caso individual em todas as suas particularidades; seria moldar a lei à riqueza detalhada da experiência.[76]

Tirante as inúmeras questões atinentes à justiça e às suas concepções, de resto impertinentes ao núcleo do estudo aqui desenvolvido, o que as considerações anteriores revelam é uma concepção *particularista* de justiça: justa é a decisão que leva em conta as particularidades dos destinatários; e equânime é a decisão que considera todas as diferenças existentes entre os seus destinatários. Esse debate se manifesta, para ser abreviado numa questão demasiadamente ampla, nos recentes estudos de Direito Público sobre razoabilidade e nos estudos de Direito Tributário sobre capacidade contributiva objetiva ou concreta: a consideração da razoabilidade, dentre outras exigências, demandaria justamente uma atenção para as particularidades do caso concreto;[77] e a observância da capacidade contributiva objetiva reclamaria a análise das manifestações concretas de riqueza reveladas pelas dimensões reais dos atos praticados pelos contribuintes.[78]

Há, no entanto, uma outra concepção de justiça – a justiça *generalista*. Essa concepção se baseia na função das leis e das regras gerais que elas preveem. As regras gerais, como instrumentos para a fixação de padrões, têm por função pré-decidir quais são as diferenças a serem consideradas pelo aplicador com a finalidade de afastar a incerteza que surgiria, caso elas não estivessem previstas: cada aplicador iria somar, às diferenças previstas na lei, outras que se lhe aparecessem relevantes, gerando, com isso, elevada falta de previsibilidade.[79] E, na ausência de prefixação das

---

75. Aristóteles, *Etica nicomachea*, 4ª ed., t. 1, trad. Marcello Zanata, Milão, Rizzoli, 1994, p. 381.

76. Frederick Schauer, *Profiles, probabilities and stereotypes*, cit., p. 29.

77. Humberto Ávila, *Teoria dos princípios*, 20ª ed., 2011, cit., p. 194. Gino Scaccia, *Gli "strumenti" della ragionevolezza nel giudizio costituzionale*, Milão, Giuffrè, 2000. Giulio Chiodi, *Equità: la regola costitutiva del diritto*, Turim, Giappichelli, 2000, pp. 37 e ss.

78. Pedro M. Herrera Molina, *Capacidad económica y sistema fiscal*, Madri, Marcial Pons, 1998, p. 73. Roque Antonio Carrazza, *Curso de direito constitucional tributário*, 30ª ed., São Paulo, Malheiros Editores, 2015, pp. 107-108; 32ª ed., 2019.

79. Larry Alexander e Emily Sherwin, *The rules of rules – morality, rules and the dilemmas of law*, Durham e Londres, Duke University Press, 2001, pp. 30-31.

diferenças a serem consideradas, o aplicador teria discricionariedade para decidir quais seriam elas, provocando, com isso, alto grau de arbitrariedade. É justamente para eliminar ou reduzir a potencial arbitrariedade na aplicação das leis que são fixados os padrões legais.[80] E inexistindo a previsão geral das diferenças relevantes a serem consideradas pelos aplicadores, também surgiriam problemas de coordenação, deliberação, custo e conhecimento: de coordenação, porque cada destinatário iria sustentar que as suas particularidades e o seu caso demandariam um tratamento diferenciado; de deliberação, porque cada novo caso reclamaria uma decisão específica, provocando um aumento considerável de tempo para a tomada de decisões, pela necessidade de uma fundamentação específica para cada novo caso; de custo, dada a exigência de maior estrutura humana e física para as contínuas deliberações; e de conhecimento, porque, inexistindo padrões legais, os destinatários se sentiriam legitimados a considerar como relevantes diferenças que, mediante uma apreciação técnica apurada, talvez nem devessem ser objeto de análise.[81]

Excluídas as inúmeras questões atinentes à justiça geral e às suas concepções, também impertinentes à parte central do estudo ora elaborado, o que as ponderações precedentes demonstram é uma concepção *generalista* de justiça: justa é a decisão que leva em conta as características médias dos destinatários; e equânime é a decisão que considera diferenças selecionadas pelo legislador como relevantes, desprezando outras distinções. Essa disputa faz-se conhecer nos recentes estudos de Direito Público sobre presunções e ficções, bem como nos estudos de Direito Tributário sobre padronizações legais.

Para o âmbito estrito deste trabalho, pode-se dizer que as ficções são formas mediante as quais o legislador, pela técnica da remissão, atribui, a um caso, os mesmos efeitos jurídicos atribuídos a outro, independente de eles serem realmente iguais. É o que ocorre, por exemplo, na consideração do navio como um bem imóvel para efeitos de hipoteca. Já as presunções são instrumentos por meio dos quais o legislador retira, de um fato conhecido, conclusões a respeito de um fato desconhecido, mas

80. Frederick Schauer, "Formalism", *The Yale Law Journal*, v. 97, n. 4, p. 543, mar./1988. Frederick Schauer, *Profiles, probabilities and stereotypes*, cit., p. 53. Steve Sheppard, "The state interest in the good citizen: constitutional balance between the citizen and the perfectionist state", *Hastings Law Journal*, v. 45, n. 4, p. 971, abr./1994.

81. Larry Alexander e Emily Sherwin, *The rules of rules – morality, rules and the dilemmas of law*, cit., pp. 30-31.

provável, em função do nexo de causalidade estatística existente entre ambos. É o que sucede, por exemplo, quando o legislador qualifica como distribuição disfarçada de lucros a operação de venda de um bem de uma empresa para um de seus sócios por valor expressivamente inferior ao de mercado: de um fato conhecido (venda de um bem de uma empresa para um de seus sócios por valor expressivamente inferior ao de mercado), o legislador retira conclusões a respeito de um fato desconhecido (distribuição disfarçada de lucros), mas provável, porque um suporte empírico considerável (a prática empresarial) demonstra que, quando o primeiro fato ocorre, o segundo *normalmente* também sucede.[82]

Esse fenômeno, por meio do qual alguns elementos da realidade são escolhidos em detrimento de outros, também é denominado de "tipificação" (*Typisierung*).[83] Tipificação, nessa acepção, é avaliação limitada da realidade; é avaliação defeituosa da situação de fato.[84] Em decorrência dela, a aplicação não se efetiva de acordo com as circunstâncias individuais do caso. Ao contrário, apenas alguns dados reais passam a ser relevantes, sendo outros desconsiderados. No caso de *tipificação material* ou *categórica*, a aplicação opera com uma ficção de uma situação de fato não concretizada, independente de prova em contrário. Ocorrida a situação tida como típica, deve ser dada a consequência. Na hipótese de *tipificação formal* ou *hipotética*, a aplicação trabalha com dados de fato, cuja ocorrência ou não ocorrência pode ser demonstrada.[85]

As ficções e presunções legais afastam-se do dever constitucional de observância da igualdade segundo a capacidade contributiva em função de uma finalidade extrafiscal qualquer, normalmente econômica ou social. Abstêm-se da busca dos efetivos elementos de fato em face da dificuldade de fazê-lo. Esse afastamento se dá de várias formas. Não podendo verificar concretamente a situação individual dos contribuintes com a finalidade de descobrir a sua capacidade contributiva efetiva, o legislador cria determinadas verdades jurídicas. De um lado, mediante a

---

82. Sobre o assunto, em pormenor: Monika Jachmann, *Die Fiktion im öffentlichen Recht*, Berlim, Duncker und Humblot, 1998. Luis Eduardo Schoueri, *Distribuição disfarçada de lucros*, São Paulo, Dialética, 1996, pp. 97 e ss.

83. Rolf Eckhoff, *Rechtsanwendungsgleichheit im Steuerrecht*, Colônia, Otto Schmidt, 1999, p. 87.

84. Lerke Osterloh, *Gesetzesbindung und Typisierungsspielräume bei der Anwendung der Steuergesetze*, Baden-Baden, Nomos, 1992, p. 56.

85. Lerke Osterloh, *Gesetzesbindung und Typisierungsspielräume bei der Anwendung der Steuergesetze*, cit., p. 27.

assunção de determinadas realidades, porventura inexistentes, por meio de ficções ou presunções absolutas.[86] De outro lado, mediante a criação de *padrões legais*, que espelhariam os casos normais, mediante a criação de presunções.

Em ambos os casos, de ficções e de presunções, para realçar o ponto aqui pertinente, o legislador trabalha com dados colhidos na normalidade dos casos, demarcando as diferenças relevantes em prejuízo de outras.

O mesmo se dá mediante o uso de uma espécie de presunção – a padronização. O Poder Legislativo usa padronizações (*Pauschalierungen*), desconsiderando parcialmente os dados reais do caso, e dimensionando os elementos da obrigação tributária com base em valores estimados por critérios de verossimilhança (*Wahrscheinlichkeitsgesichtpunkten*).[87] Novamente, para salientar o tema aqui tratado, o legislador trabalha com dados colhidos na normalidade dos casos, selecionando algumas diferenças relevantes em detrimento de outras.[88]

As considerações feitas até aqui expõem claramente o conflito entre a igualdade geral e a igualdade individual. A concepção generalista de igualdade propõe a desconsideração de elementos particulares em favor da avaliação das propriedades existentes na maioria dos casos. Isso é feito com a finalidade de alcançar uma solução previsível, eficiente e geralmente equânime na solução de conflitos sociais. A concepção particularista de igualdade sugere a consideração de elementos particulares mediante o afastamento do padrão legal. Isso é realizado com o propósito de atingir uma decisão justa e individualizada na solução de conflitos sociais.

Como, porém, resolver esse conflito entre a igualdade geral e a igualdade individual? Ou, em outras palavras, quando a mercadoria for vendida por um valor diferente daquele presumido pelo legislador, o imposto deve ser pago com base no valor real ou no valor presumido? Quando o automóvel tiver um valor diverso daquele constante da tabela de preços do Estado, o imposto deve ser pago com base no valor geral ou no valor individual? Quando o imóvel alcançar um preço de mercado, diverso daquele previsto na planta geral de valores do Município, o imposto deve ser pago pelo valor do padrão ou pelo valor da avaliação

---

86. Alfredo Augusto Becker, *Teoria geral do direito tributário*, São Paulo, Saraiva, 1963, p. 464.

87. Friederike Jarzyk-Dehne, *Pauschalierungen im Steuerrecht*, Berlim, Duncker und Humblot, 2003, p. 32.

88. Georg Müller, *Rechtsgleichheit*, cit., 1995, p. 24.

individual? Quando os gastos do contribuinte com educação, saúde ou com dependentes forem maiores do que aqueles previstos pelos padrões legais de dedução, o imposto deve ser pago com a consideração dos limites gerais ou com a sua desconsideração? Essas e outras indagações remetem a discussão a uma escolha entre um modelo de tratamento isonômico, segundo o qual o contribuinte é tratado de modo diferente na medida em que ele se diferencia dos demais, e um tipo de tratamento igualitário, por meio do qual o contribuinte é tratado igual aos outros, mesmo que ele seja diferente.

A proposta defendida neste trabalho não oferece uma alternativa draconiana entre um ou outro modelo de igualdade. Também não apresenta um modelo comodamente eclético. O modelo aqui exposto, como será facilmente percebido adiante, pode ser qualificado como um *modelo moderado de igualdade particular procedimentalizada*, entendido do seguinte modo: o contribuinte deve ser tratado de modo diferente na medida em que ele se diferencia dos demais, isto é, de acordo com as características particulares que dizem respeito a ele (capacidade contributiva) e ao seu caso (dimensão real do fato); isso, porém, poderá deixar de ser feito se, por ser impossível ou extremamente onerosa a fiscalização de tributos, as particularidades dos contribuintes e dos casos não puderem ser verificadas, porque sua consideração causaria – pela falta de previsão, controle, coordenação, modicidade e conhecimento – mais generalização do que individualização; nessa hipótese, no entanto, o modelo particularista não é abandonado, mas permanece como contraponto para a generalização, na medida em que os padrões legais utilizados, além de deverem ser compatíveis com a maioria dos fatos efetivamente praticados, devem possuir cláusulas de retorno ao modelo particularista, desde que a decisão individualizada não prejudique nem o alcance da finalidade substancial do padrão, nem a segurança jurídica que suporta a sua utilização, em virtude da pouca probabilidade de reaparecimento frequente de situação similar por dificuldade de ocorrência ou de comprovação. É o que se passa a demonstrar.

Antes disso, é importante avaliarmos se a inclusão do princípio da justiça tributária no § 3º do artigo 145 da Constituição, por força da Emenda à Constituição nº 132/23, teria alterado as conclusões aqui tecidas acerca do princípio da igualdade. De um lado, é preciso pontuar que a exigência de justiça radica na própria ideia de Direito, não necessitando, por isso, de previsão expressa. De outro lado, é necessário ressaltar que o princípio da justiça já estava implícito na Constituição antes da sua previsão expressa pela Emenda Constitucional nº 132/23: a justiça geral, a justiça individual e as dimensões objetiva e subjetiva da capacidade contributiva decorriam tanto do princípio da capacidade contributiva quanto do princípio da igualdade, previstos desde a redação original da Constituição nos artigos 145, § 1º, e 150, II; a justiça distributiva e a justiça comutativa estavam implícitas na previsão de impostos e taxas, conforme o tributo a ser cobrado para custear despesas gerais ou em razão da prestação de serviços públicos ou da prática de atos de polícia, igualmente previstos desde a origem no artigo 145 da Constituição de 1988.

Nesse sentido, não há propriamente uma novidade material na introdução de previsão constitucional expressa para o princípio da justiça tributária. Esta certamente contribuirá para incrementar sua efetividade, nada obstante sua previsão expressa não possa conduzir à ideia de que questões de justiça possam afastar aquilo que está previsto em regras constitucionais específicas. A esse respeito, convém desde já esclarecer que as normas jurídicas não formam uma massa homogênea, antes integram um sistema composto de elementos variados e baseado em relações variadas. Há regras e princípios, cada qual com uma densidade semântica e uma estrutura normativa. Da mesma forma, há diferentes espécies de regras (aquelas que estatuem faculdades, permissões, proibições e obrigações; formais ou materiais, gerais ou especiais, superiores ou inferiores, anteriores ou posteriores, por exemplo) e diferentes espécies de princípios (princípios estruturantes, relacionais e calibráveis, princípios gerais e setoriais, por exemplo). Sendo assim, é preciso verificar não apenas se há previsão normativa, mas também como essa previsão normativa foi feita, se por meio de regra ou de princípio e qual a sua espécie. Tal especificidade é essencial para saber qual a função eficacial da norma e como ela se relaciona com as demais. Como defendido noutra obra, no caso de conflito entre um princípio e uma regra de mesma hierarquia, prevalece a regra, e não o princípio. É o caso, por exemplo, do conflito aparente entre regras de competência para instituição de contribuições sociais e o princípio da solidariedade social, hipótese em que prevalece a regra, não podendo o referido princípio justificar a tributação por lei ordinária de outros fatos além daqueles expressamente previstos, mesmo que estes sirvam para incrementar receitas que poderiam ser utilizadas para promover finalidades sociais.[89] Igual sucede com o princípio da justiça tributária: ele não tem o condão de afastar nem regras constitucionais com as quais poderia horizontalmente entrar em conflito, nem princípios setoriais direcionados a microssistemas normativos. Quem defende o contrário, desconhece a diferente funcionalidade dos princípios e das regras.

89. Humberto Ávila, *Teoria dos Princípios*, 21. ed., São Paulo, Malheiros/Juspodivm, 2021, p. 152.

Com efeito, para compreender adequadamente o conteúdo normativo do princípio da justiça, é preciso, em primeiro lugar, ressaltar que ele traduz uma norma jurídica. Para reconstruir seu conteúdo, portanto, não se deve simplesmente recorrer a ideias gerais de justiça defendidas por autores sob diversas perspectivas, com base em distintos critérios e em diferentes épocas; deve-se, em vez disso, reconstruir, por dentro da Constituição, o seu conteúdo normativo. A exemplo do que é feito com o princípio da segurança jurídica, cujo significado é reconstruído com base em sobreprincípios (como o do Estado de Direito), subprincípios (como os da legalidade, anterioridade e irretroatividade) e regras (como as de competência), também o princípio da justiça deve ter seu conteúdo normativo reconstruído com base em raciocínios dedutivos e indutivos a partir dos subprincípios da igualdade, da capacidade contributiva e da legalidade. Com isso, ficará clara a ênfase que a Constituição atribuiu às justiças distributiva e comutativa, como realçado acima. Em segundo lugar, é preciso ter em conta que o princípio da justiça tributária foi inserido como princípio geral, não tendo havido alterações constitucionais na parte relativa às limitações ao poder de tributar e às regras de competência. Como no confronto entre uma norma geral e uma norma específica de mesmo nível hierárquico deve prevalecer a norma específica, não se pode sustentar que o princípio da justiça tributária poderia afastar as garantias individuais previstas em regras ou alargar o poder de tributar previsto em regras de competência. Mediante esses expedientes, ficará claro o seu conteúdo normativo de modo a afastar tanto a concepção de que a sua previsão expressa teria o condão de alterar a compreensão do sistema tributário como um todo, quanto a ideia de que sua utilização poderia servir para afastar ou alterar a exigência de legalidade diante do caso concreto com base em teorias políticas ou sociológicas de justiça, sejam elas quais forem.

2.3.2.2 *Igualdade particular e a capacidade contributiva objetiva*

A Constituição de 1988 privilegiou o tratamento particularizado, isto é, o de acordo com as características particulares que dizem respeito ao contribuinte (capacidade contributiva) e/ou ao seu caso (dimensão real do fato), ao:

(1) estabelecer o dever de obediência à capacidade contributiva, ao prescrever que, sempre que possível, "os impostos terão caráter pessoal e serão graduados segundo a capacidade econômica do contribuinte" (art. 145, § 1º, da Constituição). É preciso notar que essa prescrição foi

inserida nos "princípios gerais" do Sistema Tributário Nacional. Em todos os casos em que isso for possível, deve o Poder Legislativo atentar para a pessoalidade de acordo com a capacidade econômica do contribuinte. Veja-se que a única exceção à obediência à capacidade contributiva está atrelada à impossibilidade do seu uso, e não a qualquer motivo mais tênue como uma mera dificuldade. Observe-se, além disso, que essa norma vem acompanhada de ênfase relativamente à sua efetividade, já que é "facultado à administração tributária, especialmente para conferir efetividade a esses objetivos, identificar, respeitados os direitos individuais e nos termos da lei, o patrimônio, os rendimentos e as atividades econômicas do contribuinte". Esse destaque evidencia o relevo que a Constituição quis atribuir à capacidade contributiva como elemento geral da tributação. Por último, é preciso registrar que não há, nos princípios gerais, qualquer princípio contraposto ao da capacidade contributiva e relacionado à praticidade da Administração;

(2) prever, em sua redação alterada pela Emenda Constitucional n. 3/1993, que a "lei poderá atribuir a sujeito passivo de obrigação tributária a condição de responsável pelo pagamento de imposto ou contribuição, cujo fato gerador deva ocorrer posteriormente, assegurada a imediata e preferencial restituição da quantia paga, caso não se realize o fato gerador presumido". É oportuno salientar que essa prescrição foi inserida na seção relativa às limitações ao poder de tributar, onde estão previstas garantias do contribuinte oponíveis aos entes federados. O poder atribuído à cobrança antecipada do tributo é exercido em caráter notadamente excepcional e com a finalidade de garantir ao contribuinte a restituição no caso da inocorrência do fato presumido. Tanto isso é verdadeiro que o Superior Tribunal de Justiça pacificou em sua jurisprudência o entendimento de que mercadorias furtadas ou roubadas não podem sofrer a incidência do tributo, não obstante o fato de que o fato de exteriorização usado pela lei para presumir a ocorrência do fato gerador (a saída do estabelecimento) tenha de fato ocorrido. O Tribunal reconhece, nesse tipo de situação, que "na hipótese em que ocorre o roubo/furto da mercadoria após a sua saída do estabelecimento do fabricante, a operação mercantil não se concretiza, inexistindo proveito econômico para o fabricante sobre o qual deve incidir o tributo".[90]

---

90. STJ, Primeira Seção, ED no REsp 734.403, rel. Min. Napoleão Nunes Maia Filho, *DJe* 21.11.2018. No mesmo sentido: STJ, Segunda Turma, AI no REsp 1.552.257, rel. Min. Assusete Magalhães, *DJe* 22.11.2016; STJ, Segunda Turma, REsp 1.203.236, rel. Min. Herman Benjamin, *DJe* 30.8.2012.

Por último, é preciso ressaltar um outro dado, sobre o qual se voltará a falar mais adiante: mesmo no caso em que a tributação é feita antecipadamente, não há um abandono do fato gerador efetivamente praticado, já que ele continua servindo de parâmetro para verificação da realização ou não do fato presumido. Isso significa, em outras palavras, que, mesmo na exceção (cobrança do tributo com base em elementos presumidos), a regra (cobrança do tributo com base em elementos reais) permanece como contraponto para sua validade.

Essa última observação, adiante retomada, é de suma importância: mesmo na cobrança do tributo com base em elementos presumidos, os elementos reais permanecem como contraponto para sua validade.[91] Em outras palavras, a Constituição não autoriza o legislador a adotar qualquer base de cálculo para a obrigação tributária com substituição, mas apenas aquela cuja grandeza *corresponda* a fato que deve ocorrer posteriormente. Essa manutenção da vinculação do presumido com o real preserva a capacidade contributiva objetiva como princípio geral da atividade tributária. Não por outro motivo, a Constituição faz referência à não realização do fato gerador presumido, o que pressupõe o cotejo entre ele e o real.

É precisamente essa manutenção que faz com que o denominado princípio da capacidade contributiva subjetiva (quanto aos impostos pessoais e diretos) e objetiva (quanto aos reais e indiretos) não possa ser considerado um princípio *prima facie*. Tem essa qualidade aquele princípio que pode ser superado por um outro princípio, ao qual o aplicador, diante do caso concreto, atribua uma dimensão maior de peso.[92] Um princípio *prima facie* pode ser, portanto, totalmente afastado. O "princípio da capacidade contributiva objetiva", melhor entendido como um critério, decorrente das regras de competência, que deve ser utilizado na aplicação da igualdade, porém, não possui essa suscetibilidade de superação por razões contrárias. Tal como previsto pela Constituição, ele constitui uma razão que não pode ser afastada por completo, recebendo um peso que se mantém – repita-se, porque este ponto é importantíssimo: que se mantém – mesmo diante das razões que justificam a utilização de valores presumidos. Pode-se afirmar que ele constitui uma razão *pro tanto* (ou "contanto que"), no sentido de que não pode ser descartada, conservando seu peso mesmo diante de razões contrárias e, não, *prima facie* (ou

91. Marco Aurélio Greco, *Substituição tributária (antecipação do fato gerador)*, 2ª ed., São Paulo, Malheiros Editores, 2001, p. 21.

92. Robert Alexy, "Rechtsregeln und Rechtsprinzipien", *Archiv für Rechts- und Sozialphilosophie* 25, p. 17, 1985.

"descartável"), no sentindo de que pode ser afastada completamente em face de razões contrárias;[93]

(3) atribuir poderes aos entes federados por meio de regras que descrevem os aspectos materiais da hipótese de incidência. Não são quaisquer fatos que podem ser objeto de tributação, mas apenas aqueles fatos descritos pela Constituição: obtenção de renda; circulação de mercadorias; prestação de serviços, e assim por diante. Ao fazê-lo, a Constituição dá um claro indicativo de que somente a ocorrência desses fatos, na sua real concretude, é que pode fazer nascer a obrigação tributária e, não, a presunção de sua possível ocorrência. Não sendo assim, a introdução do § 7º ao art. 150 não teria sentido algum.

Todos esses motivos demonstram que a Constituição de 1988 atribuiu preferência ao tratamento particularizado, quer porque o elegeu como princípio geral, quer porque o manteve como contraponto na sua exceção, quer porque exigiu sua observância na instituição das espécies tributárias. Esse tratamento particularizado faz com que o contribuinte deva ser tratado de modo diferente na medida em que ele se diferencia dos demais, quer mediante a consideração das suas particularidades (capacidade contributiva subjetiva), quer mediante a análise das particularidades das operações que concretamente pratica (capacidade contributiva objetiva).[94]

Como antes foi lembrado, essas características particulares, no entanto, podem deixar de ser analisadas se, por ser impossível ou extremamente onerosa a fiscalização de tributos, as particularidades dos contribuintes e dos casos não puderem ser verificadas, porque sua consideração causaria – pela falta de previsão, controle, coordenação, modicidade e conhecimento – mais generalização do que individualização. Nesse momento, entra em cena a generalização por meio da criação de padrões legais.

2.3.2.3 Igualdade geral e a padronização

2.3.2.3.1 Aspectos gerais

Como se viu anteriormente, as normas que utilizam padrões fiscais (pautas, tabelas, plantas) são normas com "finalidade simplificadora" (*Vereinfachungszwecknormen*). A justificativa para sua adoção é a suposta

93. Shelly Kagan, *The limits of morality*, Oxford, Clarendon, 1989, p. 17.

94. Alcides Jorge Costa, "Capacidade contributiva", *Revista de Direito Tributário* 55/302. Paulo de Barros Carvalho, "Compensação de prejuízos fiscais acumulados do imposto sobre a renda e a inconstitucionalidade da limitação de 30% prescrita na Lei n. 8.981/95", *Revista de Direito Tributário* 68/33.

impossibilidade ou extrema onerosidade para fiscalizar cada operação individual.[95]

Essas normas procuram tornar a fiscalização de tributos mais ágil e econômica. Ao fazê-lo, porém, provocam uma perda em justiça individual, já que a obrigação tributária não mais é dimensionada pela operação real (pelo valor concreto do imóvel, do automóvel, da operação de circulação de mercadorias), mas pela operação presumida. Isso pode ensejar a ocorrência de uma discrepância entre o presumido e o efetivamente ocorrido em alguns casos.

O importante, por ora, é registrar que o mero fato de existir uma disparidade entre o valor real e o presumido não retira a justificativa para a adoção de uma operação padronizada. Isso porque, como foi visto, enquanto a tributação não padronizada funda-se na igualdade individual, em razão de o legislador avaliar as particularidades concretas da situação real, a operação com padronização baseia-se na igualdade geral, porque o legislador opta por se afastar do caso que realmente ocorre em favor da consideração daquele que *normalmente* ocorre.[96]

Esse afastamento da capacidade contributiva concreta, avaliada pela dimensão real do fato gerador, embora justificado, enseja os seguintes questionamentos: o legislador está autorizado a se afastar *totalmente* do fato efetivamente ocorrido, desconsiderando-o por completo? Do ponto de vista dos princípios, essa mesma pergunta poderia ser reformulada com as seguintes palavras: o critério da capacidade contributiva pode ser abandonado ou simplesmente desconsiderado, quando a simplificação serve de justificativa para a tributação? A resposta é negativa.

Inicialmente, é preciso explicar que, na tributação padronizada, não se abandona a realização do princípio da igualdade (medido por considerações de justiça individual), ao passo em que ele continua servindo de critério para a padronização. Na tributação não orientada por uma causa simplificadora, privilegia-se a realização da igualdade individual por meio da valorização da capacidade contributiva concreta de um caso. Na tributação padronizada, opta-se pela efetivação da igualdade geral mediante consideração de elementos presumidamente presentes na maior parte dos casos concretos.[97] Mas, justamente porque são considerados os elementos presentes na maior parte desses casos, o parâmetro de referência continua

95. Friederike Jarzyk-Dehne, *Pauschalierungen im Steuerrecht*, cit., p. 32.

96. Friederike Jarzyk-Dehne, *Pauschalierungen im Steuerrecht*, cit., p. 36.

97. Friederike Jarzyk-Dehne, *Pauschalierungen im Steuerrecht*, cit., p. 153.

sendo a relação com os fatos concretos. Isso significa que, em vez de meio de abandono do critério capacidade contributiva objetiva, a padronização é instrumento para sua própria concretização na maioria dos casos.[98]

Essa observação é da mais alta importância. É que, em razão dela, não se pode conceber a padronização, em função da justificativa para sua adoção, como uma permissão para desconsideração da capacidade contributiva concreta revelada pelos fatos efetivamente ocorridos. Como a padronização é instrumento de justiça geral para alcançar, ainda que presumidamente, a capacidade contributiva concreta na maioria dos casos, ela acarreta o dever de vinculação com a realidade em dois momentos: antes da formação do padrão e depois da formação do padrão.

A *vinculação anterior* do padrão com a realidade diz respeito à necessidade de um suporte empírico considerável que permita comprovar a correspondência do padrão ao valor médio efetivo da maioria dos casos. Por isso mesmo, por exemplo, a planta geral de valores dos imóveis de um Município deve ser baseada numa pesquisa criteriosa dos preços dos imóveis no perímetro urbano do Município; a tabela de preços dos veículos deve ser fundada numa pesquisa ampla dos preços de mercado dos veículos em determinado Estado; a pauta de valores de venda de mercadorias deve ser fundada numa pesquisa adequada dos preços de venda das mercadorias em determinado Estado, e, assim, sucessivamente. Sem uma base empírica que permita verificar a dimensão média dos valores, não se atende ao princípio da igualdade geral, pois – eis o ponto – ela exige uma vinculação com a realidade média dos casos. Essa vinculação, decorrente de uma base empírica ampla e visível, não atende apenas à efetivação da igualdade por meio do critério da capacidade contributiva concreta. Ela atende, também, aos princípios da publicidade e do devido processo legal: da publicidade, porque, sem uma pesquisa que sirva de base à padronização, não se dá transparência à atividade administrativa, nem se fundamenta o seu exercício; do devido processo legal, porque, sem uma pesquisa específica o contribuinte, a rigor, não tem como controlar a regularidade do padrão por meio do exercício da ampla defesa e do contraditório.[99]

---

98. Jürgen Vogt, *Neutralität und Leistungsfähigkeit*, cit., p. 69. Rolf Eckhoff, *Rechtsanwendungsgleichheit im Steuerrecht*, cit., p. 590.

99. Jürgen Bröhmer, *Transparenz als Verfassungsprinzip*, Tübingen, Mohr Siebeck, 2004, pp. 146 e ss.

A *vinculação posterior* do padrão com a realidade diz respeito à possibilidade, mais adiante esclarecida, de o contribuinte sempre controlar a existência de discrepâncias entre o valor presumido e o efetivamente ocorrido. A dimensão real do fato funciona como critério de verificação da consistência do padrão e de sua aplicabilidade: a consistência do padrão, porque se houver discrepância entre o seu valor e o efetivo do fato ocorrido em muitos casos, não meramente marginais, o próprio padrão pode ser questionado por não mais corresponder à média dos casos; a aplicabilidade do padrão, porque mesmo que o padrão seja consistente para a maior parte dos casos e, em razão disso, o próprio padrão deva ser mantido como regra geral, se a discrepância for excessiva para determinado contribuinte, sua aplicabilidade individual pode ser objeto de superação. Isso quer dizer que os padrões, como espécie de presunções, nunca abandonam a realidade: não o fazem antes, porque dela decorrem para existir; não o fazem depois, porque dela dependem para permanecer.

E nem poderia ser diferente. É que qualquer norma jurídica – dentre as quais se situam aquelas que estabelecem bases de cálculo por meio de valores presumidos – deve harmonizar-se com a realidade. Essa exigência de vinculação das normas com a realidade que visam a regular é representada, em termos normativos, pela razoabilidade (*reasonableness, Zumutbarkeit*), que exige uma causa real justificante para a adoção de qualquer medida.[100] Tanto é assim que o Supremo Tribunal Federal considerou irrazoáveis várias leis: aquela que instituiu um adicional de férias de um terço para os inativos, por tratar-se de vantagem destituída de causa, já que só deve ter adicional de férias quem tem férias;[101] aquela que determinou que os estabelecimentos de ensino expedissem certificados de conclusão do curso e histórico escolar aos alunos que haviam passado no vestibular, mesmo que eles não tivessem sequer frequentado o curso;[102] aquela que determinou que o pagamento dos servidores do Estado fosse feito até o décimo dia útil, por remunerar serviços que ainda não tinham sido sequer prestados.[103]

---

100. Denis James Galligan, *Discretionary powers*, Oxford, Clarendon, 1986, p. 321.

101. ADI MC 1.558, STF, Tribunal Pleno, Rel. Min. Celso de Mello, j. em 19.12.1994, *DJU* 26.5.1995.

102. ADI 2.667, STF, Tribunal Pleno, Rel. Min. Celso de Mello, j. em 19.6.2002, *DJU* 12.3.2004.

103. ADI 247, STF, Tribunal Pleno, Rel. Min. Ilmar Galvão, j. em 17.6.2002, *DJU* 26.3.2004.

Essas considerações anteriores demonstram que a simplificação e a economia de gastos não podem ser consideradas propriamente como finalidades da padronização. Elas são consequências almejadas com a padronização, mas a finalidade continua sendo a realização eficiente da igualdade geral, e essa, a seu turno, deve ser buscada com o permanente cotejo com a igualdade individual, que é mantida como critério da tributação. Repita-se, a generalização por meio da tipificação, em vez de contradizer o princípio da igualdade, serve precisamente de instrumento para sua realização.[104]

A conclusão anterior não é alterada pela consideração do denominado "princípio da eficiência administrativa", previsto no art. 37 da Constituição de 1988. Para alguns, o denominado princípio da eficiência poderia ser usado como justificativa para afastar os princípios tributários, especialmente o da igualdade e o da capacidade contributiva no seu aspecto objetivo. E assim seria porque a eficiência, embora não conste, expressamente, do Sistema Tributário Nacional, seria um princípio geral da Administração Pública, na qual, obviamente, estaria inserida a Administração tributária. A essa conclusão, porém, não se pode chegar, pelos seguintes motivos.

Em primeiro lugar, porque a eficiência administrativa não pode ser considerada propriamente um princípio jurídico, no sentido de uma norma que estabelece um estado autônomo de coisas que deva ser realizado. A eficiência não estabelece algo objeto de realização. Ela prescreve, em vez disso, o modo como serão realizados outros estados autônomos de coisas. "A eficiência é muito mais um instrumento para atingir outros fins sociais", como afirma Mathis.[105] Ela exige efetividade da administração *na realização das suas tarefas*.[106] Nesse sentido, ela não é uma norma que funciona como objeto direto de aplicação, mas uma norma que funciona como critério de aplicação de outras. A eficiência é, pois, uma metanorma ou norma de segundo grau.[107] Sozinha, ela sequer tem sentido, pois depende sempre de um objeto cuja aplicação irá pautar: só se é eficiente *em relação a*, ou *em alguma coisa*. Sendo assim, são as

---

104. Rolf Eckhoff, *Rechtsanwendungsgleichheit im Steuerrecht*, cit., p. 195.

105. Klaus Mathis, *Effizienz statt Gerechtigkeit? Auf der Suche nach den philosophischen Grundlagen der Ökonomischen Analyse des Rechts*, Berlim, Duncker und Humblot, 2004, p. 194.

106. Rolf Eckhoff, *Rechtsanwendungsgleichheit im Steuerrecht*, cit., p. 57. Joseph Isensee, *Die typisierende Verwaltung*, Berlim, Duncker und Humblot, 1975, p. 161.

107. Humberto Ávila, *Sistema constitucional tributário*, cit., pp. 503 e ss.

finalidades constitucionalmente impostas à Administração tributária que devem ser realizadas de "modo eficiente". As finalidades administrativas substanciais são precisamente aquelas consubstanciadas por princípios constitucionais tributários, que se dirigem, obviamente, a ela, tanto mais quando a Constituição os erige à condição de princípios gerais da tributação e garantias do contribuinte, qualificadas de limitações ao poder de tributar, justamente, porque oponíveis à administração.

A constatação de que a eficiência é uma norma que estabelece um determinado nível de realização de outras traz grandes repercussões sobre a questão de saber se a consideração da eficiência administrativa afasta a exigência de tratamento particularizado do contribuinte. Não sendo a eficiência administrativa um princípio substancial autônomo, ela não cria poder, mas, apenas, calibra o exercício de um poder *já previamente concedido*. Nem poderia ser de outro modo. É que, se a Constituição de 1988 se caracteriza por atribuir poder aos entes federados por meio de regras de competência, o dever de eficiência não as poderia contradizer, criando um poder que elas não criaram.

É importante ressaltar, todavia, que, mesmo que se considerasse, apenas para argumentar, a eficiência administrativa como um princípio autônomo e, nesse sentido, digno de ser perseguido independentemente de outro princípio, a conclusão de que ela não cria poder não seria alterada. Isso porque os princípios, no sistema constitucionalmente adotado, não têm o condão de criar poder sobre fatos não descritos em regras de competência.[108]

Importa notar, ainda, que a constatação de que o poder de instituir tributos foi atribuído por meio de regras de competência e que a verificação de que a eficiência atua sobre outras normas levam ao entendimento de que a eficiência não condiciona propriamente o poder previsto nas regras de competência, mas, em vez disso, conforma o grau de realização dos princípios – eis o ponto – *dentro do poder criado pelas regras*. Com efeito, as regras de competência para a criação de impostos descrevem fatos cuja ocorrência, coincidente com a previsão legal, gera o dever de pagá-los. A aplicação das regras de competência dá-se mediante uma operação de correspondência entre o conceito do fato concreto e o conceito do fato legalmente descrito, sem a consideração imediata ao grau de realização de fins, como já foi mencionado acima. São os fins, cuja realização é tornada devida pela positivação de princípios, que podem

108. Humberto Ávila, *Teoria dos princípios*, 20ª ed., 2021, cit., pp. 128 e ss.

ser realizados em maior ou menor grau. Sendo assim, o dever de eficiência vai estabelecer o grau de realização de fins, cuja concretização seja devida pelo estabelecimento de princípios, dentro do âmbito de poder atribuído por regras. Por exemplo, o dever de eficiência não determina a realização eficiente da regra de competência para a instituição do imposto sobre a venda de mercadorias, como se ele pudesse criar poder de tributar mesmo que não ocorresse uma operação de venda de mercadorias ou se ela ocorresse de forma completamente diferente da presumida pela lei. O dever de eficiência, em vez disso, prescreve a realização eficiente da igualdade *no âmbito de poder atribuído pela regra de competência* para a instituição do imposto. Isso significa dizer que o dever de eficiência estabelece a realização dos princípios tributários na tributação daqueles fatos previstos pelas regras de competência, isto é, na realização eficiente da igualdade *na renda*, da capacidade contributiva *na venda de mercadorias*, e, assim, sucessivamente. O dever de eficiência, por conseguinte, calibra a realização dos princípios tributários no âmbito de poder atribuído pelas regras de competência. Nunca fora dele.

Essas considerações, se verdadeiras, inviabilizam a tese segundo a qual o dever de eficiência – compreendido como princípio ou não, pouco importa – justificaria o abandono total da capacidade contributiva objetiva exteriorizada pela dimensão real dos fatos geradores. Como já se viu, o dever de eficiência não cria poder inexistente, nem amplia poder existente. O que ele faz é estruturar a aplicação dos princípios tributários, mas dentro do âmbito de poder atribuído pelas regras. A eficiência, enfim, não autoriza o legislador a abandonar a justiça individual em nome exclusivo da justiça geral.

O exposto evidencia as duas opções interpretativas relacionadas ao dever de eficiência e qual a alternativa aqui adotada. De um lado, pode-se interpretar a eficiência como um princípio jurídico autônomo que não só tem o poder de afastar o princípio da igualdade, como, também, tem a eficácia de ampliar o poder de tributar previsto em regras de competência. Segundo essa interpretação, o *aplicador deve realizar a eficiência, apesar de inexistir poder de tributar previsto em regra de competência.* Em decorrência dessa alternativa interpretativa, a eficiência tem o poder de criar competência, de afastar o princípio da igualdade e de transformar uma presunção em ficção. De outro lado, pode-se interpretar a eficiência – a exemplo do que se faz neste trabalho – como uma metanorma que não tem o poder de afastar o princípio da igualdade, nem de ampliar o poder de tributar previsto em regras de competência. De acordo com essa interpretação, o *aplicador deve realizar, com eficiência, a igualdade dentro do poder de tributar previsto em regra de competência*. Em virtude dessa opção hermenêutica, a eficiência não tem o poder de criar competência, de afastar o princípio da igualdade e de transformar uma presunção em ficção. A eficiência, em vez disso, é o instrumento calibrador de realização da própria igualdade.

Analisadas as motivações gerais do uso da padronização, em especial, sua contínua vinculação com a capacidade contributiva objetiva, é preciso então investigar em que consiste, precisamente, essa vinculação e quais os critérios que permitem verificar a sua ausência. É o que se passa a explicar.

2.3.2.3.2 Pressupostos

2.3.2.3.2.1 Necessidade – Ao estabelecer, nos princípios gerais da tributação, o dever de obediência à capacidade contributiva sempre que isso for possível; ao prever apenas como exceção a tributação com base em presunções, mesmo assim vinculadas à dimensão real do fato gerador; e ao atribuir poderes aos entes federados por meio de regras que descrevem os aspectos materiais da hipótese de incidência, a Constituição indicou o modelo a ser seguido pela tributação: aquele de igualdade particular. Essa é a regra. A exceção é o modelo de igualdade geral, a ser utilizado – para usar a linguagem constitucional – quando não for possível adotar o modelo de igualdade particular.

Nesse sentido, o primeiro requisito para o uso da padronização há de ser a sua necessidade: o ente federado não pode instituir tributos com base em padrões fiscais a não ser que não possa fazer de outro modo. Sendo assim, somente quando impossível ou extremamente onerosa a fiscalização de tributos e, por isso, as particularidades dos contribuintes e dos casos não puderem ser verificadas, porque sua consideração causaria – pela falta de previsão, controle, coordenação, modicidade e conhecimento – mais generalização do que individualização, é que se pode adotar uma tributação por meio de padrões legais. A padronização deve, pois, ser uma necessidade prática da administração (*eine praktische Bedürfnis der Verwaltung*).[109]

2.3.2.3.2.2 Generalidade – A necessidade de recurso aos padrões obriga o Poder Legislativo a considerar o caso padrão (*Normalfall*), en-

---

109. Rolf Eckhoff, *Rechtsanwendungsgleichheit im Steuerrecht*, cit., p. 104.

tendido como aquele que reflete concretamente a média dos casos reais.[110] Em vez de encontrar a capacidade concreta para contribuintes particulares em condições particulares, o Poder Legislativo cria regras que generalizam uma classe de contribuintes numa classe de condições.[111] O padrão legal deve ser adequado para a maior parte dos contribuintes, ainda que não fique exato para alguns, justamente porque o padrão deve servir para a maioria, sem a necessidade de ajustes frequentes pelo aplicador. Um padrão, porém, que seja inadequado para a maioria dos contribuintes simplesmente não serve como tal: primeiro, porque exige precisamente aquilo que o uso do padrão quer evitar – o custo excessivo do reajuste contínuo, por ser impossível ou extremamente oneroso; segundo, porque não corresponde à dimensão média das operações efetivamente realizadas. Como afirma Jarzyk-Dehne, "Na construção de padronizações, o legislador não pode escolher casos atípicos como pano de fundo. Ele deve orientar-se pela normalidade, pela média e manter uma relação razoável com os encargos médios".[112]

Para que a padronização promova satisfatoriamente a igualdade geral, é preciso que os efeitos desiguais, relativamente aos elementos particulares dos contribuintes, não sejam expressivos. Para que isso possa ser verificado, é necessário atentar para o preenchimento de determinados pressupostos.

Em primeiro lugar, a padronização só será válida se provocar efeitos desiguais de diminuta extensão, considerando-se que a desigualdade não pode ser nem contínua nem considerável entre os contribuintes. Se a desigualdade resultante do uso da padronização for contínua, o padrão deixa de refletir a média dos casos no tempo; e, se for considerável, o padrão afasta-se em demasia da média dos valores praticados. Como lembra Huster, "(...) somente as desigualdades insignificantes ou bem insignificantes são justificáveis; só pode ser aceito aquele prejuízo insignificante ou aquela desigualdade que não seja nem duradoura nem considerável".[113]

Em segundo lugar, a padronização só será válida se provocar efeitos desiguais de diminuto alcance, entendendo-se que a desigualdade não

---

110. Josef Isensee, *Die typisierende Verwaltung. Gesetzesvollzug im Massenverfahren am Beispiel der typisierenden Betrachtungsweise des Steuerrechts*, cit., p. 167.

111. Frederick Schauer, *Profiles, probabilities and stereotypes*, cit., p. 70.

112. Friederike Jarzyk-Dehne, *Pauschalierungen im Steuerrecht*, cit., p. 155.

113. Stefan Huster, *Rechte und Ziele. Zur Dogmatik des allgemeinen Gleichheitssatzes*, cit., p. 274.

pode atingir um número expressivo de contribuintes.[114] A discrepância entre o valor real e o valor presumido não pode atingir um número muito grande de casos, pois, nessa hipótese, em vez de ela ser uma consequência negativa acidental da padronização, será sua consequência direta, descaracterizando a própria padronização por ter escolhido um caso atípico como modelo (*einen atypischen Fall als Leitbild gewählt*).[115]

Isso significa que a igualdade geral só será realizada se a padronização corresponder aos elementos concretos manifestados pela média das operações efetivamente praticadas, só sendo permitidas discrepâncias acidentais entre o valor presumido e o real.[116] Nesse sentido, embora a realização da igualdade geral permita um afastamento dos valores efetivamente praticados nas operações, esse distanciamento exige, como foi dito e reiterado, um constante cotejamento com esses valores, tanto anterior quanto posterior. Exatamente por isso, a utilização de padrões pressupõe a manutenção do controle fazendário. Se a padronização deve corresponder aos elementos concretos manifestados pela média das operações efetivamente praticadas, o cotejo entre o valor presumido e o efetivo é pressuposto de constitucionalidade da própria padronização. Ao contrário do que afoitamente se possa pensar, a padronização não elimina o controle, apenas o modifica. Tanto não o elimina que a Constituição, ao prever a possibilidade de utilização de valores presumidos, manteve a necessidade de verificar se eles ocorreram como presumidos.

2.3.2.3.2.3 Compatibilidade – Na tributação padronizada, não se abandona a igualdade particular, na medida em que as dimensões pessoais e reais dos fatos permanecem como contraponto para a validade da padronização. Isso significa, em outras palavras, que a padronização deve continuar mantendo compatibilidade com a igualdade particular, tanto antes quanto depois da formação do padrão, como já foi mencionado.

Deve existir compatibilidade com a igualdade particular antes da formação do padrão porque deve haver vinculação com a realidade mediante existência de um suporte empírico considerável que permita a

114. Jürgen Vogt, *Neutralität und Leistungsfähigkeit*, cit., p. 70. Friederike Jarzyk-Dehne, *Pauschalierungen im Steuerrecht*, cit., p. 154.

115. Josef Isensee, *Die typisierende Verwaltung. Gesetzesvollzug im Massenverfahren am Beispiel der typisierenden Betrachtungsweise des Steuerrechts*, cit., p. 167. Stefan Huster, *Rechte und Ziele. Zur Dogmatik des allgemeinen Gleichheitssatzes*, cit., p. 275.

116. Rolf Eckhoff, Rechtsanwendungsgleichheit im Steuerrecht, cit., p. 91.

comprovação da correspondência do padrão ao valor médio efetivo da maioria dos casos. Deve haver compatibilidade com a igualdade particular depois da formação do padrão, porque o contribuinte deve poder controlar a existência de discrepâncias entre o valor presumido e o efetivamente ocorrido. O importante é que os Poderes Legislativo e Executivo, cada qual dentro do seu âmbito de competência, tenham o compromisso permanente de se aproximar, tanto quanto possível, do modelo real escolhido.[117]

2.3.2.3.2.4 Neutralidade – A neutralidade também é um dos requisitos da padronização. Ocorre, porém, que a neutralidade, como é característica das expressões jurídicas, admite vários significados. Alguns desses significados são incompatíveis com o ordenamento jurídico; outros, normativamente supérfluos. Antes de investigar as repercussões da neutralidade sobre a padronização, é preciso verificar as suas possíveis acepções para decidir, ao final, qual, dentre elas, deve ser adotada.

Em primeiro lugar, a neutralidade pode significar a proibição de os entes federados influírem de *qualquer modo* no exercício das atividades econômicas do contribuinte por meio da tributação. Nesse sentido, ser neutro é não exercer influência alguma na atividade dos contribuintes.[118] Esse sentido, a toda evidência, é incompatível com o ordenamento jurídico, pois tanto os tributos com finalidade fiscal, quanto aqueles com finalidade extrafiscal influem no comportamento dos contribuintes: os tributos com finalidade fiscal exercem influência indireta, na medida em que a cobrança maior ou menor estimula ou desestimula comportamentos, mesmo que isso não seja o propósito imediato da lei; os tributos com finalidade extrafiscal exercem influência direta, na medida em que visam precisamente a induzir o contribuinte a fazer ou deixar de fazer alguma coisa por meio da tributação.[119] Compreender a neutralidade como a proibição total de qualquer influência no comportamento dos contribuintes é negar não só as finalidades da tributação, como, também, a atuação estatal no direcionamento das atividades da iniciativa privada, conforme permite o art. 174 da Constituição. Ser neutro, pois, não pode significar a proibição de o ente estatal exercer qualquer influência comportamental direta ou indireta por meio da tributação.

---

117. Rolf Eckhoff, *Rechtsanwendungsgleichheit im Steuerrecht*, cit., pp. 112, 114 e 564.

118. Christian Seidl, "Betriebssteuer und Neutralität", *Steuer und Wirtschaft*, 1989, p. 350.

119. Jürgen Vogt, *Neutralität und Leistungsfähigkeit*, cit., p. 6.

Em segundo lugar, a neutralidade pode significar a proibição de os entes federados influírem de modo injustificado ou arbitrário no exercício das atividades econômicas do contribuinte pela tributação. Nessa acepção, ser neutro é não exercer influência *imotivada* na atividade dos contribuintes. Os limites decorrentes desse sentido normativo, no entanto, embora compatíveis com o ordenamento jurídico, já são fornecidos pela própria igualdade no seu aspecto geral, que impede o tratamento injustificável, assim considerado aquele decorrente de uma medida de comparação que não mantenha relação de pertinência fundada e conjugada com a finalidade que justifica sua utilização, ou o tratamento baseado em medida de comparação ou finalidade cujo uso seja vedado pela Constituição. Entender a neutralidade simplesmente como a proibição de influência injustificada no comportamento dos contribuintes é atribuir a ela um sentido normativo já denotado pela própria igualdade geral. Embora permitido, não é normativamente coerente atribuir à neutralidade o significado de proibição de o ente estatal exercer influência comportamental injustificada por meio da tributação.

Em terceiro lugar, a neutralidade pode ter o sentido de proibição de os entes federados influírem *de modo excessivo* no exercício das atividades econômicas do contribuinte por intermédio da tributação. Nessa compreensão, ser neutro é não exercer influência excessiva na atividade dos contribuintes. Da mesma forma, os limites decorrentes desse sentido normativo, conquanto conciliáveis com o ordenamento jurídico, já são providos pela proibição de excesso, que impede a restrição de bens jurídicos essenciais aos direitos fundamentais dos contribuintes por meio da tributação.[120] Interpretar a neutralidade como a proibição de influência excessiva na atividade dos contribuintes é conceder a ela uma propriedade normativa já enunciada por outra expressão. Embora isso seja admitido, não é normativamente coerente atribuir à neutralidade o significado de proibição de o ente estatal instituir obrigações tributárias excessivas.

Em qual acepção normativa, então, poderia ser coerentemente empregada a neutralidade? Numa variação do segundo sentido acima referido. A neutralidade melhor representa uma manifestação estipulada da própria igualdade na sua conexão com o princípio da liberdade de concorrência, notadamente no aspecto negativo da atuação estatal.[121]

---

120. Humberto Ávila, *Sistema constitucional tributário*, cit., pp. 608 e ss.

121. Georg Müller, *Rechtsgleichheit*, cit., p. 21.

Explica-se. A neutralidade não é diferente da igualdade, mas apenas um aspecto dela, precisamente quando se procura, em vez de verificar o direito do contribuinte, analisar o *dever negativo* por parte do *ente estatal*, decorrente da consideração dos efeitos do princípio da livre concorrência. A neutralidade, na interpretação aqui estipulada, é um aspecto delimitado da igualdade no que se refere ao aspecto subjetivo e temporal. No aspecto subjetivo, porque, quando se analisa a igualdade do ponto de vista do contribuinte, examina-se o *direito de o contribuinte* ser tratado igualmente por meio da consideração de sua capacidade contributiva, ao passo que, quando se analisa a igualdade tendo como referência a atuação estatal, perquire-se o *dever de o ente estatal* respeitar a livre concorrência dos contribuintes. No aspecto temporal, porque quando se analisa a igualdade na cobrança de tributos *depois* do exercício da atividade do contribuinte, estuda-se o princípio da igualdade conforme a capacidade contributiva no *produto* daquela atividade, enquanto que quando se observa a igualdade na cobrança de tributos antes ou sobre o próprio exercício da atividade dos contribuintes, examina-se o princípio da igualdade sob o ângulo da atuação ou abstenção estatal relativamente àquela *atuação*. Ou, no dizer acertado de Vogt, enquanto o dever de neutralidade de concorrência (*Wettbewerbsneutralität*) garante a igualdade de chances (*Chancengleichheit*) no processo de trabalho (*Erwerbsvorgang*), a capacidade contributiva garante a igualdade de oneração (*Belastungsgleichheit*) relativamente àquilo já obtido (*das Erworbene*).[122]

Nesse sentido, a neutralidade evidencia o dever de atuação ou abstenção estatal em determinado nível relativamente aos efeitos que a tributação provoca quando recai sobre bens jurídicos essenciais à realização do princípio da liberdade de concorrência. Esses efeitos, a rigor, não nulificam a disponibilidade dos bens jurídicos, pois, nesse caso, haveria um problema de excessividade, não necessariamente ligado à igualdade. Seria o caso, por exemplo, da instituição de um tributo tão alto que impedisse o exercício de determinada atividade econômica. O que os efeitos da tributação desatenta ao dever de neutralidade fazem é prejudicar a existência de um determinado *nível de liberdade* concernente a bens jurídicos relativos à liberdade de concorrência entre os contribuintes. Isso ocorreria, por exemplo, na hipótese de cobrança de um tributo com base de cálculo padronizada, que forçasse os preços significativamente para cima, fazendo com que o contribuinte caísse numa situação anormalmente

122. Jürgen Vogt, *Neutralität und Leistungsfähigkeit*, cit., p. 85.

desfavorável diante de seus concorrentes. A neutralidade, no sentido ora estipulado, funciona como um limite para a atuação ou abstenção estatal referente ao tratamento de dois ou mais contribuintes em relação de concorrência. Justamente aqui adquire relevo a neutralidade no tocante à padronização.

É que a padronização, em virtude daquilo até aqui referido, só será válida se levar em consideração as diferenças estruturais entre os grupos profissionais atingidos e não provocar efeitos negativos relativamente aos bens jurídicos essenciais para o exercício da concorrência.[123]

Se neutra é a tributação que não pode provocar efeitos negativos de determinado tipo relativamente aos bens jurídicos relacionados ao exercício livre da concorrência, é preciso saber, então, quais são esses bens. Dentre os vários aspectos que poderiam ser aqui analisados, pode-se afirmar que é essencial, para o livre exercício da concorrência, o livre exercício da autonomia privada. Essa, por sua vez, envolve a liberdade de tomar decisões e de competir num mercado livre, especialmente pelo poder de fixar uma política ou estratégia comercial, intimamente relacionada com a livre fixação de preços (*freie Preisbildung*).[124]

Nesse quadro, a discrepância entre o valor da base de cálculo padronizada e o valor efetivo da dimensão quantitativa do fato gerador pode provocar duas distorções que afetam, precisamente, as liberdades de exercício de atividade econômica e de concorrência. A primeira é igualar a venda de uma mercadoria, por exemplo, com preço baixo, à venda de outra mercadoria, com preço alto, tratando, com a mesma regra, contribuintes em situações diferentes, o que viola o princípio da igualdade, pela instituição de gravame maior sobre situação objetiva que revela potencial econômico menor. Ou, nas palavras da Constituição, viola o princípio da igualdade pelo tratamento igual de contribuintes que se encontrem em

123. Stefan Huster, *Rechte und Ziele: Zur Dogmatik des allgemeinen Gleichheitssatzes*, cit., p. 288. Monika Jachmann, *Steuergesetzgebung zwischen Gleichheit und wirtschaftlicher Freiheit: verfassungsrechtliche Grundlagen und Perspektiven der Unternehmensbesteuerung*, Stuttgart, Munique, Hannover, Berlim, Weimar, Dresden, Boorberg, 2000, p. 158. Paul Kirchhof, "Der verfassungsrechtliche Auftrag zur Steuervereinfachung", in Wilhelm Bühler, Paul Kirchhof e Franz Klein, *Steuervereinfachung. Festschrift für Dietrich Meydung zum 65. Geburtstag*, Heidelberg, Müller, p. 16.

124. Gaspar Ariño Ortiz, *Principios constitucionales de la libertad de empresa: libertad de comercio e intervencionismo administrativo*, Madri, Marcial Pons, 1995, p. 89. Rolf Stober, *Allgemeines Wirtschaftsverwaltungsrecht. Grundlagen und Prinzipien. Wirtschaftsverfassungsrecht*, 12ª ed., Stuttgart, Kohlhammer, 2000, p. 57.

situações diferenciadas. Esse tipo de tributação faz com que determinado grupo de contribuintes seja onerado de modo mais intenso do que outros, caindo numa "sensível e desfavorável situação de concorrência".[125]

A segunda distorção, no exemplo da tributação da venda de mercadorias, é forçar o preço relativo das mercadorias para cima, na medida em que aqueles que realizam a venda de mercadorias com preços superiores e maior margem de lucro suportarão a mesma carga tributária daqueles que têm preços inferiores e uma margem muito menor de lucro. Nesse sentido, a neutralidade vem para garantir a tributação uniforme, de modo que o preço relativo do produto não seja alterado.[126]

É preciso salientar, no entanto, a complexidade inerente à aplicação do dever de neutralidade. Como a neutralidade funciona como um limite para a atuação ou abstenção estatal concernente ao tratamento de dois ou mais contribuintes em relação de concorrência, ela pressupõe, como não poderia deixar de ser, o exame tanto da igualdade de fato e de direito entre os concorrentes, quanto da igualdade na regra e nos seus efeitos relativamente aos concorrentes. Somente uma análise global desses elementos é que poderá comprovar a neutralidade estatal. Com efeito, os contribuintes podem não estar, no plano fático, na mesma situação (relativamente ao setor, área, atividade, porte, região, forma jurídica adotada etc.) e, para garantir um estado de neutralidade, muitas vezes o ente federado, ao qual a Constituição também atribui a incumbência de atingir finalidades extrafiscais, tem de atuar positivamente de modo antidiscriminatório. Nesse sentido, dois eixos devem ser considerados relativamente à neutralidade.

Num primeiro eixo, o ente estatal pode ser obrigado a reconstruir a igualdade daqueles contribuintes que eram descritivamente iguais, mas que, com a tributação, ficaram em situação fática desigual. Nesse caso, a tributação deve servir de instrumento para permitir o retorno dos elementos necessários ao exercício da livre concorrência. Por exemplo, em determinado setor, uma mercadoria, que era tributada com base no valor real de venda, passa a ser tributada com base em valores presumidos, em virtude da introdução do mecanismo da substituição tributária para frente. A tributação, porém, pode provocar um "efeito adverso anormal" (*disparate adverse impact*) ou uma "sensível e desvantajosa situação de concorrência" (*empfindliche ungünstigere Wettbewerbslage*)

125. Jürgen Vogt, *Neutralität und Leistungsfähigkeit*, cit., p. 76.

126. Ralf Maiterth, *Wettbewerbsneutralität der Besteuerung*, Bielefeld, Erich Schmidt, 2001, p. 96.

que afete a igualdade de oportunidade entre determinados contribuintes de um dado setor.[127] Nesse caso, a neutralidade obriga o ente estatal a aplicar novamente, para aquele setor, a tributação com base no valor real das mercadorias, privilegiando a igualdade por meio da eliminação da padronização.

Num segundo eixo, o ente estatal pode ser obrigado a valorizar a igualdade da tributação para manter a igualdade daqueles contribuintes que não eram descritivamente iguais, mas que, com a tributação, ficaram em situação igual. Nessa conjuntura, a tributação deve servir de instrumento para garantir a equalização dos elementos necessários ao livre exercício da concorrência. Por exemplo, em determinado setor, há contribuintes em situação de concorrência desfavorável relativamente a setores ou atividades que devem ser promovidos pelo ente estatal. A instituição de um benefício fiscal pode servir de instrumento para atribuir condições para a competição equânime. Nessa circunstância, a igualdade funciona como um direito comparativo (*comparative right*) para assegurar uma igualdade de fato inexistente.[128] O ente estatal, para corrigir ou diminuir desigualdades descritivas, concernentes à livre concorrência, e permitir a igualdade normativa referente a ela, deve atuar não de modo neutro, mas, em vez disso, de modo positivo por meio da tributação.[129] Pode-se até mesmo dizer que, para garantir um estado de neutralidade marcado por igualdade de condições, o ente estatal deve deixar a sua neutralidade de lado e agir estimulando comportamentos dos contribuintes. Isso mostra, entre outras coisas, que a igualdade não serve apenas para desconhecer desigualdades descritivas, mas, também, para balanceá-las e compensá-las por meio de regras iguais ou diferentes.[130]

A análise desses dois eixos, no entanto, demonstra que a violação ao dever de neutralidade não está na ação ou inação estatal concernente aos contribuintes em situação de concorrência. A sua lesão está na ação ou inação desmotivada concernente à garantia de um estado de igualdade exteriorizado pela livre concorrência.[131] O ente estatal pode, então, dife-

---

127. Peter Westen, *Speaking of equality. An analysis of the rhetorical force of "equality" in moral and in legal discourse*, cit., p. 108. Jürgen Vogt, *Neutralität und Leistungsfähigkeit*, cit., p. 76.

128. Peter Westen, *Speaking of equality. An analysis of the rhetorical force of "equality" in moral and in legal discourse*, cit., p. 136.

129. Jürgen Vogt, *Neutralität und Leistungsfähigkeit*, cit., p. 13.

130. San Tiago Dantas, "Igualdade perante a lei", *Problemas de direito positivo*, Rio de Janeiro, Forense, 1953, p. 62.

131. Jürgen Vogt, *Neutralität und Leistungsfähigkeit*, cit., p. 14.

renciar os contribuintes. No entanto, sempre que o contribuinte ficar numa situação de distorcida diferenciação relativamente a outros contribuintes, deve haver uma justificativa objetiva e razoável para isso.[132]

As considerações precedentes revelam que a igualdade não se resume a obrigar o ente estatal a tratar igualmente os contribuintes. Ela também o obriga a tratá-los *como iguais*, isto é, como titulares de determinados direitos que, não podendo ser exercidos na sua plenitude devido a distorções de fato, impõem sua correção para assegurar igualdade de oportunidade.[133] É obrigatoriedade do Poder Legislativo afastar, por meio de cláusulas de equidade, a eficácia da norma relativamente a grupos anormalmente prejudicados no plano dos fatos (*faktisch besonders benachteiligte Gruppen*).[134]

O dever de tratar os contribuintes "como iguais" decorre do dever de o Poder Legislativo tratar cada um com respeito ao exercício, socialmente legitimado, da sua autonomia. Cada cidadão, com base nos direitos fundamentais de dignidade e de liberdade, tem a prerrogativa de desenvolver-se autonomamente como pessoa (quer física, quer jurídica, em todas as suas manifestações).[135] Essa autonomia começa depois de respeitadas a dignidade e a liberdade dos outros. De um lado, isso significa, por exemplo, que o contribuinte não pode, pela instituição de uma regra geral, ver desconsideradas e injustificadamente restringidas práticas comerciais diferenciadas relativas à direção do seu negócio que afetem consideravelmente os preços que pratica. Tratar "como igual" significa regrar sem aniquilar ou substancialmente restringir o exercício autônomo da liberdade. Em termos práticos, quer dizer que a prerrogativa legislativa de padronizar deve vir acompanhada do dever de excepcionar e de ajustar. De outro lado, o exercício autônomo da liberdade, com respeito das outras liberdades, significa, por exemplo, que o contribuinte não pode adotar práticas que não permitam o livre exercício da autonomia por outros contribuintes, como é o caso daquele que descumpre de modo reiterado, substancial e injustificado as suas obrigações tributárias principais e acessórias, provocando, com isso, a restrição ao livre exercício de concorrência. Enfim, ser tratado "como igual" quer dizer ser tratado

132. Jürgen Vogt, *Neutralität und Leistungsfähigkeit*, cit., p. 87.

133. Peter Westen, *Speaking of equality. An analysis of the rhetorical force of "equality" in moral and in legal discourse*, cit., p. 102. Hans Kelsen, *Reine Rechtslehre*, cit., p. 391.

134. Rolf Eckhoff, *Rechtsanwendungsgleichheit im Steuerrecht*, cit., p. 112.

135. Stefen Gesepath, *Gleiche Gerechtigkeit*, Frankfurt am Main, Suhrkamp, 2004, pp. 158 e 164.

de modo que se possa exercer validamente a autonomia individual, no exercício do direito de tomar decisões autônomas sem impedir que os outros também o façam.

2.3.2.3.2.5 Não excessividade – Independentemente da extensão e do número de atingidos, bem como da sua neutralidade, a padronização não poderá ser excessiva no que se refere a qualquer direito fundamental, sob pena de inconstitucionalidade, por confisco.[136] Haverá restrição excessiva a um direito fundamental quando, a pretexto de dar tratamento igualitário aos contribuintes, o ente estatal atingir bens jurídicos essenciais à realização de qualquer direito fundamental.[137]

A proibição de excesso fundamenta-se na ideia de que todos os direitos e princípios fundamentais, ainda que possam ser restringíveis, não podem ser atingidos no seu núcleo essencial, sendo esse núcleo definido como aquela parte do conteúdo de um direito sem a qual ele perde a sua mínima eficácia e, por isso, deixa de ser reconhecível como um direito fundamental.[138]

Um caso pode esclarecer melhor. A Segunda Turma do Supremo Tribunal Federal decidiu por negar provimento a um recurso extraordinário por entender que não era excessiva e desproporcional a majoração do então vigente imposto de licença sobre cabines de banho. A recorrente aduziu que tal imposição poderia lhe cercear uma atividade lícita e, por isso, estaria colidindo com o princípio da liberdade de qualquer profissão (art. 141, § 14, da Constituição de 1946). O voto do Ministro Orozimbo Nonato faz referência à decisão da Suprema Corte Americana no sentido de que: "o poder de taxar somente pode ser exercido dentro dos limites que o tornem compatível com a liberdade de trabalho, de comércio e de indústria e com o direito de propriedade".[139] O decisivo, para a inocorrência da declaração da excessividade da medida, é a constatação de que ela termina por "tolher, cercear ou dificultar o pleno exercício dos direitos básicos conferidos ao cidadão".[140]

---

136. Humberto Ávila, "Conteúdo, limites e intensidade dos controles de razoabilidade, de proporcionalidade e de excessividade das leis", *Revista de Direito Administrativo* 236/369-384, Rio de Janeiro, Renovar, 2004.

137. Stefan Huster, *Rechte und Ziele. Zur Dogmatik des allgemeinen Gleichheitssatzes*, cit., pp. 277 e 288.

138. Cf. Humberto Ávila, *Teoria dos princípios*, 20ª ed., 2021, cit., p. 188.

139. RE 18.331, STF, Segunda Turma, Rel. Min. Orozimbo Nonato, j. em 21.9.1951, *DJU* 8.11.1951, p. 10.865.

140. RE 18.976, STF, Primeira Turma, Rel. Min. Barros Barreto, j. em 2.10.1952, *DJU* 26.11.1952, p. 15 do acórdão, que se refere à decisão recorrida.

Nesse sentido, o exame de excessividade do tributo pressupõe dividir, em graus de importância, os bens jurídicos necessários à sua realização, de modo a saber aquilo que é importante, muito importante e essencial, considerando-se essencial aquele bem jurídico sem cuja disponibilidade o direito fundamental não mais possa ser minimamente exercido.

Para evitar essa excessividade, é que a padronização deve possuir cláusulas que permitam ajustá-la aos casos concretos.

2.3.2.3.2.6 Ajustabilidade – Como dito acima, a padronização só pode ser considerada válida se a norma que a previr levar em consideração as diferenças entre os contribuintes e provocar efeitos desiguais de diminuta extensão (quando a desigualdade não é nem contínua nem considerável entre os contribuintes), alcance (quando a desigualdade não atinge um número expressivo de contribuintes) e intensidade (quando a desigualdade não é direta, mas secundária relativamente aos direitos fundamentais de igualdade e de liberdade). Se efeitos desiguais dessa natureza ocorrerem, a padronização, enquanto regra geral, será inválida.

Pode suceder, no entanto, que, embora seja válida como regra geral, a padronização possa deixar de ser aplicada, porque provoca efeitos mais intensos relativamente a determinados contribuintes. Em razão disso, qualquer modelo de padronização tributária deve, necessariamente, envolver a devolução das diferenças que sejam significativas e, por isso mesmo, causem gravames que comprometam a eficácia mínima de princípios fundamentais. Assim, qualquer padronização deve ter cláusulas de abertura ou de equidade (*Härteklauseln*), que possam evitar determinados rigorismos e proporcionar uma diferenciação concretamente justa.[141] As cláusulas de equidade constituem uma obrigação do legislador (*Verpflichtung des Gesetzgebers*). A obrigatoriedade dessas cláusulas decorre da já evidenciada primazia da igualdade particular frente à geral na Constituição, externada pelo estabelecimento da capacidade contributiva como princípio geral da tributação, pela previsão da tributação com base em presunções como exceção vinculada à dimensão real do fato gerador, e pela atribuição de poderes aos entes federados por meio de regras que

141. Ingolf Pernice, *Billigkeit und Härteklauseln im öffentlichen Recht*, Baden-Baden, Nomos, 1991, pp. 266 e ss. Stefan Huster, *Rechte und Ziele. Zur Dogmatik des allgemeinen Gleichheitssatzes*, cit., p. 289. Pedro Herrera Molina, *Capacidad económica y sistema fiscal*, cit., p. 166. Rolf Eckhoff, *Rechtsanwendungsgleichheit im Steuerrecht*, cit., pp. 95, 112 e 564.

vinculam o surgimento válido da obrigação tributária à dimensão real dos fatos descritos nos aspectos materiais das hipóteses de incidência.

Em contraposição ao seu uso, todavia, se poderia dizer que a utilização dessas cláusulas pode anular as vantagens da padronização. Alega-se que, permanecendo o dever de analisar os casos em que houve discrepância significativa entre o valor presumido e o real, os problemas que justificam a utilização da padronização, como a falta de previsibilidade e os custos excessivos com o controle de cada operação, não seriam afastados. As cláusulas de retorno à igualdade particular, contudo, não têm todo esse potencial negativo.

É que, para a padronização ser válida, ela deve refletir a média dos fatos efetivamente ocorridos e, para que isso suceda, as discrepâncias entre o valor real e o presumido devem ser de diminuta extensão, alcance e intensidade, o que conduz, necessariamente, a um uso limitado das cláusulas de retorno. Com efeito, se, dentro do universo dos contribuintes, apenas casos marginais podem ser desviados do padrão legal, o dever de devolver não tem como provocar insegurança e custos capazes de bloquear as vantagens da padronização. Bem ao contrário, se isso correr, é porque a padronização não observa os requisitos de generalidade e compatibilidade necessários à sua validade. Tudo isso significa que, se a padronização é válida, a cláusula de retorno à igualdade particular não inibe seus efeitos positivos; se inibe, é porque a padronização não é válida.

Nesse aspecto, é preciso ter em conta que os padrões, como quaisquer regras gerais, são instrumentos de tributação previsível, eficiente e geralmente equânime.[142] Como, porém, para serem válidos, os padrões só podem causar desigualdade de pouco alcance, extensão e intensidade, a sua superação em casos marginais não tem como gerar elevada imprevisibilidade, ineficiência e desigualdade.

É que, nessa situação, a consideração de elementos particulares não prejudica, necessariamente, nem a promoção da finalidade subjacente à regra, nem a razão subjacente a ela.

Um exemplo, já mencionado, pode ilustrar o argumento. A legislação do imposto sobre a renda permite a dedução de despesas com educação e saúde e com dependentes até determinado limite. Pode ocorrer que algum contribuinte tenha uma situação particular, extraordinária, decorrente de

142. Humberto Ávila, *Teoria dos princípios*, 20ª ed., São Paulo, Malheiros Editores, 2021, pp. 139 e ss.

problemas psicológicos e de aprendizagem, ou de algum desequilíbrio semelhante que afete um de seus dependentes, que seja manifestamente incompatível com os limites legais destinados a satisfazer as necessidades básicas dos contribuintes em geral. Nesse caso, a falta de aplicação do padrão legal (permissão para dedução dos gastos comprovadamente necessários à educação, saúde e à manutenção do dependente somente até determinado limite) não prejudica a promoção da finalidade, subjacente à regra (satisfazer as necessidades básicas dos contribuintes). Ao contrário, permitir, individualmente, que aquele contribuinte possa deduzir seus gastos particulares e extraordinários até favoreceria os direitos fundamentais à saúde e à educação, a cuja proteção a instituição do limite visa a servir. De outro lado, a consideração dessas particularidades extraordinárias também não prejudicaria a promoção da segurança jurídica, sendo, ao contrário, indiferente à sua realização, pois a circunstância particular daquele contribuinte não seria facilmente reproduzível ou alegável por outros contribuintes, e a demonstração da sua anormalidade dependeria de difícil comprovação, por meio de laudo médico ou psiquiátrico, indisponível para os outros contribuintes que não possuem os mesmos problemas. Isso quer dizer que a consideração das particularidades do caso individual não prejudica a realização dos dois valores inerentes ao padrão legal: o valor formal da segurança não seria restringido, porque a circunstância particular não seria facilmente reproduzível por outros contribuintes, o que impediria que a previsibilidade, eficiência e generalidade do padrão fossem afetadas; e o valor substancial de estímulo à educação e à saúde, própria e de dependentes, também não seria restringido, porque o comportamento permitido levaria à sua promoção, já que a permissão para dedução dos gastos com saúde e educação serviria precisamente para promover o resguardo dos princípios fundamentais de proteção da saúde e da educação. Isso significa que a consideração de diferenças específicas dos contribuintes, mediante superação do padrão, não afetaria a promoção da igualdade para a maior parte dos casos.

O mesmo não ocorre, porém, quando a circunstância particular é facilmente reproduzível ou alegável por outros contribuintes, sem a demonstração de anormalidade da situação. Nessa hipótese, a inexistência do padrão, pela comprovação individual dos gastos por cada contribuinte, ou mesmo a desconsideração do padrão sem necessidade de comprovação da particularidade do caso, comprometeria a promoção dos valores que justificam a sua utilização. Isso porque, nesse caso, a fiscalização tributária teria de analisar incontáveis pedidos, o que geraria um custo deliberativo enorme, pelo potencial reaparecimento frequente da situação. Esse custo, no entanto, não necessariamente seria o preço a ser pago pela justiça individual das decisões, na medida em que os pedidos não seriam efetivamente analisados pela impossibilidade de que isso fosse feito com a acuidade recomendada. Enfim, a tentativa de analisar as particularidades de todos os casos, sem o uso de um padrão, ou mediante a superação do padrão legal existente, de modo descontrolado ou independente de um procedimento, afetaria a promoção da igualdade para a maior parte dos casos: a pretexto de analisar as diferenças de muitos contribuintes, a fiscalização tributária terminaria por não investigar as diferenças reais de todos.

Essas considerações demonstram que o padrão deve ser superado nos casos em que a decisão individualizada, ainda que incompatível com o limite geral, não prejudica nem a promoção da finalidade subjacente a ele, nem os benefícios do seu uso.

É preciso ainda fazer uma última ponderação, de extrema importância, relativamente à padronização. Embora o uso de padrões procure sempre atingir as mesmas finalidades (generalidade, eficiência e modicidade), sua utilização busca promover valores substanciais diversos: alguns padrões dizem respeito à proteção da saúde e da educação (por exemplo, limite de dedução do imposto sobre a renda), enquanto outros dizem respeito à proteção da propriedade e da locomoção (por exemplo, tabela de valores dos veículos automotores). Nesse sentido, surge a pergunta: o grau de resistência do padrão será idêntico em todos os casos? Ou, em outras palavras, o limite de dedução com gastos com saúde tem a mesma resistência, por hipótese, que o limite de dedução com despesas com outras finalidades menos importantes? Essas indagações remetem a discussão aqui tratada ao fundamento substancial do padrão: a sua resistência também deverá estar vinculada a ele.

Nesse sentido, é preciso estruturar a superação do padrão em dois grandes eixos: o eixo formal e o eixo substancial. O eixo formal, já referido, diz respeito aos riscos que a superação do padrão possa provocar para a sua própria utilização. Quanto mais a superação do padrão legal colocar em perigo a própria justificação da padronização, enquanto solução eficiente, módica e geralmente equânime de controvérsias, tanto mais resistente deve ser o padrão em questão.

O eixo substancial diz respeito à conexão do padrão, especificamente considerado, com princípios substanciais que justificam sua utilização. Nesse sentido, é preciso atentar para duas regras:

(a) Primeira regra: quanto mais importante for o princípio subjacente ao padrão, tanto menor deverá ser sua resistência à superação. A importância do princípio, a seu turno, decorre de dois motivos. De um lado, advém da sua hierarquia relativa, adiante analisada. Por exemplo, alguns princípios são fundamentais ou gerais, o que demonstra a sua preferência constitucional. De outro lado, deriva da função de suporte que o princípio exerce para a compreensão de outros princípios. Por exemplo, alguns princípios podem ser considerados como sobreprincípios em razão de atuarem sobre a delimitação de sentido de outros princípios menos gerais;

(b) Segunda regra: quanto mais importante for o bem jurídico valorizado pelo padrão para determinado princípio, tanto menor deverá ser sua resistência à superação. Os princípios impõem a busca de um estado ideal de coisas, para cuja realização a disponibilidade de alguns bens jurídicos não tem a mesma importância, sendo alguns essenciais, outros muito importantes, e outros meramente importantes. Por exemplo, o princípio da liberdade de exercício de atividade econômica impõe a realização de um estado de independência, autonomia e previsibilidade no desempenho da atividade empresarial, para cuja obtenção é *essencial* a possibilidade de vender o produto e de manter aberto o estabelecimento sem obstáculos; é *muito importante* poder fixar os preços sem embaraços; e é *importante* ser capaz de estabelecer estratégias de propaganda sem restrições. Sendo assim, quanto mais importante for o bem jurídico valorizado pelo princípio relacionado ao padrão, tanto menos resistente ele deverá ser.

Essas considerações demonstram que o grau de resistência do padrão não será idêntico em todos os casos. Para seguir no exemplo aqui utilizado, o limite de dedução com despesas de saúde deverá ter uma resistência menor que o limite de dedução com despesas com transporte ou mesmo com despesas relativas a produtos médicos menos importantes: de um lado, porque o princípio da proteção da saúde (especialmente na sua conexão com a dignidade humana) é mais importante que o princípio da proteção da propriedade e da locomoção; de outro, porque gastos com remédios que digam respeito à manutenção da vida do contribuinte merecem uma proteção ainda maior do que as despesas decorrentes da compra de cosméticos, ligados a questões meramente estéticas.

Todas as considerações a respeito dos requisitos da padronização, especialmente aquelas concernentes à necessidade e à compatibilidade, põem em evidência que a busca da igualdade particular é um dever constitucional a ser perseguido, *salvo se* for impossível ou extremamente oneroso fazê-lo. Nesse caso, entretanto, a procura pela igualdade geral é admitida, *contanto que* seja continuamente cotejada com a igualdade particular, quer por meio da vinculação anterior e posterior com os fatos efetivamente ocorridos, quer mediante a inclusão de cláusulas equitativas de retorno. Daí se dizer que o modelo de igualdade adotado pela Constituição é um *modelo moderado de igualdade particular*: modelo de igualdade particular, porque o contribuinte deve ser tratado de modo diferente na medida em que ele se diferenciar dos demais, tanto de acordo com as características particulares que dizem respeito a ele (capacidade contributiva), quanto daquelas que concernem ao seu caso (dimensão real do fato), e mesmo quando há razões para perseguir a igualdade geral, a igualdade particular não é abandonada, mas permanece como contraponto para a generalização; modelo moderado, porque a igualdade particular poderá deixar de ser perseguida em caráter exclusivo, quando for impossível ou extremamente onerosa a fiscalização de tributos e, por conta disso, as particularidades dos contribuintes e dos casos não puderem ser verificadas.

O modelo de igualdade adotado pela Constituição não deve ser visto apenas como um modelo moderado de igualdade particular. Ele deve ser compreendido, também, como um modelo *procedimentalizado*. Isso porque o padrão só deixará de ser aplicado ao caso concreto se as diferenças entre o fato presumido e o ocorrido forem de grande alcance, extensão e intensidade, ou se elas forem de uma qualidade tal, que tenham um impacto disparatado relativamente a algum contribuinte específico. Se assim é, porém, o padrão só deixará de ser aplicado se presentes esses requisitos. Esses requisitos, todavia, deverão obedecer a um procedimento de fundamentação e comprovação.

De fundamentação, porque é preciso exteriorizar, de modo racional e transparente, as razões que permitem a superação do padrão. Somente a exteriorização escrita, juridicamente fundamentada e logicamente estruturada da existência de diferenças de grande alcance, extensão ou intensidade, ou de disparatada qualidade, entre o fato presumido e o ocorrido, é que permite sua desconsideração concreta.

De comprovação, porque as diferenças de grande alcance, extensão ou intensidade, ou de disparatada qualidade, entre o fato presumido e o ocorrido, devem ser instruídas com a comprovação de sua existência, como documentos, perícias ou estatísticas.

Seguindo o método adotado por este trabalho, é oportuno examinar o caso paradigmático, relativo à instituição do mecanismo da substituição tributária para frente, para aplicar os requisitos acima explicados.[143] Sendo a padronização um instrumento de busca da igualdade geral, ela deve se pautar pela média das operações praticadas. Isso significa, em outras palavras, que a padronização não é inválida apenas e tão somente porque há casos em que o preço de venda real da mercadoria não coincide com o seu valor presumido. Os valores cobrados, portanto, não precisam ser devolvidos "só porque" houve alguma diferença entre os valores presumidos e os reais. A padronização, porém, perde sua validade se os preços presumidos das mercadorias forem expressivamente diferentes para um grande número de contribuintes. Nesse caso, o padrão, pelos efeitos desiguais de alcance, extensão e intensidade muito grandes, deixa de ser compatível com a média das operações e, com isso, de atender à igualdade geral que justifica sua utilização. O padrão será, assim, inválido. Isso ocorre quando a pauta ou o preço máximo sugerido pelo fabricante ao consumidor não reflete a média de preços praticados no setor. Porém, mesmo válida, porque necessária e compatível com a igualdade particular, a padronização ainda pode deixar de ser aplicada, tanto por causar um efeito desigual anormal relativamente a determinado contribuinte, quanto por restringir excessivamente algum direito fundamental seu. Esse caso sucede quando o valor de pauta ou o preço máximo sugerido pelo fabricante ao consumidor, conquanto reflita a média, provoca efeitos desiguais relativamente a um comerciante que, em virtude de uma situação particular protegida pelo direito de liberdade de exercício de atividade econômica ou de concorrência (por exemplo, seu modo eficiente de produção ou seu modo inovador de distribuição), é anormalmente prejudicado na sua política de preços pela tributação uniforme. Exatamente por isso, a padronização deve ter cláusulas de retorno para os casos em que esse efeito desigual anormal acontecer. A padronização, portanto, não perde a validade quando deixa de prever a devolução das diferenças entre o valor presumido e o real em todas as situações. Ela fica privada de legitimidade, não obstante, quando carece de previsão para restituir, se as diferenças entre o valor real e o presumido forem anormais.

Foi exatamente nesse sentido a decisão proferida pelo Supremo Tribunal Federal ao julgar, com repercussão geral, o RE 593.849 (Tema nº 201 da Repercussão Geral), em que se discutia se haveria dever de restituição ao contribuinte, na sistemática de substituição tributária, quando o preço da operação real fosse comprovadamente menor do que o preço

143. ADI 1.851, STF, Tribunal Pleno, Rel. Min. Ilmar Galvão, j. em 8.5.2002, *DJU* 22.11.2002.

presumido pela padronização. De acordo com a decisão do Tribunal, "É devida a restituição da diferença do Imposto sobre Circulação de Mercadorias e Serviços – ICMS pago a mais no regime de substituição tributária para frente se a base de cálculo efetiva da operação for inferior à presumida".[144]

Prevaleceu, por maioria, o entendimento de que "a garantia do direito à restituição do excesso não inviabiliza a substituição tributária progressiva, à luz da manutenção das vantagens pragmáticas hauridas do sistema de cobrança de impostos e contribuições", pois "o princípio da praticidade tributária não prepondera na hipótese de violação de direitos e garantias dos contribuintes, notadamente os princípios da igualdade, capacidade contributiva e vedação ao confisco, bem como a arquitetura de neutralidade fiscal do ICMS". Assim, o Supremo Tribunal Federal decidiu que, nos impostos indiretos, quando a arrecadação se dá pela sistemática da substituição tributária, o princípio da igualdade exerce função de bloqueio relativamente ao excesso de praticabilidade porventura existente nos coeficientes de presunção, tendo o contribuinte direito à restituição do valor pago a maior. Como destaca a decisão, "o modo de raciocinar 'tipificante' na seara tributária não deve ser alheio à narrativa extraída da realidade do processo econômico, de maneira a transformar uma ficção jurídica em uma presunção absoluta". A maioria dos Ministros entendeu que o art. 150, § 7º, da Constituição, prescreve cláusula de restituição do excesso que não se limita apenas à hipótese de não ocorrência do fato gerador. Isto é, o dispositivo constitucional impõe direito à restituição em todos os casos em que o fato gerador presumido não se concretize empiricamente da forma como antecipadamente tributado. Em virtude dessa interpretação, a Corte declarou incidentalmente a inconstitucionalidade dos artigos 22, § 10º, da Lei 6.763/1975, e 21 do Decreto 43.080/2002, ambos do Estado de Minas Gerais, e determinou interpretação conforme à Constituição em relação aos arts. 22, § 11º, do referido diploma legal, e 22 do Decreto, cujo texto estabelecia direito do contribuinte à restituição dos valores recolhidos tão somente na hipótese de não ocorrência do fato gerador presumido.[145] A partir dessa decisão, o mesmo entendimento já foi aplicado a outros tributos cobrados por meio de substituição tributária, para assegurar o direito do contribuinte de se ser ressarcido caso a base de cálculo efetiva

144. STF, Tribunal Pleno, RE 593.849, rel. Min. Edson Fachin, j. 19.10.2016.

145. STF, Tribunal Pleno, RE 593.849, rel. Min. Edson Fachin, j. 19.10.2016.

das operações praticadas for inferior à base de cálculo presumida, como, por exemplo, as contribuições para o PIS e a COFINS.[146]

Nesse aspecto, é oportuno avaliar o efeito ilustrativo, para o tema aqui tratado, do mito do leito de Procusto.[147] Procusto era um ladrão de estrada que atraía os viajantes com a promessa de um jantar e uma boa noite de sono numa cama que lhes cairia perfeitamente. O que ele não contava, porém, é que ele só tinha uma cama: se o visitante era pequeno demais, ele o esticava até caber perfeitamente na cama; se era grande demais, cortava-lhe os pés ou, em algumas versões do mito, decepava-lhe a cabeça. Isso foi feito até que Theseu visitou Procusto e fez com ele o que ele fazia com os viajantes que atraía. O que esse mito ilustra é precisamente a uniformidade com que a padronização trata os contribuintes, "enquadrando-os" numa única "cama-padrão" (da pauta, da tabela, da planta de valores). Aplicando essa ilustrativa metáfora ao caso da padronização, o legislador não pode, a pretexto de encaixar o contribuinte na cama, nem cortar-lhe a cabeça, nem esticá-lo tanto que provoque sua morte, pois isso seria excessivo, nem cortar qualquer parte do corpo ou esticá-lo sem uma justificativa tão mais relevante quanto maior for o desconforto que lhe cause, pois isso seria arbitrário.

Todas as observações precedentes permitem chegar a algumas conclusões prévias, relativas à contraposição entre a igualdade geral e a igualdade particular:

(a) a Constituição estabelece um modelo de igualdade particularista, que faz com que o contribuinte deva ser tratado de modo diferente na medida em que ele se diferencie dos demais, quer mediante a consideração das suas particularidades (capacidade contributiva subjetiva), quer mediante análise das particularidades das operações que concretamente pratica (capacidade contributiva objetiva);

(b) o modelo particularista não é puro, podendo o contribuinte deixar de ser parcialmente avaliado segundo as suas circunstâncias, se, por ser impossível ou extremamente onerosa a fiscalização de tributos, as particularidades dos contribuintes e dos casos não puderem ser verificadas, porque sua consideração causaria mais prejuízo do que benefício em termos de igualdade;

---

146. STF, Tribunal Pleno, RE 596.832, rel. Min. Marco Aurélio, j. 29.6.2020.

147. Antony Flew, *The politics of Procustes: contradictions of enforced equality*, cit. Frederick Schauer, *Profiles, probabilities and stereotypes*, cit., pp. 199 e ss.

(c) o modelo particularista não é abandonado quando o contribuinte é avaliado por meio de uma padronização, permanecendo como contraponto para a generalização, na medida em que os padrões legais utilizados, ademais de deverem ser compatíveis com a maioria dos fatos efetivamente praticados, devem possuir cláusulas de retorno ao modelo particularista;

(d) o dever de eficiência estabelece o grau de realização de fins, cuja concretização seja devida pelo estabelecimento de princípios, dentro do âmbito de poder atribuído por regras; não tem, pois, o condão de criar poder não concedido pelas regras, nem de afastar critérios gerais de tributação, não autorizando o legislador a abandonar a justiça individual em nome exclusivo da justiça geral;

(e) a padronização só é válida se *necessária* (for adotada quando não for possível empregar o modelo de igualdade particular), *geral* (provocar efeitos desiguais de diminuta extensão, alcance e intensidade), *compatível* (manter vinculação com a realidade antes e depois da formação do padrão), *neutra* (considerar diferenças estruturais entre os grupos profissionais atingidos), *não excessiva* (não atingir bens jurídicos essenciais à realização de qualquer direito fundamental) e *ajustável* (conter cláusulas de retorno ao modelo particularista de modo criterioso e procedimentalizado).

As conclusões acima expostas também podem ser transformadas em singelas perguntas destinadas a verificar a validade da padronização:

(a) Há necessidade prática para o uso da padronização? Ou: a padronização foi usada porque não era possível adotar o modelo de igualdade particular, ou ainda porque a utilização desse modelo causaria mais injustiça do que justiça?

(b) A padronização provoca desigualdade contínua ou considerável entre os contribuintes, atingindo um número expressivo de contribuintes ou atingindo diretamente os direitos fundamentais de igualdade e de liberdade?

(c) Há suporte empírico considerável que permita comprovar a correspondência do padrão ao valor médio efetivo da maioria dos casos e controlar a existência de discrepâncias entre o valor presumido e o efetivamente ocorrido?

(d) A padronização leva em consideração diferenças estruturais entre os grupos profissionais atingidos, sem criar situação desfavorável de concorrência relativamente a contribuintes em situação equivalente?

(e) A padronização atinge bens jurídicos essenciais à realização de qualquer direito fundamental?

(f) A padronização contém cláusulas de equidade que permitem corrigir distorções significativas que afetem particularmente alguns contribuintes?

Tudo o quanto se disse relativamente à padronização basta para demonstrar não só que a capacidade contributiva não é um princípio absoluto, como que a generalização não é necessariamente ruim. A injustiça não está na generalização em si, mas, de um lado, no que é objeto de restrição com a generalização e, de outro, no modo como essa generalização é feita. O problema não está em generalizar, pois a generalização, implica, por definição, a desconsideração de algumas diferenças entre os contribuintes em favor da seleção de alguns elementos como relevantes.[148] O problema está na desconsideração daquilo que é essencial aos direitos fundamentais dos contribuintes sem que eles possam, mediante fundamentação e comprovação condizentes, demonstrar diferenças que sejam, relativamente a esses direitos fundamentais, relevantes. É demasiada, portanto, a antiga afirmação de Blake: "generalizar é ser um idiota. Particularizar é a única distinção de mérito. Conhecimentos gerais são aqueles conhecimentos que os idiotas possuem".[149] Há boas generalizações, assim como há más generalizações.

É justamente na qualidade mesma da generalização, enquanto desconsideração de particularidades dos contribuintes em favor da média dos casos, que se manifesta mais claramente a conexão da igualdade com a legalidade, a revelar, precisamente, a qualidade da generalização. É a esse ponto que ora se passa.

2.3.2.3.3 Igualdade e legalidade

A conexão da igualdade com a legalidade está no fato de a lei, por ser geral e abstrata, desconsiderar particularidades individuais em favor de uma classe de contribuintes.[150] As leis como que "enquadram" os contribuintes em classes: a classe dos contribuintes que auferem rendimentos até determinado limite; a classe dos contribuintes que gastam com saúde,

148. Frederick Schauer, "The generality of law", *West Virginia Law Review* 107, p. 229, 2004.

149. William Blake, *Annotations to Sir Joshua Reynolds's discourses*, Londres, 1808, *apud* Frederick Schauer, *Profiles, probabilities and stereotypes*, cit., p. 20.

150. José Souto Maior Borges, "Significação do princípio da isonomia na Constituição de 1998", *Revista Trimestral de Direito Público* 15, cit., p. 30. José Souto Maior Borges, "A isonomia tributária na Constituição de 1988", *Revista de Direito Tributário* 64/11, São Paulo, Malheiros Editores.

e, assim, sucessivamente. Nessas situações, o contribuinte não está sendo individualmente considerado; ele está sendo incluído numa classe, mesmo que – eis o ponto – ele não seja igual aos demais com base em outros elementos não considerados relevantes pelo padrão legal. O legislador opera, na construção desses padrões, com presunções probabilísticas: os contribuintes que auferem rendimentos até determinado limite, *normalmente* manifestam uma dada capacidade contributiva; os contribuintes *geralmente* gastam com a manutenção da sua saúde determinado montante, e, assim por diante. Daí Borges falar em "legalidade isonômica".[151]

O argumento a ser aqui desenvolvido diz respeito à relação entre a generalidade e – por mais paradoxal que isso possa parecer – a preservação da igualdade particular. O enfrentamento desse assunto se justifica por duas razões.

A primeira refere-se à complexidade das normas tributárias. Muitas vezes, a idolatria do tratamento particularizado faz não só com que as leis tributárias fiquem repletas de regras específicas e excepcionais, como que os regulamentos fiquem abarrotados de regras extremamente detalhadas. O detalhamento traz consigo a complexidade da legislação, e essa é a sua dificuldade de compreensão.[152] Esse fenômeno tem se manifestado, com frequência, com a edição de leis extremamente detalhadas, repletas de regras excepcionais, instituídas com a finalidade de regular casos particulares dos contribuintes.

Diante dessa circunstância, o problema não é a generalidade da lei, mas, precisamente, a sua individualização: a suposta violação ao princípio da igualdade decorreria do fato de a lei, ao pretender tratar *cada um* diferentemente, gerar uma dificuldade soberba para ser aplicada *por todos*.

A segunda razão para a investigação da relação entre a generalidade e a preservação da igualdade particular diz respeito ao emprego, pelos contribuintes, do padrão legal como instrumento de sua própria atuação. Nesse caso, os contribuintes aproveitam-se de uma forma legal justamente para pagar menos ou não pagar tributos e, por isso, insurgem-se contra a aplicação individualizada da norma tributária por considerar que ela estabeleceu um padrão legal, de cuja generalidade eles se aproveitaram e se beneficiaram, e que não abre espaço para consideração do seu caso ou das

151. José Souto Maior Borges, "A isonomia tributária na Constituição de 1988", *Revista de Direito Tributário* 64, cit., p. 13.

152. J. L. M. Gribnau, "Equality, Consistency and Impartiality in Tax Legislation", in Hans Gribnau (org.), *Legal protection against discriminatory tax legislation*, Hague, Kluwer, 2003, pp. 25 e 26.

suas particularidades. Esse problema surge, com regularidade, nos casos de planejamento tributário, em que o contribuinte, amparando-se na forma adotada de modo padronizado, pratica ou diz praticar, propositadamente, uma operação diferente daquela nela prevista, e busca, precisamente, bloquear a atuação individualizada da fiscalização, alegando que a norma geral não admite a consideração das suas particularidades.

Diante dessa situação, o problema, novamente, não é a generalidade da lei, mas, precisamente, a sua individualização: a suposta violação ao princípio da igualdade adviria da eventual aplicação diferenciada da norma tributária, mediante a consideração de elementos que o padrão legal teria desconsiderado.

Para enfrentar a primeira questão – complexidade da legislação –, recorre-se, mais uma vez, em atenção à metodologia adotada por este trabalho, a um caso paradigmático para, primeiro, ilustrar o problema, e, depois, esmiuçá-lo. O caso diz respeito à instituição de uma contribuição para o custeio de seguros de acidentes do trabalho.[153] Segundo a lei, o valor a ser pago variaria conforme a "atividade preponderante" da empresa e o "grau de risco leve, médio e grave" a que os seus empregados estivessem submetidos na realização do seu trabalho. Independentemente de outros detalhes, aqui propositadamente omitidos, o ponto central, para o tema ora tratado, diz respeito ao fato de o Poder Legislativo, ao instituir a referida contribuição, ter deixado para o regulamento a tarefa de definir o que seria "atividade preponderante" e "grau de risco leve, médio e grave". Deixada de lado a questão diretamente relacionada com a separação de poderes, o caso proporciona a seguinte indagação: a própria lei deve analisar as particularidades dos contribuintes ou, em vez disso, deve conter apenas um padrão, entendido como um arquétipo normativo que desconsidera precisamente essas particularidades? Aqui reside a conexão da igualdade com a legalidade.

É que a lei, para tratar todos os contribuintes da mesma forma, precisa, por definição, desconsiderar detalhes. Isso se deve, entre tantos motivos, ao fato de que o tratamento minucioso terminaria por inviabilizar o próprio tratamento individualizado para a maioria dos casos. Quando as leis diferenciam demais e se tornam, por isso, tão complexas que não podem ser observadas nem pelos contribuintes nem pelas autoridades fiscais, a análise individual não garante sequer a igualdade de tratamen-

153. RE 343.446, STF, Tribunal Pleno, Rel. Min. Carlos Velloso, j. em 20.3.2003, *DJU* 4.4.2003.

to, pois as leis não serão, na prática, aplicadas de modo isonômico.[154] Basta pensar, a esse respeito, numa legislação do imposto sobre a renda de pessoas físicas em que as despesas fossem classificadas em centenas de espécies e só pudessem ser deduzidas mediante a implementação de centenas de requisitos. Levada às últimas consequências a busca pelo tratamento individualizado, poder-se-ia pensar, até mesmo, no atendimento pessoalizado dos contribuintes pelas autoridades, de modo que eles pudessem mostrar a *sua* renda, os *seus* gastos, as *suas* necessidades. Tudo isso seria feito para avaliar as diferenças reais entre os contribuintes.

Não há necessidade de maior esforço para verificar que essa tentativa de atentar às diferenças entre os contribuintes traria dois grandes problemas. Em primeiro lugar, tornaria impraticável a legislação, tanto para os contribuintes, quanto para as autoridades fiscais: cada caso deveria ser analisado à exaustão, o que, pelo tempo e custo necessários para isso, tornaria a legislação inexequível para a maior parte dos contribuintes. Em segundo lugar, aumentaria demasiadamente a discricionaridade envolvida na consideração das individualidades, o que poderia levar à arbitrariedade pela ausência de critérios gerais para a admissão ou não de despesas de dedução. Eis, no ponto, o paradoxo: para permitir a avaliação das diferenças entre os contribuintes, são eliminados os padrões em favor da consideração mais individualizada; essa, contudo, pela ausência de padrões, permite o uso discricionário pelas autoridades, livres para diferenciar os contribuintes, inclusive sem motivos ou por motivos discriminatórios.[155] Na ausência de um critério ou medida para casos ou situações da mesma espécie, as autoridades estariam legitimadas a aplicar medidas excepcionais aos contribuintes, *ad hoc*, formuladas para alguns e, não, para a categoria.[156] Isso ocorreria, por exemplo, se as autoridades administrativas estatais, ignorando as leis, passassem a controlar, por atos administrativos, os créditos passíveis de dedução da base de cálculo do imposto sobre a venda de mercadorias. Na ausência de critérios gerais vinculantes, a permissão logo se tornaria caprichosa e, pois, contrária ao princípio da igualdade.

---

154. Jürgen Vogt, *Neutralität und Leistungsfähigkeit*, cit., p. 69. J. L. M. Gribnau, "Equality, Consistency and Impartiality in Tax Legislation", in *Legal protection against discriminatory tax legislation*, cit., p. 7.

155. Frederick Schauer, *Profiles, probabilities and stereotypes*, cit., p. 178.

156 Francisco Campos, *Direito constitucional*, v. 2, cit., pp. 38-39. Georg Müller, *Rechtsgleichheit*, cit., p. 6.

Há, porém, algo mais a dizer a respeito do sucessivo detalhamento da legislação. O particularismo excessivo da legislação não se contrapõe apenas à previsibilidade. Ela contradita, por mais paradoxal que possa parecer, ao próprio ideal de igualdade. É que não são quaisquer detalhes que podem ser juridicamente relevantes. Alguma particularidade que diga respeito a uma só pessoa, e que não seja dividida com mais ninguém, não pode fazer parte de um direito, pois os direitos se caracterizam, justamente, pela sua capacidade de generalização.[157] Quando o contribuinte alega que tem despesas que pretende deduzir da base de cálculo do imposto sobre a renda, ele não está expondo um problema só seu ou uma particularidade sua. Ele está, em vez disso, expondo que tem um direito que toda uma categoria de contribuintes também tem. Em outras palavras, até mesmo os direitos individuais, para serem direitos, devem ser capazes de generalização.

Isso significa, em outras palavras, que a generalidade da lei pode ser entendida como uma condição para o próprio tratamento igualitário, na medida em que torna mais praticável a legislação por todos os seus operadores, bem como diminui a arbitrariedade que surgiria na ausência de diretrizes gerais. A lei serve, justamente, para impedir decisões fundadas em circunstâncias ocasionais ou fortuitas.[158] Essa exigência de generalidade – eis o ponto aqui – faz com que a lei deva se fixar apenas num padrão, sem descer a detalhamentos.[159]

Justamente por esse motivo, o Supremo Tribunal Federal, no caso acima descrito, não considerou inconstitucional a atribuição da definição de determinadas particularidades ao regulamento. De um lado, não haveria violação ao princípio da igualdade pelo fato de o legislador ter tratado os contribuintes independentemente da atividade desenvolvida. A própria lei cuidava de tratar desigualmente os contribuintes, na medida em que estabelecia que a empresa, cujo índice de acidente de trabalho fosse "superior à média" do respectivo setor, deveria pagar mais. De outro, não haveria violação ao princípio da legalidade, seguindo as expressões empregadas no julgamento, porque a lei teria definido "satisfatoriamente" todos os elementos capazes de gerar uma obrigação tributária, por meio de "parâmetros e padrões", a serem "conformados" pelo regulamento.

---

157. Frederick Schauer, "The generality of rights", *Legal Theory* 6, p. 324, 2000.

158. Francisco Campos, *Direito constitucional*, v. 2, cit., pp. 15 e 39.

159. F. C. de San Tiago Dantas, "Igualdade perante a lei e *due process of law*", *Revista Forense* 537/360, 1948.

Note-se que à lei foi atribuída apenas a tarefa de estabelecer "parâmetros e padrões" e que somente aqueles contribuintes que fugissem da "média" teriam de pagar mais. Essas expressões têm grande significado para o ponto aqui explorado. De um lado, elas demonstram que a lei não tem a função de prever todas as minúcias nem de atentar para todas as particularidades dos contribuintes. A lei deve prever o "padrão", desprezando diferenças individuais dos casos isolados.[160] De outro lado, elas indicam que o tratamento igualitário, em muitas situações, se dá pela consideração daqueles que estão na "média" e "fora da média", obedecidos, é claro, os requisitos acima apontados.

Essas considerações demonstram que a legalidade consiste em um instrumento de aplicação da isonomia na medida em que padroniza o tratamento dos contribuintes. Daí a precisa afirmação de Borges, no sentido de que "a legalidade é apenas instrumento de manifestação da isonomia".[161]

Para enfrentar a segunda questão – utilização do padrão legal como forma de pagar menos ou não pagar tributos –, recorre-se, novamente, em obséquio à metodologia adotada por esta pesquisa, a um caso paradigmático. Isso será feito, porém, com a proposital circunscrição da discussão ao argumento ora analisado, sem que outras questões conexas, por mais interessantes que possam ser (e de fato são), sejam discutidas, como são aquelas relacionadas ao planejamento tributário e à relação entre o Direito Tributário e o Direito Privado.[162] O caso escolhido diz respeito à cobrança de imposto sobre a renda no caso de operação de *leasing*.[163] A discussão centrava-se na celebração do contrato de arrendamento mercantil, mediante a antecipação do pagamento do valor residual garantido. Como o *leasing* prevê a opção de compra do bem ao final do contrato, pelo seu valor residual, era preciso saber se a fixação de valores diferentes para cada contraprestação poderia alterar a caracterização do contrato para

160. Misabel de Abreu Machado Derzi, *Direito tributário, direito penal e tipo*, cit., p. 292.

161. José Souto Maior Borges, "Significação do princípio da isonomia na Constituição de 1998", *Revista Trimestral de Direito Público* 15, cit., p. 30. José Souto Maior Borges, "A isonomia tributária na Constituição de 1988", *Revista de Direito Tributário* 64, cit., p. 11.

162. Humberto Ávila, "Eficácia do novo Código Civil na legislação tributária", in Betina Grupenmacher (Org.), *Direito Tributário e o novo Código Civil*, São Paulo, Quartier Latin, 2004, pp. 63-79.

163. EResp 213.828-RS, STJ, Corte Especial, Rel. Min. Milton Luiz Pereira, Rel. para o acórdão Min. Edson Vidigal, j. 7.5.2003, *DJU* 29.9.2003, p. 135.

efeito de dedução dos valores pagos da base de cálculo do imposto sobre a renda. É que, efetuando a compra e venda de um bem, o contribuinte só poderia deduzir da base de cálculo, segundo a legislação da época, o montante anual correspondente às parcelas de depreciação do bem. Mas, se, em vez de celebrar um contrato de compra e venda, efetuasse um contrato de *leasing*, a legislação permitia que o contribuinte pudesse deduzir todo o montante pago a título de contraprestação. Precisamente para se beneficiar disso, os contribuintes começaram a celebrar contratos de *leasing* com valores específicos para cada contraprestação, de modo que, antecipando prestações, poderiam logo deduzir seus valores da base de cálculo e, com isso, pagar menos tributo. Deixadas de lado tantas outras questões relacionadas ao planejamento tributário, o caso proporciona o seguinte questionamento para o exame da igualdade: podem os contribuintes se aproveitar do padrão legal para efeito de bloquear a atuação individualizada da norma tributária naquilo em que ela não proíbe fazer? Aqui se atualiza a vinculação da igualdade com a legalidade.

É que a lei, para tratar todos os contribuintes da mesma forma, estabeleceu requisitos para a validade do contrato de arrendamento mercantil, dentre os quais não se encontrava a proibição da antecipação do pagamento das contraprestações. Em virtude disso, o contribuinte usou, de fato, o padrão legal sem, contudo, modificar-lhe os seus elementos essenciais (por exemplo, optou pelo contrato de *leasing* fazendo aquilo que a lei não proibia – antecipando as contraprestações – e mantendo aquilo que ela exigia – as opções de devolução do bem ou prorrogação do contrato). Em outras palavras, o contribuinte usou a generalidade da lei para se beneficiar, exercendo a sua liberdade e defendendo os seus interesses dentro do padrão legal. Nessas situações – eis o ponto aqui –, a aplicação individualizada da lei colide com a sua generalidade, na medida em que o legislador, ao selecionar aquilo que deve ser obrigatoriamente seguido no exercício da autonomia da vontade, impede a aplicação individualizada da lei por meio da consideração a particularidades não imputadas como relevantes por ela. O padrão legal funciona, assim, como um seletor de propriedades a serem avaliadas pelo aplicador, reservando uma esfera de ação à autonomia da vontade individual do contribuinte, que pode, por meio do seu próprio comportamento, dele se afastar.[164]

Precisamente por essa razão, a Corte Especial do Superior Tribunal de Justiça, no caso acima descrito, não considerou ofensivo ao princípio da legalidade o pagamento adiantado do valor residual, por entender que

164. Rolf Eckhoff, *Rechtsanwendungsgleichheit im Steuerrecht*, cit., p. 181.

sua antecipação não implicava, necessariamente, a antecipação da opção de compra, posto subsistirem as opções de devolução do bem ou prorrogação do contrato.[165] Em outras palavras, o contrato, da forma como realizado, não se transformava em contrato de compra e venda. Isso porque, se o padrão legal não proibia a antecipação do pagamento, deveria prevalecer o princípio da livre convenção entre as partes e, por conta disso, outras particularidades do caso não poderiam exercer influência para a definição da natureza jurídica do contrato de *leasing*, para efeito de sua descaracterização para o contrato de compra e venda a prestação.

Essas ponderações demonstram que a legalidade consiste num instrumento de aplicação da isonomia, na medida em que padroniza o tratamento dos contribuintes e, com isso, se lhes assegura uma esfera reservada de autonomia privada.

Toda essa discussão mostra o risco de uma contradição na compreensão da legalidade e da igualdade, tanto por parte da fiscalização tributária, quanto por parte dos contribuintes. Quanto à fiscalização, não se afigura coerente que ela, de um lado, alegue necessidade administrativa para lançar mão do padrão e, de outro, pretenda abandonar a eficácia do próprio padrão como seletor de propriedades relevantes e, por meio da investigação de outras propriedades não valorizadas por ele, queira tributar também os contribuintes que nele se apoiaram sem simulação (ocorrente quando o ato é praticado para fazer com que a fiscalização acredite que algo ocorreu quando nada ocorreu) ou dissimulação (ocorrente quando o ato é praticado para fazer com que a Administração acredite que algo ocorreu quando outra coisa diferente sucedeu). Quanto aos contribuintes, há risco de igual inconsistência quando, ou querem afastar a padronização por ela não atentar às suas particularidades, ou se beneficiar da padronização apenas para efeito de afastar a consideração de particularidades não previstas no padrão legal. Este trabalho visa, antes de tudo, a quebrar essa dicotomia "aceitação total e rejeição total" da padronização e demonstrar que o padrão é válido em alguns casos e noutros, não, desde que conforme aos requisitos antes mencionados.

Analisada a igualdade na sua compreensão decorrente da contraposição entre igualdade geral e particular, faz-se necessário examinar mais um dos seus aspectos: a igualdade no tempo.

165. STJ, Corte Especial, EREsp 213.828, rel. p/acórdão Min. Edson Vidigal, j. 7.5.2003.

2.3.3 *Igualdade inicial* x *igualdade superveniente*

Um dos aspectos mais intrincados da igualdade é o relativo à sua aplicação no tempo. Em algumas situações, o regime tributário, inicialmente tratando igualmente os contribuintes, é modificado por meio da introdução de novas regras que alteram aquele estado inicial de igualdade. Nessa situação, a desigualdade não advém da instituição do conjunto de regras no momento inicial, mas da introdução, nesse corpo normativo, de novas regras que criam desigualdades num momento posterior. Isso ocorre tanto pela instituição de normas gerais pelo Poder Legislativo, quanto pelo proferimento de decisões pelo Poder Judiciário. A declaração de invalidade da regra de tributação pelo Poder Judiciário, para determinados contribuintes, pode fazer com que eles sejam onerados de modo diferente do que outros.

Diante desse quadro, surge a questão de saber se, dentro do conteúdo normativo da igualdade, também se situa a proibição de o Poder Legislativo ou o Poder Judiciário criarem um *estado superveniente de desigualdade*, isto é, tornar desigual o que inicialmente era igual por meio de uma modificação legislativa ou mediante uma decisão judicial. A igualdade incorpora, sim, esse dever.

Com efeito, a igualdade exige tratamento isonômico dos contribuintes, só podendo haver diferenciações baseadas em medidas de comparação que mantenham uma relação fundada e conjugada de pertinência com a finalidade que justifica sua utilização. O tratamento igualitário, pelo uso da medida de comparação e da finalidade, exterioriza a concepção de igualdade do Poder Legislativo. Essa noção de igualdade, porém, só é válida *enquanto* baseada em distinções justificadas e, não, arbitrárias. A validade da relação de igualdade depende, pois, da *permanência* da sua justificação. Em decorrência disso, há violação da igualdade a partir do momento em que o próprio Poder, que estabeleceu os pressupostos da relação de igualdade em dado momento, se distancia deles sem uma razão justificativa. Ele até pode mudar, mas deve fundamentar sua orientação prática (*Praxisänderung*).[166]

Nem poderia ser diferente. É que uma vez tomada uma decisão impositiva, o legislador obriga-se a concretizá-la de *modo consequente*. Com razão Kirchhof, quando afirma que o legislador, depois de tomar decisões fundamentadas, é obrigado a executá-las de modo coerente (*folgerichtig*) e sem contradição (*widerspruchfrei*), como forma de concretizar o dever

166. Georg Müller, *Rechtsgleichheit*, cit., p. 28.

de igualdade de encargos (*Belastungsgleichheit*).[167] O importante é que esse dever de concretização coerente decorre da própria igualdade, na medida em que diferenças de encargos, que se contradizem, padecem de fundamento justificativo e, como tais, ofendem a igualdade.

Nesse sentido, dentro do conteúdo normativo da igualdade está o *dever de consequência ou coerência sistemática* (*Gebot der System-konsequenz*), em razão do qual o legislador, tendo adotado um sistema legislativo inicial harmônico, não pode dele se afastar (salvo, em casos extremos, mediante uma justificativa condizente). Para aferir sua realização, é preciso comprovar a existência de compatibilidade entre uma diferenciação posteriormente introduzida e o conjunto de regras previamente existente. O desenvolvimento posterior, inconsequente, incoerente e contraditório perde sua justificação e, por isso, viola a igualdade.[168] E, além de violar a igualdade, ainda viola o princípio da segurança jurídica, em virtude de frustrar a confiança dos contribuintes na legislação anteriormente editada.

Também nesse âmbito, o perigo de contradição é enorme por parte do Poder Legislativo (e, no seu campo de atuação, do Poder Executivo). É que não se afigura coerente que o legislador, de um lado, alegue – como se verá mais adiante, em pormenor – que possui ampla liberdade de configuração dos elementos necessários à realização da igualdade, e que, de outro, não queira se vincular ao exercício concreto dessa mesma liberdade. Ora, ou bem o Poder Legislativo tem uma boa razão para as diferenciações anteriores que fez entre os contribuintes e, por conta disso, não tem o poder de se distanciar, sem uma nova boa razão, do modelo impositivo que inicialmente estabeleceu, ou a defesa do desenvolvimento posterior desse modelo, sem qualquer exigência de nova justificativa, será a confissão da sua arbitrariedade desde o início. Por isso a afirmação certeira de Schoueri: "Uma vez eleitos os princípios básicos para a instituição de determinado tributo, fica o legislador obrigado a aplicar coerentemente as medidas impostas pela Constituição (princípios constitucionais) ou as que ele mesmo elegeu (princípios legais), sob pena de ferir o princípio da igualdade".[169]

A possibilidade de criação de desigualdades supervenientes pode ocorrer também em virtude de decisões judiciais. Nessa hipótese, porém,

---

167. Paul Kirchhof, *Besteuerung im Verfassungsstaat*, Tübingen, Mohr Siebeck, 2000, p. 43.

168. Rolf Eckhoff, *Rechtsanwendungsgleichheit im Steuerrecht*, cit., p. 163.

169. Luis Eduardo Schoueri, *Normas tributárias indutoras e intervenção econômica*, cit., p. 274.

a conexão com o princípio da segurança jurídica é ainda mais forte. É que, aqui, existe um conflito ainda mais expressivo entre segurança jurídica e igualdade particular, especialmente com relação a questões reguladas de modo específico pela Constituição.

Com efeito, a segurança jurídica não é apenas prevista de modo geral no preâmbulo, nos arts. 1º (em conexão com o princípio do Estado de Direito), 5º e 6º, mas de modo específico pela proteção da anterioridade (art. 150, III, "b") e da irretroatividade (art. 150, III, "a") e, fundamentalmente, pela proteção da coisa julgada, do direito adquirido e do ato jurídico perfeito (art. 5º, XXXVI). É a garantia da coisa julgada que ampara, relativamente às decisões judiciais, a segurança das partes (que não querem ver excluídos seus direitos já confirmados), da sociedade (que não tolera a falta contínua de coordenação entre os cidadãos) e do próprio Poder Judiciário (que não pode infinitamente voltar a decidir a respeito de questões sobre as quais já tenha se pronunciado).[170] A proteção da coisa julgada, mais do que amparar um ideal de segurança sem predefinir o seu modo de realização, é uma forma de *regramento* do conflito entre a segurança e a igualdade particular, não podendo ser afastada mediante um mero procedimento de ponderação por meio do qual se atribua um peso maior ou menor a ela. A proteção da coisa julgada só pode ser relativizada em situações absolutamente extraordinárias de excessividade e de irrazoabilidade, como adiante explicado.

Isso não quer dizer, contudo, que não ocorram situações em que um estado grave de desigualdade possa surgir no caso de relações continuativas, em razão de uma decisão favorecer ou prejudicar um contribuinte em detrimento de outros. Nesses casos, deverão ser verificados os próprios contornos da coisa julgada em face de uma decisão posterior do Supremo Tribunal Federal declarando a (in)constitucionalidade do tributo.[171] Sendo assim, se um contribuinte tiver uma decisão transitada em julgado declarando a constitucionalidade do tributo em discussão e for proferida uma decisão posterior pelo Supremo Tribunal Federal, em controle concentrado de constitucionalidade ou em controle difuso, com algum expediente de ampliação da eficácia subjetiva da decisão (suspensão da lei pelo Senado ou súmula vinculante), a validade da coisa julgada decorrente

170. José Carlos Barbosa Moreira, "Considerações sobre a chamada 'relativização' da coisa julgada material", *Revista Forense* 377/49, 2005.

171. Luiz Guilherme Marinoni, *Coisa julgada inconstitucional*, São Paulo, Ed. RT, 2008, pp. 137 e ss.; Gustavo Sampaio Valverde, *Coisa julgada em matéria tributária*, São Paulo, Quartier Latin, 2004, pp. 140 e ss.

da decisão judicial individual fica ainda assim mantida; apenas os seus efeitos futuros é que ficam limitados em decorrência da decisão judicial do Supremo Tribunal Federal. Se a decisão for em controle difuso,[172] com eficácia subjetiva restrita às partes do processo, não se poderá alterar a coisa julgada anterior.[173]

Tal entendimento decorre da conjugação de dois fatores.[174] De um lado, da compreensão do disposto no art. 505 do Código de Processo Civil (art. 471 do Código de Processo Civil de 1973), segundo o qual nenhum juiz decidirá novamente as questões já decididas, relativas à mesma lide, salvo se, tratando-se de relação jurídica de trato continuado, sobreveio modificação no estado de fato ou de direito; caso em que poderá a parte pedir a revisão do que foi estatuído na sentença. Desse modo, se a decisão disser respeito a uma relação pontual, em que o fato gerador seja classificado como instantâneo, como o do imposto sobre transferência de bens imóveis, descabe falar em alteração dos efeitos futuros de decisão passada em julgado. No entanto, se a decisão abranger uma relação continuativa, assim entendida aquela que abrange tributos classificados como periódicos, a serem pagos a cada novo exercício, como é o caso do imposto sobre a renda ou das contribuições sociais sobre o faturamento, os efeitos futuros – somente esses – da decisão passada em julgado poderão ser limitados pela interferência da decisão proferida pelo Supremo Tribunal Federal no controle concentrado de constitucionalidade. Isso não significa dizer que a decisão do Supremo Tribunal Federal produzirá efeitos automáticos relativamente às ações existentes ou já transitadas em julgado. Como a decisão proferida no controle concentrado de constitucionalidade examina a compatibilidade de uma norma geral e abstrata com a Constituição, seus efeitos não podem automaticamente afastar uma decisão individual e concreta, cujo conteúdo depende das especificidades do caso concreto. Assim, para que haja efetiva limitação dos efeitos da coisa julgada, é preciso ou que haja interposição de uma ação rescisória

172. José Souto Maior Borges, "Limites constitucionais e infraconstitucionais da coisa julgada tributária (contribuição social sobre o lucro)", *Cadernos de Direito Tributário e Finanças Públicas* 27, p. 191, 1999.

173. Tércio Sampaio Ferraz Jr., "Coisa julgada em matéria tributária e as alterações sofridas pela legislação da contribuição social sobre o lucro (Lei n. 7.689/88)", *RDDT* 125, p. 77, São Paulo, 2006; Gustavo Sampaio Valverde, *Coisa julgada em matéria tributária*, São Paulo, Quartier Latin, 2004, p. 169.

174. Tércio Sampaio Ferraz Jr., "Coisa julgada em matéria tributária e as alterações sofridas pela legislação da contribuição social sobre o lucro (Lei n. 7.689/88)", *RDDT* 125, p. 77, São Paulo, 2006.

para desconstituí-la, se e quando cabível (art. 966 do Código de Processo Civil), ou o ingresso de uma ação ordinária para revisar, para o futuro e a partir do seu ingresso, o que foi nela estatuído (art. 505, I, do Código de Processo Civil), caso haja problemas de igualdade a serem devidamente comprovados. A aplicação desse último dispositivo pressupõe o enquadramento da decisão do Supremo Tribunal Federal como uma espécie de modificação no "estado de direito". Esse é o entendimento subjacente à Súmula n. 239 do referido Tribunal, segundo a qual "a decisão que declara indevida a cobrança do imposto em determinado exercício não faz coisa julgada em relação aos posteriores".

De outro lado, tal entendimento decorre da conciliação do princípio da segurança jurídica, por meio da coisa julgada, com o princípio da igualdade, por meio da revisão da coisa julgada. Tal harmonização repele tanto a solução extremada de manter os efeitos futuros da coisa julgada – independente do estado de desigualdade por ela provocado por meio da obrigação de alguém ter de pagar o que ninguém deverá pagar, ou de alguém não pagar o que todos deverão pagar – como a solução de anular totalmente a decisão transitada em julgado, independente da confiança nela depositada pela parte que dela se beneficiou. A manutenção da validade da coisa julgada, com a possibilidade de mera limitação dos seus efeitos futuros, no caso das relações continuativas, preserva ambos os valores, sem comprometer – para o que aqui interessa mais de perto – a estabilidade da decisão judicial.[175]

O essencial é verificar que a coisa julgada, limitada à certeza judicial relativa ao conjunto do pedido e da causa de pedir que marca uma situação jurídica declarada no dispositivo sentencial, deve prevalecer, ausente, pois, uma relação continuativa e uma atuação do Poder Executivo ou do Poder Judiciário que a revise, com base em decisão superveniente do Supremo Tribunal Federal.[176] Com isso, não só se respeita a regra constitucional da sua inviolabilidade, como o estado de confiabilidade do Direito por meio da estabilização das decisões, conforme é preconizado pelo Supremo Tribunal Federal. Simplesmente afastar a coisa julgada por decisão, em controle difuso de constitucionalidade, do Supremo Tribunal

175. Humberto Ávila, *Teoria da Segurança Jurídica*, 5ª ed., São Paulo, Malheiros Editores, 2019, pp. 376-380.

176. Humberto Theodoro Jr., "Notas sobre sentença, coisa julgada e interpretação", *RePro* 167, p. 19, 2009.

Federal é incompatível com o princípio da segurança jurídica.[177] Por essa razão, são de duvidosa constitucionalidade os arts. 525, § 12, e 535, § 5º, (arts. 741, parágrafo único, e 475-L, § 1º, do Código de Processo Civil de 1973) que permitem, mesmo na ausência de um processo de cognição exauriente, que se alegue inexigibilidade de título executivo unicamente em razão da declaração de inconstitucionalidade proferida pelo Supremo Tribunal Federal em controle difuso.[178]

Isso significa que só haverá uma violação ao princípio da igualdade que justifique o bloqueio dos efeitos futuros de decisão judicial anterior se ela criar um efetivo, e não meramente alegado, estado posterior de desigualdade. Nesse caso, a decisão, pela modificação do seu fundamento fático ou normativo, perderia sua justificação. Isso seria uma espécie do fenômeno chamado de *antijuridicidade superveniente das normas jurídicas* (*Rechtswidrigkeitswerden von Rechtsnormen*).[179] O essencial, para este trabalho, é que faz parte da própria igualdade a exigência de igualdade no tratamento, inclusive com consistência no tempo (*consistency over time*).[180]

Essa possibilidade, aberta ao Poder Público, deve ser também aberta ao contribuinte. Isso porque pode ocorrer que haja uma decisão, já transitada em julgado, que, em vez de desonerar um contribuinte em prejuízo dos demais, onere um contribuinte em favor dos demais. Nessa hipótese, os mesmos argumentos usados em benefício do Poder Público devem prevalecer em favorecimento ao contribuinte: revisar os efeitos futuros da decisão transitada em julgado; mas, para isso, deverá provar que sua permanência provoca um estado de excessiva e irrazoável desigualdade.

É preciso mencionar, porém, que o tema da coisa julgada em matéria tributária foi finalmente julgado pelo Supremo Tribunal Federal em 08.02.2023, nos Temas n. 881 e 885 (Recursos Extraordinários n. 949.297

---

177. Tércio Sampaio Ferraz Jr., "Coisa julgada em matéria tributária e as alterações sofridas pela legislação da contribuição social sobre o lucro (Lei n. 7.689/88)", *RDDT* 125, p. 79, São Paulo, 2006.

178. Carlos Alberto Alvaro de Oliveira, *Do formalismo no Processo Civil*, 3ª ed., São Paulo, Saraiva, 2009, p. 82.

179. Peter Baumester, *Das Rechtswidrigwerden von Normen: eine rechtsdogmatische Untersuchung zu den Grenzen der Wirksamkeit und Anwendbarkeit von Normen – Probleme des Spannungsverhältnisses von Recht und Zeit*, Berlim, Duncker und Humblot, 1996, pp. 57, 216 e 230.

180. Peter Westen, *Speaking of equality. An analysis of the rhetorical force of "equality" in moral and in legal discourse*, cit., p. 213.

e n. 955.227).[181] Naquela ocasião, decidiu o Tribunal pela limitação automática dos efeitos futuros da coisa julgada tributária em situações de trato continuado a partir de decisão com eficácia geral proferida pelo Supremo Tribunal Federal, afastando, desse modo, a necessidade de ação revisional ou de qualquer informação formal ao contribuinte acerca da cessação dos efeitos de uma decisão individual e concreta em sentido contrário à nova orientação do Supremo Tribunal Federal sobre o tema. Essas as teses fixadas: "1. As decisões do STF em controle incidental de constitucionalidade, anteriores à instituição do regime de repercussão geral, não impactam automaticamente a coisa julgada que se tenha formado, mesmo nas relações jurídicas tributárias de trato sucessivo. 2. Já as decisões proferidas em ação direta ou em sede de repercussão geral interrompem automaticamente os efeitos temporais das decisões transitadas em julgado nas referidas relações, respeitadas a irretroatividade, a anterioridade anual e a noventena ou a anterioridade nonagesimal, conforme a natureza do tributo."

Contra essa decisão, foram opostos Embargos de Declaração requerendo a modulação dos efeitos dessa decisão, tendo em vista a mudança da jurisprudência até então vigente no sentido de que a coisa julgada tributária individual e concreta não seria automaticamente atingida pela superveniente posição contrária proferida pelo Supremo Tribunal Federal em uma ação abstrata e geral. Nesse sentido, o próprio Supremo Tribunal Federal entendia que esse tema teria natureza infraconstitucional e deveria ser tratado de acordo com a orientação do Superior Tribunal de Justiça, cuja orientação era exatamente oposta à nova orientação do Supremo Tribunal Federal (Tema Representativo de Controvérsia n. 340). Ainda assim, em 04.04.2024, o Supremo Tribunal Federal julgou os referidos Embargos de Declaração e não reconheceu, por maioria de 6 votos contra 5, as razões para a modulação dos efeitos da referida decisão, mantendo o entendimento de que seria passível de cobrança, desde a posição geral firmada pelo Supremo Tribunal Federal, o tributo declarado constitucional, ainda que o contribuinte detivesse, naquela época, uma decisão individual e concreta em sentido diverso. Vale, contudo, ressaltar que o Tribunal entendeu por afastar as multas tributárias relativas a esse período, reconhecendo a existência de uma confiança digna de proteção – ainda

181. STF, RE n. 949.297, Relator Min. Edson Fachin, Tribunal Pleno, julgado em 08.02.2023; BRASIL, STF, RE n. 949.297, Relator Min. Luís Roberto Barroso, Tribunal Pleno, j. 08.02.2023.

que uma proteção meramente parcial, afastando-se apenas as sanções e não o valor do principal.[182]

A respeito do referido julgamento, é preciso, de início, estabelecer a distinção entre duas teses com objetos distintos e julgadas em momentos diferentes pelo Supremo Tribunal Federal: a primeira, em 2007, relativa à constitucionalidade da CSLL (ADIn n. 15); e a segunda, em 2023, relativa à cessação automática dos efeitos da coisa julgada tributária na superveniência de decisão do Supremo Tribunal Federal em controle concentrado de constitucionalidade ou em repercussão geral (Temas n. 881/885). Primeiro, em 2007, o Supremo Tribunal Federal julgou a ADIn n. 15, determinando, de maneira abstrata e com eficácia geral, a constitucionalidade da CSLL. Naquele momento, não houve qualquer pronunciamento sobre as decisões proferidas em controle concreto de constitucionalidade que declaravam a inconstitucionalidade daquele tributo. Não se discutiu o conflito entre controle concentrado e controle difuso de constitucionalidade. O que se debateu, simplesmente, foi a constitucionalidade da CSLL, sem qualquer tipo de argumentação que permitisse aferir efeitos para além dessa tese e que pudessem atingir decisões individuais transitadas em julgado.

A partir dessa decisão, a União passou a autuar contribuintes que detinham decisões em sentido contrário já transitadas em julgado e, exatamente por isso, em 2011, a Primeira Seção do Superior Tribunal de Justiça fixou em tema repetitivo de controvérsia a seguinte tese:

> Tema n. 340 STJ: Não é possível a cobrança da Contribuição Social sobre o Lucro (CSLL) do contribuinte que tem a seu favor decisão judicial transitada em julgado declarando a inconstitucionalidade formal e material da exação conforme concebida pela Lei 7.689/88, assim como a inexistência de relação jurídica material a seu recolhimento. **O fato de o Supremo Tribunal Federal posteriormente manifestar-se em sentido oposto à decisão judicial transitada em julgado em nada pode alterar a relação jurídica estabilizada pela coisa julgada, sob pena de negar validade ao próprio controle difuso de constitucionalidade.**

Ressalte-se que a posição firmada pelo Superior Tribunal de Justiça era entendida como última palavra sobre o tema em virtude da firme posição do Supremo Tribunal Federal no sentido de que esse conflito

182. STF, Embargos de Declaração no RE n. 949.297, Relator Min. Edson Fachin, Tribunal Pleno, j. 04.04.2024; STF, Embargos de Declaração no RE n. 949.297, Relator Min. Luís Roberto Barroso, Tribunal Pleno, j. 04.04.2024.

tinha natureza *infraconstitucional*. Destacam-se nesse sentido decisões da Primeira e da Segunda Turma:

> AGRAVO REGIMENTAL EM RECURSO EXTRAORDINÁRIO COM AGRAVO. **CONTRIBUIÇÃO SOCIAL SOBRE O LUCRO LÍQUIDO. INCONSTITUCIONALIDADE. COISA JULGADA EM FAVOR DO CONTRIBUINTE. MANUTENÇÃO DA DECISÃO. CARÁTER INFRACONSTITUCIONAL DA CONTROVÉRSIA.** "Com efeito, no caso dos autos, o contribuinte obteve decisão judicial que lhe reconheceu o direito de não recolher a Contribuição Social sobre o Lucro Líquido instituída pela Lei nº 7.689/1988, em razão de declaração de inconstitucionalidade da norma fundamentada na inexistência de lei complementar disciplinadora do tributo. Conclui-se, portanto, que a decisão não afastou a cobrança de forma concreta ou circunscrita a um determinado período tempo. **Assim, considerando que houve proibição da constituição do crédito tributário, deve-se considerar que os efeitos da coisa julgada se projetam para o futuro**" (AgRg no ARE n. 861473, Relator Min. Luís Roberto Barroso, Primeira Turma, julgado em 19.05.2015)

> AGRAVO REGIMENTAL. CONTRIBUIÇÃO SOCIAL SOBRE O LUCRO LÍQUIDO (CSLL). VIOLAÇÃO DA COISA JULGADA. **A alegação de ofensa ao inciso XXXVI do artigo 5º da Constituição é indireta ou reflexa, e, portanto, não dá margem ao cabimento do recurso extraordinário.** (AgRg no RE n. 473.214, Relator Min. Joaquim Barbosa, Segunda Turma, julgado em 04.03.2008)

Veja-se que havia decisões de ambas as Turmas do Supremo Tribunal Federal orientando os contribuintes no sentido de que a decisão do Superior Tribunal de Justiça era o entendimento final sobre este tema, porquanto a controvérsia teria natureza infraconstitucional. São evidentes, portanto, o caráter orientativo e a base legítima de confiança de decisões dessa natureza proferidas pelo Supremo Tribunal Federal.

Esse quadro fático consolidado foi alterado apenas em 2016, quando o STF sinalizou, *pela primeira vez*, que iria discutir ele próprio o tema do conflito entre decisões no controle de constitucionalidade difuso e concentrado relativamente à coisa julgada tributária, afetando como temas de repercussão geral os RE n. 949.297 (Tema n. 881) e 955.227 (Tema n. 885). Havia, portanto, uma nítida contradição no julgado: embora a maioria dos Ministros reconhecesse expressamente ser a primeira vez que o Supremo Tribunal Federal decidia, em matéria tributária, que a manifestação do Tribunal superveniente em controle abstrato ou em repercussão geral cessava automaticamente os efeitos da coisa julgada anterior, curiosamente não foram modulados os efeitos da decisão.

A decisão de não modulação dos efeitos decorreu, a meu ver, de um equívoco: alguns votos partiram da premissa falsa de que o tema da rescisão automática da coisa julgada em relações de trato continuado já teria sido enfrentado no julgamento do RE n. 730.462 (Tema n. 733). Aquele julgamento analisou se a declaração de inconstitucionalidade superveniente de uma lei processual que impedia a fixação de honorários advocatícios em causas previdenciárias cessaria automaticamente os efeitos de ações anteriores já transitadas em julgado sem a fixação dos referidos honorários. O caso, portanto, versava sobre uma situação jurídica instantânea – que nem de natureza tributária era –, estando o Tribunal limitado àquela matéria. Logo, não era verdadeira a afirmação de que o Supremo Tribunal Federal teria firmado posicionamento pela cessação automática dos efeitos da coisa julgada em situações de trato continuado naquele julgamento. Tal entendimento equivocado parece decorrer de falha na elaboração da ementa do referido julgado, divulgada nos seguintes termos:

> "4. Afirma-se, portanto, como tese de repercussão geral que a decisão do Supremo Tribunal Federal declarando a constitucionalidade ou a inconstitucionalidade de preceito normativo não produz a automática reforma ou rescisão das sentenças anteriores que tenham adotado entendimento **diferente**; para que tal ocorra, será indispensável a interposição do recurso próprio ou, se for o caso, a propositura da ação rescisória própria, nos termos do art. 485, V, do CPC, observado o respectivo prazo decadencial (CPC, art. 495). **Ressalva-se desse entendimento, quanto à indispensabilidade da ação rescisória, a questão relacionada à execução de efeitos futuros da sentença proferida em caso concreto sobre relações jurídicas de trato continuado.**" (RE n. 730.462, Relator Min. Teori Zavascki, Tribunal Pleno, julgado em 28.05.2005)

O exame atento do caso então julgado, do inteiro teor do acórdão e da própria tese fixada, demonstra de maneira inequívoca o grave erro na formatação da referida ementa. Três são as razões que corroboram essa conclusão: (i) o caso concreto discutia efeitos de decisão geral superveniente do Supremo Tribunal Federal sobre questão jurídica instantânea (fixação de honorários) já transitada em julgado; (ii) a matéria relativa às situações jurídicas de trato continuado, não sendo parte do objeto daquela ação, não foi discutida pelos Ministros durante o julgamento; e (iii) a ementa utiliza frase isolada proferida pelo Relator em *obiter dictum* e de maneira incompleta, sem a continuação que reconhecia *não* ser aquele o tema em julgamento.

Tendo em vista a delimitação da controvérsia em debate, não foi – e nem poderia ser – objeto da discussão pelos Ministros qualquer matéria relacionada às relações jurídicas de trato continuado, como é a matéria tributária ora em discussão. O então Min. Teori Zavascki, no entanto, mencionou, em *obiter dictum*, que em seu entendimento ressalvava-se da tese de exigência de ação rescisória a coisa julgada relativa às relações jurídicas de trato continuado, reconhecendo expressamente, porém, que esse tema *não estava em debate naquele caso*. Assim a sua manifestação completa:

> *"Ressalva-se desse entendimento, quanto à indispensabilidade da ação rescisória, a questão relacionada à execução de efeitos futuros da sentença proferida em caso concreto, notadamente quando decide sobre relações jurídicas de trato continuado,* ***tema de que aqui não se cogita****."* (pág. 14, RE n. 730.462) (grifos meus)

A ementa, porém, fez um recorte parcial dessa afirmação, sem a parte final da manifestação do referido Ministro. Ao assim proceder, presumiu que a questão das relações de trato continuado era uma "questão ressalvada *pela* decisão porque *tinha sido* objeto dela" quando, na verdade, era simplesmente uma "questão ressalvada *da* decisão porque *não tinha sido* objeto dela", como comprova a parte final subtraída da citação: "tema de que aqui *não* se cogita". Logo, o erro na redação da ementa induziu o intérprete à equivocada conclusão de que o Tribunal Pleno teria debatido e decidido que seria dispensável a propositura de ação rescisória quando a coisa julgada versasse sobre relação de trato continuado – o que de nenhuma forma se sustenta a partir da leitura do acórdão, especialmente do voto do Relator. Isso simplesmente não aconteceu.

Todas as considerações anteriores demonstram de modo inequívoco o caráter inaugural da decisão firmada pelo Supremo Tribunal Federal nos Temas n. 881/885. Nem seria lógica qualquer conclusão em sentido contrário, porquanto não se justificaria um julgamento colegiado, em repercussão geral, de temas já julgados pelo próprio Tribunal, situação na qual o entendimento firmado seria aplicado em sede de decisões monocráticas. Mais uma vez o próprio Min. Barroso na análise de repercussão geral do RE n. 955.227: "*não existem precedentes deste Supremo Tribunal Federal* aptos a manter a decisão proferida pelo Tribunal de origem. Nessas circunstâncias, há que se reconhecer que a matéria merece minucioso exame por este Tribunal" (pág. 6, grifos meus).

A conclusão adotada pelo Tribunal, portanto, não reconhece a exigência de que os efeitos adversos da decisão, relativamente aos princípios do livre exercício de atividade econômica e de livre concorrência sejam devidamente comprovados, garantindo efeitos automáticos à cessação dos efeitos futuros da coisa julgada. A tentativa de afastar a coisa julgada, sem mais, é um atentado direto à garantia da coisa julgada e uma ofensa indireta aos princípios da segurança jurídica e do Estado de Direito.[183]

2.3.4 Igualdade pontual **x** *igualdade sistemática*

Acima, analisou-se o dever de igualdade superveniente: a norma da igualdade impõe a coerente implementação das diferenciações já feitas pelo próprio Poder Público no passado.[184] "Tendo o legislador tomado determinadas decisões diretivas, deve implementá-las – durante a sua vigência – de modo consequente (*folgerichtig*) e livre de contradições (*widerspruchsfrei*)", afirma Kirchhof com base na jurisprudência do Tribunal Constitucional Alemão.[185] Esse dever de o legislador respeitar suas próprias decisões não se limita a decisões anteriores à instituição da nova regra. Esse dever também abrange a obrigatoriedade de o legislador respeitar as suas próprias decisões fundamentais, inclusive dentro de um único documento normativo. Por isso não se trata apenas de evitar uma desigualdade superveniente, que pressupõe uma legislação anterior e uma posterior. Trata-se, também, de respeitar os princípios básicos adotados pelo legislador, levando-os adiante de modo coerente, inclusive num mesmo corpo legislativo. A esse dever de evitar contradições internas dá-se o nome de dever de igualdade sistemática. Para compreendê-la, é preciso retornar, primeiro, ao dever de igualdade no tempo para, logo após, expandi-lo para casos de contradição interna de um mesmo sistema normativo.

O Tribunal Constitucional Alemão tem, cada vez mais, utilizado o dever de coerência legislativa decorrente do princípio da igualdade. Dois exemplos podem ilustrá-lo.[186] Primeiro exemplo: tendo o legislador definido o salário em determinado valor para efeitos previdenciários, por considerar que ele supre as necessidades existenciais individuais, não

183. Humberto Ávila, *Teoria da Segurança Jurídica*. 6ª ed. São Paulo, Juspodivm/Malheiros, 2021, p. 377 e ss.

184. J. L. M. Gribnau, "Equality, Consistency and impartiality in tax legislation", in *Legal protection against discriminatory tax legislation*, cit., p. 32.

185. Paul Kirchhof, *Besteuerung im Verfassungsstaat*, Tübingen, Mohr Siebeck, 2000, p. 43.

186. Paul Kirchhof, *Besteuerung im Verfassungsstaat*, cit., pp. 34 e 44.

pode definir em valor diverso o limite de isenção para o imposto de renda, destinado a afastar da tributação os valores usados para suprir as mesmas necessidades existenciais individuais. Vale dizer: o legislador até poderia ser livre para fixar o valor do salário, mas tendo se decidido em favor de um valor, com base num fundamento, não pode contradizê-lo noutro âmbito normativo, presente a mesma justificativa. Fazê-lo seria cair em contradição incompatível com o princípio da igualdade.

Segundo exemplo: tendo o legislador decidido adotar a progressividade de alíquotas no imposto sobre a renda, com a finalidade de garantir a igualdade por meio da tributação, na mesma intensidade, de contribuintes com igual capacidade contributiva, deve ele levar adiante essa progressividade também na base de cálculo, por meio da permissão para deduções em favor de contribuintes que têm gastos com seus filhos e em detrimento daqueles que não os têm. Isto é: o legislador (na Alemanha, lembre-se) até poderia ser livre para estabelecer o critério para concretizar a igualdade no imposto sobre a renda, mas tendo se decidido em favor de um critério, para atingir determinada finalidade, não pode contradizê-lo noutro âmbito, presente o mesmo fim.

As considerações precedentes e os exemplos destinados a esclarecê-las levam à conclusão de que a atitude anterior do legislador vincula sua atividade posterior. O legislador, ao criar novas regras, vincula-se às suas próprias decisões fundamentais anteriores na regulação da mesma matéria. Essa vinculação decorre da própria noção de igualdade: tendo tomado, "antes" (não cronologicamente, mas logicamente), uma decisão legislativa fundamental a respeito de determinado tema, estabelecendo um critério de diferenciação entre os contribuintes com base em determinada justificativa, deverá, "depois", seguir, de modo consequente, aquele mesmo critério quando houver a mesma justificativa. Se assim não proceder, cairá em contradição: ou a decisão fundamental (e logicamente anterior) será arbitrária, por falta de razoabilidade da diferenciação, ou a decisão consequente (e logicamente posterior) terá esse caráter, por ausência de congruência da distinção. As duas, porém, ausente uma justificativa para a modificação, não poderão, sem contradição, ser razoáveis e, portanto, compatíveis com a noção de igualdade.

Daí se dizer que a igualdade, no seu aspecto dinâmico e temporal, mas também no seu aspecto exclusivamente sistemático, exige um comportamento consequente, coerente e congruente do legislador, no presente, relativamente às distinções que ele próprio já fez no passado. Esse dever, quando relacionado ao aspecto sistemático, inclusive de um único documento legislativo, também é denominado de "dever de congruência sistemática" (*Gebot der Systemkonsequenz*): ele controla a razoabilidade do tratamento diferenciado ou igualitário da regra instituída pelo legislador dentro do próprio sistema legal a ela anterior, de modo a verificar a adequação de uma nova diferenciação ao conjunto de regras preexistente.[187] Em outras palavras, o legislador, ao introduzir uma nova regra diferenciadora, está comprometido com as suas próprias decisões fundamentais, devendo desenvolvê-las de modo consequente e sem contradição, não podendo se afastar do seu *princípio ordenador*, a não ser que ele próprio possa, suficientemente, justificar e fundamentar esse distanciamento.

Desse modo, tendo o legislador tomado uma decisão fundamental a respeito de determinada regulação, adotando princípios diretivos e estabelecendo critérios de diferenciação para promover determinadas finalidades, deverá desenvolvê-la de modo consequente e isento de contradições, sob pena de violar a norma fundamental da igualdade. Não só violar à noção de igualdade, como também contrariar a própria ideia de Direito.[188] A esse dever, enraizado na norma de igualdade e portador de vários sentidos normativos inseridos na noção maior de racionalidade e de justiça sistemática, pode-se, por ora e para efeitos didáticos, sem analisar outros aspectos normativos dele decorrentes, atribuir o qualificativo de "postulado do legislador coerente". Ele advém, pois, da própria da norma da igualdade, prevista no art. 5º, *caput*, e no art. 150, II, em conexão com o princípio do Estado de Direito, previsto no art. 1º da Constituição Federal.

Um exemplo pode melhor esclarecer a ideia aqui defendida. As Leis ns. 10.637/2002 e 10.833/2003 instituíram o regime não cumulativo para as contribuições para o PIS e a COFINS. O aumento das alíquotas, de 0,65% e 3% para 1,65% e 7,6%, respectivamente, foi justificado pela própria possibilidade de o contribuinte poder deduzir os créditos embutidos no valor dos bens comprados e no valor dos serviços tomados. Vale dizer: o legislador tomou a decisão fundamental de instituir o regime não cumulativo para as contribuições sociais, adotando-o como princípio diretivo e estabelecendo a capacidade compensatória de créditos anteriores como critério de diferenciação entre os contribuintes para afastar o efeito econômico perverso do acúmulo da carga tributária durante o ciclo econômico.

---

187. Rolf Eckhoff, *Rechtsanwendungsgleichheit im Steuerrecht*, cit., p. 163.

188. Claus-Wilhelm Canaris, *Systemdenken und Systembegriff in der Jurisprudenz*, 2ª ed., Berlim, Duncker und Humblot, 1983, pp. 13 e ss. Sobre a ideia de Direito como envolvendo a noção de igualdade, adequação e segurança, ver: Gustav Radbruch, *Rechtsphilosophie*, Stuttgart, UTB, 2003.

Insista-se: o legislador, pouco importa, até poderia ter uma liberdade de configuração maior ou menor a respeito de qual regime adotar, mas, de fato, terminou por adotar o regime não cumulativo de modo expresso e com uma finalidade inequívoca. Aqui entra em cena o "postulado do legislador coerente": tendo tomado a decisão fundamental de instituir o regime não cumulativo, deve desenvolvê-la de modo consequente e isento de contradições, sob pena de violar a norma fundamental da igualdade, pouco importando – reitere-se, uma vez mais – se o regime não cumulativo é ou não uma imposição constitucional. A igualdade é, e das maiores.

O legislador, no entanto, não desenvolveu de modo consequente e isento de contradições o regime não cumulativo. Isso porque, embora o tenha adotado, deixou de honrar o critério de distinção eleito (capacidade compensatória de créditos anteriores) e a finalidade que o justifica (afastar o efeito econômico perverso do acúmulo da carga tributária durante o ciclo econômico). Essa incoerência manifesta-se, sobretudo, na criação dc dois tipos de desigualdades injustificadas: uma desigualdade interna e uma desigualdade externa.

A *desigualdade interna* diz respeito aos contribuintes que, embora inseridos no regime não cumulativo, não têm direito a deduzir os créditos embutidos no valor dos bens comprados e no valor dos serviços tomados no exercício das suas atividades. Isso porque o legislador criou uma legislação casuística, definindo os contribuintes que têm e os que não têm direito a crédito, ou delimitando as operações que geram e as que não geram esse direito. Ora bem, se há créditos referentes a contribuições sociais embutidos no valor dos bens comprados e no valor dos serviços tomados para o exercício das atividades dos contribuintes, deve haver o direito à sua dedução, sob pena de o regime não cumulativo ser descaracterizado e a finalidade legal justificadora da própria diferenciação entre os contribuintes ser negada. Nesse sentido, havendo créditos inseridos no valor das operações praticadas pelos contribuintes, deve haver o direito de o contribuinte compensá-los no momento de pagar as suas contribuições sociais. Não sendo assim, o legislador contradiz o sistema regulativo criado por ele próprio, violando, com isso, a norma fundamental da igualdade. A desigualdade interna está no fato de que contribuintes que se assemelham naquilo que é relevante para o sistema legal adotado (ter créditos embutidos no valor dos bens comprados e no valor dos serviços tomados) são submetidos a regras diferentes, sem qualquer motivo justificador.

A *desigualdade externa* diz respeito aos contribuintes que não estão inseridos no regime não cumulativo, por expressa disposição legal. É que o legislador, novamente, criou uma legislação casuística, definindo os contribuintes que podem e os que não podem adotar o regime não cumulativo. E terminou por incluir no regime não cumulativo contribuintes que não têm créditos embutidos no valor dos bens comprados e no valor dos serviços tomados para o exercício das suas atividades, como é o caso dos contribuintes prestadores de serviços, que não têm, ou têm muito pouco, créditos a compensar pela natureza mesma das suas atividades. Ora, se a finalidade legal justificadora da própria diferenciação entre os contribuintes é afastar o efeito econômico perverso do acúmulo da carga tributária durante o ciclo econômico, claro está que os contribuintes que não têm, ou têm em nível diminuto, créditos a compensar, pela natureza da sua atividade, não podem ser inseridos no regime não cumulativo. Não sendo assim, o legislador contradiz o sistema regulativo criado por ele próprio, violando, com isso, a norma fundamental da igualdade. A desigualdade externa está no fato de que contribuintes que não se assemelham naquilo que é relevante para o sistema legal adotado (ter créditos embutidos no valor dos bens comprados e no valor dos serviços tomados) são submetidos a regras iguais, sem qualquer motivo justificador. Essa desigualdade, aliás, surgiria, também, da falta de congruência da norma com a realidade que visa a regular: o legislador, ao regular uma dada realidade, desconsiderou aspectos essenciais dessa mesma realidade.[189]

As ideias aqui expostas não afastam a liberdade de configuração do legislador, analisada, em pormenor, na terceira parte deste trabalho. Aliás, elas não visam a contrariar as decisões do legislador, instituindo uma regra onde o legislador deixou de fazer. O Poder Judiciário, nessa tarefa, não se coloca contra ou acima do Poder Legislativo, atuando positivamente onde ele deixou de atuar. Não se trata de analogia, portanto. Nem se deve falar em violação à denominada tese do legislador negativo.[190] Ao contrário, as concepções aqui sustentadas visam a levar adiante as decisões do legislador, dentro dos princípios constitucionais que ele próprio deve concretizar, desenvolvendo a própria regra que o legislador mesmo instituiu. O Poder Judiciário coloca-se ao lado Poder Legislativo, atuando no espaço onde ele atuou. Trata-se de supressão (negativa, portanto) apenas do critério incompatível com a igualdade, que produz, naturalmente, resultados positivos. Afinal, o legislador não tem autorização para instituir regime jurídico manifestamente arbitrário, contraditório, incoerente, inconsequente. Ele não pode fazer a legislação do "bem-me-quer, mal-me-quer".

189. Humberto Ávila, *Teoria dos Princípios*, 20ª ed., 2021, cit., p. 198.

190. Humberto Ávila, *Sistema constitucional tributário*, cit., p. 416.

Ele tem, isto sim, uma liberdade de configuração, que será, porém, tanto menor, quanto mais intensamente restringir os direitos fundamentais, e menor ainda, quanto mais importantes forem esses direitos para a manifestação pessoal dos contribuintes. Essa liberdade *heterolimitada*, uma vez exercida, cria uma *autolimitação*, sem a qual a norma fundamental da igualdade deixa de ser minimamente efetivada.

Os argumentos aqui sustentados também não são contrariados pela nova redação dada ao § 9º do art. 195 da Constituição Federal por meio da Emenda Constitucional n. 20/1998. Esse dispositivo permite que as contribuições sociais possam ter alíquotas ou bases de cálculo diferenciadas em razão da atividade econômica ou da utilização intensiva de mão de obra. Mesmo com a nova previsão constitucional, o legislador continua tendo que preservar o princípio da igualdade e o princípio de liberdade de exercício de atividade econômica. Ele não pode, portanto, diferenciar de modo injustificado. O legislador só pode diferenciar se houver um motivo real e razoável para a diferenciação e se esse motivo estiver relacionado com o objetivo da diferenciação. Entender de modo diverso, seria entender que o novo dispositivo constitucional teria introduzido a autorização para o legislador estabelecer diferenciações irrazoáveis, o que ou levaria à inconstitucionalidade da própria Emenda ou conduziria à aplicação inconstitucional do novo dispositivo constitucional. Dos dois modos, o entendimento seria contrário ao ordenamento constitucional.[191]

Em suma, o exercício contraditório e inconsequente do poder de tributar é incompatível com a norma fundamental da igualdade e com o princípio fundamental do Estado de Direito. O legislador é livre, desde que coerente.

Examinadas a estrutura e as dimensões da igualdade, pode-se, agora, investigar a sua natureza normativa: que tipo de norma é a igualdade? É o que se passa a analisar.

2.4 Natureza normativa

2.4.1 Espécie normativa

2.4.1.1 Aspectos gerais

Diferentes sujeitos podem utilizar-se da palavra igualdade conferindo-lhe sentidos completamente diversos uns dos outros. Alguns autores se

191. Humberto Ávila, *Sistema constitucional tributário*, cit., p. 405.

referem à igualdade como pertencendo à categoria de "princípio", outros como se ela fosse uma "regra", e outros, ainda, como fosse um "direito". Alguns a adjetivam com o qualificativo de "formal", ao passo que outros atribuem-lhe a característica de "material", quando não a qualificam de "vazia" ou "meramente formal". Como será visto, algumas dessas diferentes conceitualizações podem até ser contraditórias, mas não necessariamente. É preciso compreender, antes de tudo, que a palavra "igualdade" é um signo e, como tal, suscetível de ser dotado de diferentes sentidos, conferidos de variadas formas e com vários propósitos. A compreensão desse fenômeno é importante, pelos seguintes motivos:

(1) demonstração de que a discordância entre autores é, às vezes, meramente aparente. Se a igualdade é vazia ou não, se é formal ou material, ou se é um princípio ou uma regra, por exemplo, depende precisamente do que o autor está tratando quando usa a palavra "igualdade";

(2) verificação de que há diferentes sentidos normativos denotados pela mesma expressão. Por isso mesmo, há normas distintas, usadas, sob a mesma locução, que precisam ser compreendidas na sua distinta funcionalidade. Compreender essa funcionalidade é entender a própria igualdade e, com isso, criar melhores condições de aplicá-la. A "igualdade", como será demonstrado, é um signo que pode ter três dimensões normativas diferentes: pode-se usar o termo "igualdade" para denotar aquela norma que orienta o intérprete na aplicação de outras normas (igualdade-postulado); pode-se utilizá-lo para expressar aquela norma que estabelece um estado ideal de igualdade a ser alcançado (igualdade-princípio); pode-se, ainda, empregá-lo para referir a norma que proíbe o emprego de determinadas medidas de comparação (igualdade-regra). É o que se passa a demonstrar.

2.4.1.2 Igualdade-postulado

Ao analisar a cobrança do imposto sobre serviços de qualquer natureza com base num item da legislação que permitia a sua exigência apenas sobre as construções "por empreitada, ou administração", a Primeira Turma do Supremo Tribunal Federal entendeu que a norma legal não poderia ser ampliada por analogia. Em virtude disso, o Tribunal afastou a cobrança do tributo sobre as construções que a empresa imobiliária realizava para si própria, ainda que para revender.[192] Ao fazê-lo, o Tribu-

192. RE 78.927, STF, Primeira Turma, Rel. Min. Aliomar Baleeiro, j. em 23.8.1974, *DJU* 4.10.1974.

nal empregou a igualdade como uma norma que verte parâmetros para a aplicação de outra: a norma legal não poderia ser "aplicada" por meio de analogia. Uma metanorma, portanto.

Essa função de metanorma também é exercida pela igualdade, quando ela direciona a aplicação isonômica de qualquer princípio substancial. Daí se dizer que qualquer princípio substancial implica *igualdade na aplicação*: quando vários sujeitos são protegidos por um princípio, o princípio gera igualdade de direitos.[193] O conteúdo de qualquer norma é o de tratar certas pessoas igualmente.[194] Quando, por exemplo, a Constituição garante a liberdade de exercício de atividade econômica aos contribuintes, ela está assegurando não só a aplicação isonômica dessa mesma liberdade, como a mesma liberdade a todos. Por isso a afirmação de que cada princípio traz, em si, a necessidade de ser aplicado de modo isonômico e que sua aplicação fica garantida a todos quantos preencherem os seus requisitos. Nessa hipótese, a igualdade também funciona como uma norma que estrutura a aplicação de outra, situando-se analiticamente (não axiologicamente) acima dela, para dizer que é válida somente aquela diferenciação, baseada num vínculo fundado e conjugado com a finalidade que legitima o seu uso. Trata-se, assim, de uma metanorma.

Nas duas hipóteses antes mencionadas, o termo "igualdade" é empregado para denotar aquela norma que orienta o intérprete na aplicação de outras normas. Não é ela objeto da ponderação ou da aplicação; ela é, em vez disso, o critério da aplicação de outras normas. Ela contém, entre outras prescrições, a prescrição de que as normas devem ser aplicadas de modo igual e imparcial a todos aqueles que se submetem ao seu âmbito de aplicação.[195] Trata-se, aqui, da igualdade como metanorma de aplicação de outras, isto é, de um postulado normativo.[196]

2.4.1.3 Igualdade-princípio

Ao analisar a instituição de um incentivo fiscal concedido a empresas que contratavam empregados com mais de quarenta anos, o Tribunal

---

193. Joseph Raz, *The morality of freedom*, Oxford, Clarendon, 1986, p. 225.

194. Peter Westen, *Speaking of equality. An analysis of the rhetorical force of "equality" in moral and in legal discourse*, cit., p. 140.

195. J. L. M. Gribnau, "Equality, consistency and impartiality in tax legislation", in *Legal protection against discriminatory tax legislation*, cit., p. 15.

196. Humberto Ávila, "A distinção entre princípios e regras e a redefinição do dever de proporcionalidade", *Revista de Direito Administrativo* 215/151-179, 1999.

Pleno do Supremo Tribunal Federal considerou inexistir violação ao princípio da igualdade em virtude de o Poder Legislativo ter usado o caráter extrafiscal, que pode ser conferido aos tributos, para estimular a conduta por parte dos contribuintes.[197]

Nesse caso, o Tribunal efetuou uma ponderação entre dois princípios: de um lado, o princípio da igualdade medido pelo critério da capacidade contributiva; de outro, o princípio da proteção ao trabalho e da solidariedade social. Ao término da ponderação, entendeu haver razões suficientes para a restrição do princípio da igualdade: o incentivo fiscal para empregadores que possuem um dado percentual de seus empregados com mais de quarenta anos tinha cunho social, pois visava a superar obstáculo para que pessoas de meia-idade conseguissem ou mantivessem os seus empregos, abrindo mão de uma parte da receita estatal para tentar equilibrar uma situação de desigualdade social: a igualdade como norma garantidora de um ideal de igualdade de chances.[198] Trata-se, aqui, da igualdade como norma "objeto de aplicação", que garante, em conexão com princípios substanciais, a busca de um estado ideal de igualdade, isto é, de um princípio.

2.4.1.4 Igualdade-regra

Ao examinar uma norma legal que estabelecia que somente os advogados inscritos na Ordem dos Advogados do Brasil estavam excluídos da imposição de multa por obstrução da justiça, o Tribunal Pleno do Supremo Tribunal Federal entendeu haver violação à norma constitucional que veda distinção em razão do exercício profissional, em virtude de ter havido exclusão dos advogados vinculados a entes estatais, que estão submetidos a regime estatutário próprio da entidade.[199]

Nesse caso, o Tribunal considerou que a norma legal violou a norma constitucional que delimitou substancialmente o exercício da competência do Poder Legislativo, mediante a exclusão do poder para instituir distinções baseadas no exercício profissional. Trata-se, aqui, da igualdade também como norma "objeto de aplicação", mas como norma que pree-

---

197. ADI 1.276-SP, STF, Tribunal Pleno, Rel. Min. Ellen Gracie, j. em 29.8.2002, *DJU* 29.11.2002.

198. Georg Müller, *Rechtsgleichheit*, cit., p. 7. J. L. M. Gribnau, "Equality, consistency and impartiality in tax legislation", cit., p. 8.

199. ADI 2.652, STF, Tribunal Pleno, Rel. Min. Maurício Corrêa, j. em 8.5.2003, *DJU* 14.11.2003.

xclui, da competência do Poder Legislativo, o poder para exercer a sua competência, usando determinadas medidas de comparação.[200] Trata-se de uma norma material: preexclui matérias do âmbito de competência do Poder Legislativo.[201] Constitui-se, assim, em uma regra material.

As ponderações anteriores não visam senão a demonstrar que o termo "igualdade" representa três normas jurídicas diferentes, cada qual com sua operacionalidade própria, a revelar, entre outras coisas, a própria riqueza normativa do ideal de igualdade. Se se devesse usar apenas um qualificativo para todo o fenômeno normativo da igualdade, então deveria ser cunhado um outro capaz de expressar a sua grandeza. Enquanto fenômeno normativo, pode-se afirmar, a igualdade é uma *supernorma*: influi na aplicação de todas as outras, que devem ser aplicadas de modo uniforme; recebe influência de todas as outras, que lhe preenchem os elementos estruturais. Nenhuma outra norma desempenha essa função tão imbricada com outras normas como o faz a igualdade.

É preciso, ainda, mais uma ponderação. Quando se afirma que a palavra-signo "igualdade", ou que o dispositivo que a menciona, pode ter três sentidos normativos diferentes e, por isso, significar três normas, não se está dizendo que são três normas que nunca atuarão conjuntamente, nem se está afirmando que o intérprete pode optar entre elas. Não. Quer-se dizer, em vez disso, que o fenômeno da igualdade revela três formas normativas diferentes, pena que referidas com o mesmo nome. Um exemplo, cuja análise demanda paciência, talvez ilustre o argumento. Pense-se no caso, antes referido, em que o legislador instituiu um mecanismo de pagamento simplificado para pequenas empresas, excluindo algumas compostas por alguns profissionais liberais. Um exame analítico revela a complexidade do caso do ponto de vista normativo. Visto a "olho nu", enxerga-se a presença do princípio da igualdade. Examinando-o, porém, com "olhar analítico", logo se constata a incidência de outras normas da igualdade. Senão vejamos.

A lei foi instituída com a finalidade de estimular o pequeno empreendedor. Para atingir esse fim, no entanto, elegeu, como medida de comparação, além da receita bruta anual, o tipo de exercício profissional,

200. Ulrich Pensky, "Rechtsgrundsätze und Rechtsregeln", in *Juristen Zeitung*, 3 (1989), p. 109.

201. Kent Greenawalt, "How empty is the idea of equality", *Columbia Law Review*, 83, p. 1.179, 1994.

excluindo determinados profissionais liberais do benefício. Procedendo à análise antes referida, o ente estatal está submetido às seguintes normas:

(1) a um princípio: a Constituição, ao determinar a proteção da igualdade e garantir aos contribuintes o direito à igualdade, impôs ao ente estatal o compromisso de buscar um estado de igualdade, para cuja realização deverá adotar comportamentos que promovam este estado. Aqui, a igualdade exerce uma espécie de sentido normativo legitimante para o futuro.[202] Como o estado de igualdade depende da inexistência de discriminações, o comando finalístico verte sobre a ação estatal impondo-lhe o relacionamento entre sujeitos com base em critérios que conduzam a outros fins. É como se a *igualdade-princípio*, diretamente falando, prescrevesse ao ente estatal o seguinte: "relacione sujeitos criteriosamente para atingir seus fins". Note-se que a obrigação estatal termina sendo uma obrigação de "relacionar bem", diferentemente, por exemplo, de outros princípios cujo objetivo consiste num estado de fato materializado, como ocorre com os princípios da liberdade de manifestação do pensamento ou da proteção da propriedade. A igualdade, nesse sentido, é mais pobre em conteúdo (*Gehaltsärmer*), e mais ampla na forma, do que outros princípios fundamentais. O princípio da igualdade traduz-se em proibições e obrigações que atuam sobre a ação estatal em todas as suas formas. Daí se dizer que ela exerce uma espécie de "função protetiva panorâmica" (*Querschnitts-Schutzfunktion*).[203] Essa função atua mediante "exigências relacionais" ao ente público, referentemente a outros princípios materiais que ele deve realizar;

(2) a uma regra: a Constituição proíbe a utilização de determinadas medidas de comparação, dentre as quais está a ocupação profissional. Aqui a igualdade exerce uma função negativa, de bloqueio, vedando que o ente estatal faça isso ou aquilo.[204] A igualdade, enquanto espécie normativa, já não aponta para uma meta sem predeterminação dos meios, mas, em vez disso, descreve aquilo que o ente estatal não pode fazer (ou deve fazer). É como se a *igualdade-regra*, singelamente explicando, prescrevesse ao ente estatal o seguinte: "não use a ocupação profissional como medida de comparação". Essa igualdade-regra sofre, na sua interpretação,

---

202. Tércio Sampaio Ferraz Júnior, "O princípio da igualdade no direito tributário", *Revista de Direito Tributário* 58/205, 1991.

203. Georg Müller, *Rechtsgleichheit*, cit., p. 17.

204. Tércio Sampaio Ferraz Júnior, "O princípio da igualdade no direito tributário", *Revista de Direito Tributário* 58/205.

a influência de um outro princípio, a reforçar-lhe seu sentido: o princípio da liberdade de exercício profissional;

(3) reflexamente a um postulado: ao aplicar a regra que veda a escolha da ocupação profissional como medida de comparação, deve fazê-lo conectando-a congruentemente com os princípios do estímulo ao pequeno empreendedor, da proteção da liberdade de exercício profissional; ao aplicar o princípio da proteção à liberdade de exercício profissional, deve fazê-lo assegurando igualdade a todos que se encontram submetidos aos seus requisitos; ao aplicar o princípio da igualdade para atingir o fim de estimular o pequeno empreendedor conforme a sua ocupação profissional, deverá fazê-lo ponderando com o princípio da igualdade conforme a capacidade contributiva. É como se *igualdade-postulado*, dizendo de outro modo, prescrevesse ao ente estatal o seguinte: "aplique as outras normas de modo isonômico".

O que é a igualdade? Ou, noutro dizer: qual norma é "a" igualdade? A igualdade é tudo isso. Uma espécie de supernorma que subsome várias dentro dela. Muito do debate a respeito da natureza normativa da igualdade e de seu conteúdo normativo se deve a essa multidimensionalidade implicada no conceito de igualdade. Às vezes, a disputa a respeito de ser ela um princípio ou uma regra decorre da consideração a aspectos diferentes do fenômeno normativo comportado pela igualdade. O mesmo ocorre com a questão de saber se ela é uma norma formal ou material, como se passa a demonstrar.

2.4.2 Conteúdo normativo

Uma questão difícil é saber se a igualdade é uma norma material (com conteúdo ou "cheia") ou uma norma formal (sem conteúdo, ou "vazia"). Trata-se de discussão acirrada na doutrina.[205] Em outras palavras, essa discussão procura descobrir se a igualdade tem ou não um conteúdo próprio. Parte da discussão depende, obviamente, do que se venha a definir como "formal" ou "substancial" e, também, se esses qualificativos estão se referindo à igualdade-postulado, à igualdade-princípio ou à

205. Peter Westen, *Speaking of equality. An analysis of the rhetorical force of "equality" in moral and in legal discourse*, cit., p. 90. Kent Greenawalt, "How empty is the idea of equality", *Columbia Law Review* 83/1.167-1.185, 1983. Christopher Peters, "Equality revisited", *Harvard Law Review*, 110, pp. 1.211-1.290, 1997. Maria da Glória Ferreira Pinto, "Princípio da igualdade: fórmula vazia ou fórmula 'carregada' de sentido?", *Boletim do Ministério da Justiça de Portugal* 358, pp. 19-64, 1986.

igualdade-regra. De novo, a questão não é meramente terminológica. Ela diz respeito ao próprio funcionamento da igualdade. Para respondê-la é preciso verificar as várias acepções do termo "formal".

Em primeiro lugar, a contraposição entre "formal" *versus* "material" pode significar que a igualdade revela uma estrutura (daí o emprego da palavra "forma") que só se completa com conteúdos que não advêm da própria igualdade, mas de outras normas constitucionais.[206] "O critério é formal e vai ser preenchido pelas valorações e pelos princípios constitucionais", afirma Torres.[207] Ser formal, assim, é depender de conteúdos advindos de outras normas. Nessa acepção, a igualdade pode ser considerada formal. É que a concretização do princípio da igualdade depende da medida de comparação e da finalidade que justifica sua utilização.[208] Porém, não é a igualdade, ela própria, que indica qual a medida de comparação e a finalidade a que ela serve: a medida de comparação é fornecida pelas regras que impõem sua utilização (por exemplo, a medida de comparação dos impostos pessoais deve ser a capacidade contributiva) ou proíbem-na (por exemplo, a ocupação profissional não pode ser eleita medida de comparação) e pelos princípios constitucionais que exigem o uso de medidas de comparação a eles pertinentes (por exemplo, o dever de proteção do meio ambiente impõe a escolha de medidas de comparação relacionadas à sua promoção ou restrição). A finalidade é fornecida pelo regime jurídico do tributo, quer pelas regras de competência (por exemplo, a regra de competência do imposto territorial rural vincula sua instituição à promoção da produtividade da terra), quer pelos princípios a elas vinculados (por exemplo, os princípios da proteção da atividade econômica vinculam a instituição da contribuição de intervenção no domínio econômico). Em outras palavras, a igualdade é a relação entre esses termos. Esses termos, não obstante, não vêm da própria igualdade, mas de outras normas constitucionais materiais. Até serem estabelecidas quais as semelhanças e as diferenças que devem ser consideradas relevantes, a

206. Hans Kelsen, *Reine Rechtslehre*, cit., p. 6.

207. Ricardo Lobo Torres, "Os direitos humanos e a tributação: imunidades e isonomia", in *Tratado de direito constitucional financeiro e tributário*, 3ª ed., Rio de Janeiro, Renovar, 2005, p. 342.

208. Celso Antônio Bandeira de Mello, *O conteúdo jurídico do princípio da igualdade*, cit. Lothar Michael, *Der allgemeine Gleichheitssatz als Methodennorm komparativer Systeme*, Berlim, Duncker und Humblot, 1997, pp. 42 e ss. Rolf Eckhoff, *Rechtsanwendungsgleichheit im Steuerrecht*, cit., p. 162.

igualdade continuará uma "fórmula vazia" (*empty form*).[209] Daí o dizer de Kelsen: "Isso significa, porém, que a pergunta decisiva: o que é igual, não é respondida pelo denominado princípio da igualdade".[210]

Em segundo lugar, a oposição entre "formal" e "material" pode expressar que a igualdade revela uma estrutura (o que explica novamente o emprego da palavra "forma") que atua sobre outras normas que funcionam como seu conteúdo. Ser formal, então, é verter sobre outros conteúdos. Nessa acepção, a igualdade também pode ser considerada formal. É que, na função de metanorma, a igualdade funciona como uma estrutura que serve de parâmetro à aplicação em outros conteúdos. Por isso mesmo, também é denominada de "princípio de legitimação" de outras normas ou de normas que servem de "método aplicativo" para outras normas.[211] A igualdade, enquanto proibição de analogia, por exemplo, é uma norma que serve de estrutura formal para a aplicação de outras, que lhe servem de objeto. Não é a igualdade, em si, que é aplicada, mas outras normas que são aplicadas dentro ou conforme a estrutura que ela proporciona. O que diferencia a igualdade de outros princípios, como os de proteção da liberdade pessoal, de liberdade de manifestação do pensamento ou de propriedade, é o fato de ela não garantir ou buscar atingir situações de fato ou institutos. A igualdade, em vez disso, obriga o ente público, por meio de proibições e deveres, em todos os setores de atividade. Justamente porque ela não busca uma situação de fato que se possa constituir em seu objeto, ela pode ser considerada formal.[212] Em outras palavras, a igualdade é uma estrutura de aplicação de outras normas materiais.

Em terceiro lugar, o confronto entre "formal" e "material" pode significar que a igualdade, no seu conteúdo completo, não tem qualquer substância. Ser formal é carecer de qualquer conteúdo. Nessa compreensão, a igualdade não pode ser havida como "formal". Isso porque a compreensão integral da igualdade, isto é, seu entendimento como uma norma que reúne os critérios da relação estrutural (pertinência, fundamento,

---

209. Herbert Hart, *The concept of law*, Oxford, Clarendon, 1961, p. 155. Ricardo Lobo Torres, "Os direitos humanos e a tributação: imunidades e isonomia", in *Tratado de direito constitucional financeiro e tributário*, cit., p. 347.

210. Hans Kelsen, *Was ist Gerechtigkeit?* cit., p. 26.

211. Ricardo Lobo Torres, "A legitimação dos direitos humanos e os princípios da ponderação e da razoabilidade", in Ricardo Lobo Torres (Org.), *Legitimação dos direitos humanos*, Rio de Janeiro, Renovar, 2002, p. 432. Lothar Michael, *Der allgemeine Gleichheitssatz als Methodennorm komparativer Systeme*, Berlim, Duncker und Humblot, 1997, pp. 42 e ss.

212. Georg Müller, *Rechtsgleichheit*, cit., p. 17.

conjugação) entre determinados elementos (sujeitos, medida de comparação, elemento indicativo da medida de comparação e finalidade) e as normas substanciais do ordenamento jurídico (regras e princípios direta ou indiretamente relacionados com as medidas de comparação e as finalidades) demonstra que ela possui um conteúdo, bastante complexo, aliás.

Em quarto lugar, o paralelo entre "formal" e "material" pode querer dizer que a igualdade não tem valor. Ser formal é padecer de força normativa. Nesse entender, a igualdade também não pode ser havida como "formal". É precisamente a sua característica estrutural a exigir uma determinada relação (pertinência, fundamento, conjugação) entre determinados elementos (sujeitos, medida de comparação, elemento indicativo da medida de comparação e finalidade) que revela a sua dureza e, com ela, a sua dificuldade de ser afastada diante de meros argumentos esfumaçados. Mais ainda, como a igualdade "opera com" e "penetra em" outras normas substanciais, ela adquire enorme valor na aplicação dessas normas que, sem ela, teriam seu conteúdo normativo restringido. Noutro dizer, a igualdade, na sua rígida estrutura, tem grande valor na aplicação do ordenamento jurídico. A sua estrutura formal, constante de elementos específicos, por mais paradoxal que possa ser, fortalece, precisamente, sua força normativa. Aqui, o caráter "vazio" (como descrição de seu funcionamento e, não, como valoração dele) nada tem a ver com menor eficácia. Bem ao contrário.

Após todas essas considerações, resta, ainda, uma indagação: existe um conteúdo *próprio* da igualdade, no sentido de algo que advenha *só dela*, independente da complementação de outras normas? Ou, seguindo o modo posto até agora: a igualdade é formal, no sentido de ser vazia de *sentido autônomo*? O ponto central da discussão é o seguinte argumento: a tradicional compreensão da igualdade como o dever de tratar igualmente os iguais não diria coisa alguma, por ser totalmente tautológico. Com efeito, se igualdade é apenas isso, ela diz muito pouco: quando uma norma atribui um direito a quem preencher determinados requisitos, decorre dessa própria norma a igualdade de aplicação a todos aqueles que preencherem seus requisitos, nada acrescentando a igualdade, enquanto tal, para esse efeito, pois é a norma substancial, e, não, a igualdade, que estabelece quais são os elementos relevantes para saber quem deve ser considerado igual, com implicações sobre o tratamento igual a todos os iguais. Ora, se os iguais devem ser tratados igualmente, mas a norma que decide quem são os iguais e exige aplicação uniforme a quem preencha seus requisitos não é a igualdade, a igualdade termina sendo uma tautologia: pessoas em situação semelhante para um tratamento específico são aquelas que têm direito a igual tratamento; as pessoas que têm direito a um igual tratamento específico são as pessoas em situação semelhante; logo, a igualdade significa que as pessoas que têm direito a igual tratamento têm direito a igual tratamento! E, nessa acepção, ela seria ou sem sentido (*meaningless*) ou supérflua (*superfluous*): *sem sentido*, porque não é a igualdade que estabelece o modo específico de como as pessoas devem ser tratadas; e *supérflua*, porque, uma vez descoberto esse modo específico a que as pessoas têm direito de ser tratadas, já se sabe tudo o que se precisa saber a respeito de como essas pessoas devem ser tratadas.[213] "Tratar igualmente os iguais e desigualmente os desiguais é afirmar rigorosamente nada!", pondera Ferraz.[214] Não por outro motivo Kelsen afirmou ser a igualdade de tratamento, não uma exigência da justiça, mas uma decorrência da lógica: o princípio segundo o qual, quando as condições são iguais, as consequências devem também ser iguais, é consequência do caráter geral da norma, que prevê, que diante de determinadas condições deve ser implementada determinada consequência.[215]

O argumento impressiona. Mesmo assim, ele não impede de reconhecer que a igualdade funciona de modo independente e possui, assim, um sentido autônomo. Em algumas situações, ela tem uma finalidade substancial autônoma consistente na realização de um estado de igualdade relativamente a algum direito, qualquer que seja ele. Faz-se referência, aqui, à igualdade enquanto instrumento para garantir tratamento antidiscriminatório: uma vez descoberto algum sujeito que tenha obtido algum tipo de tratamento vantajoso, a mera comparação com ele já proporciona a expectativa de tratamento igualitário.[216] Nessa compreensão, é o raciocínio comparativo, e não a norma substancial em si, que justifica a igualdade de tratamento. É a igualdade andando sozinha, em outras palavras. Isso pode ocorrer, por exemplo, no caso de medidas concernentes a evitar a competição desleal entre os contribuintes: essas medidas devem ser distribuídas com isonomia, no sentido de que contribuintes na mesma

---

213. Peter Westen, "To lure the tarantula from its hole: a response", *Columbia Law Review*, 83, p. 1.192, 1983. Christopher Peters, "Equality revisited", *Harvard Law Review*, 110, p. 1.217, 1997.

214. Roberto Ferraz, "A Igualdade na lei e o Supremo Tribunal Federal", *Revista Dialética de Direito Tributário* 116/123, 2005.

215. Hans Kelsen, *Reine Rechtslehre*, cit., p. 394.

216. Maria da Glória Ferreira Pinto, "Princípio da igualdade: fórmula vazia ou fórmula 'carregada' de sentido?", *Boletim do Ministério da Justiça de Portugal* 358, p. 42, 1986.

situação devem receber o mesmo tratamento *apenas porque estão na mesma situação*. Aqui, pode-se dizer, com Peters, que a igualdade, no seu sentido prescritivo e não tautológico, estabelece que o simples fato de uma pessoa ter sido tratada de um certo modo já é uma razão suficiente para tratar da mesma forma outra que esteja na mesma situação.[217] Nesse sentido, a igualdade atribui uma *razão independente* para o tratamento igualitário: o sujeito não deve ser tratado igual apenas porque a norma deixou de ser aplicada a ele, mas, *também*, porque foi aplicada a outro sem ter sido aplicada a ele.[218] A igualdade provê uma espécie de razão moral adicional (*additional moral reason*) para a adoção de determinado tipo de tratamento.[219] Isso poderia ser imaginado, por exemplo, na hipótese de não ser obrigatório o voto para determinado cargo representativo em nível estadual, mas só no plano federal. Se, porém, um Estado decidisse voluntariamente fazer uma eleição dessa natureza, *então* deveria permitir que todos votassem, não sendo permitido que só advogados inscritos na Ordem dos Advogados ou alunos de determinadas faculdades o fizessem.[220] É preciso esclarecer, porém, que, mesmo nessa hipótese, a igualdade é, novamente, um conceito comparativo e relacional, relativamente a algo, não determinado. Formal, portanto. Mas útil, é claro.

O essencial, até aqui, é demonstrar que a igualdade não deixa de ser importante por ser formal (estrutural, rígida, dependente de outras normas). Bem ao contrário, essa é, precisamente, a grandeza da igualdade, pois revela como ela se manifesta.

Com efeito, a igualdade é, em primeiro lugar, uma norma que *está por trás de todas as outras*, porque lhes assegura uniformidade de aplicação. Todos os direitos assegurados pela Constituição são assegurados com igualdade: quando a Constituição assegura o direito de propriedade, ela o assegura com igualdade; quando protege a liberdade, o faz com igualdade, e assim sucessivamente. Essas ponderações explicam a afirmação de Campos no sentido de que a igualdade é a "garantia das garantias", sem a qual todas as outras perderiam sua utilidade.[221] Elas também mostram

---

217. Christopher Peters, "Equality revisited", *Harvard Law Review*, 110, p. 1.223, 1997.

218. Georg Müller, *Rechtsgleichheit*, cit., pp. 17 e 19.

219. Kent Greenawalt, "How empty is the idea of equality", *Columbia Law Review*, 83, p. 1.169, 1994.

220. Charles Fried, *Saying what the law is. The Constitution in the Supreme Court*, Cambridge, Harvard University Press, 2004, p. 208.

221. Francisco Campos, *Direito constitucional*, v. 2, cit., p. 45.

a grandeza da assertiva de Borges, para quem a igualdade termina por "penetrar, como uma linfa, os demais direitos e garantias constitucionais, perpassando-lhes o conteúdo normativo".[222] E evidenciam, finalmente, o enunciado de Dworkin, no sentido de que a igualdade é o último comando constitucional, que engloba todos os outros.[223]

A igualdade é, em segundo lugar, uma norma que está *ao lado de todas as outras*, porque busca nelas o fundamento para as medidas de comparação e as finalidades indispensáveis ao seu funcionamento: as *medidas de comparação* são fornecidas pelas regras que impõem ou proíbem sua utilização e pelos princípios constitucionais que exigem o uso de determinadas medidas de comparação a eles pertinentes; e a *finalidade* é fornecida pelo regime jurídico do tributo, tanto pelas regras de competência quanto pelos princípios a elas vinculados. Essas palavras evidenciam a importância da afirmação de Hart, de que, "apesar de '*tratar casos iguais igualmente e diferentes diferentemente' ser um elemento central na ideia de justiça, ele é propriamente incompleto e*, até ser suplementado, *não pode providenciar nenhum guia determinado de conduta*".[224]

O essencial, para concluir este ponto, é que dizer que a igualdade é formal, por ser estrutural, não é o mesmo que afirmar que ela é menos valiosa. Insiste-se nisso: não se trata de uma afirmação, axiologicamente estabelecida, sobre o *valor da igualdade*. Trata-se, em vez disso, de um enunciado, analiticamente fundado, sobre o *funcionamento da igualdade*. Em outras palavras, quando se diz que a igualdade é formal (estrutural), não se está dizendo que é boa ou ruim, mas que, simplesmente, funciona de determinado modo – estabelecendo uma estrutura relacional que está por trás e ao lado dos direitos fundamentais dos contribuintes. Na verdade, o problema não está em constatar a sua estrutura, mas, por mais paradoxal que possa parecer, em, justamente por não conhecer sua estrutura, deixar de realizar os direitos fundamentais dos contribuintes. Este, sim, é o problema.

Analisados a estrutura, os elementos, as dimensões e a natureza jurídica da igualdade, é preciso, agora, investigar a sua eficácia. É o que se passa a fazer.

---

222. José Souto Maior Borges, "Significação do princípio da isonomia na Constituição de 1998", *Revista Trimestral de Direito Público*, cit., 15/30.

223. Ronald Dworkin, *Sovereign virtue: The theory and practice of equality*, Cambridge, Harvard University Press, 2000.

224. Herbert Hart, *The concept of law*, cit., p. 155.

3
REALIZAÇÃO DA IGUALDADE (OU IGUALDADE EM QUE MEDIDA E POR QUEM?)

3.1 Modo de realização. 3.1.1 Prevalência relativa da igualdade. 3.1.2 Função de suporte da igualdade. 3.1.3 Restringibilidade. 3.1.3.1 Dimensão do ônus argumentativo. 3.1.3.2 Sujeito do ônus argumentativo. 3.2 Medida de realização. 3.2.1 Finalidade das normas tributárias e realização da igualdade. 3.2.1.1 Finalidade fiscal e capacidade contributiva. 3.2.1.2 Finalidade extrafiscal e proporcionalidade. 3.2.2 Limites da realização da igualdade. 3.3 Sujeitos da realização. 3.3.1 Considerações gerais. 3.3.2 Igualdade e Poder Legislativo. 3.3.2.1 Aspectos gerais. 3.3.2.2 Liberdade de configuração e normas de competência. 3.3.2.3 Liberdade de configuração e direitos fundamentais. 3.3.3 Igualdade e Poder Judiciário. 3.3.4 Igualdade e Poder Executivo.

3.1 Modo de realização

3.1.1 Prevalência relativa da igualdade

O modo de realização da igualdade está intimamente relacionado ao modo como ela está prevista na Constituição. Como será demonstrado, a possibilidade de restrição e o ônus a ela necessário decorrem da sua prevalência.

A igualdade está prevista no preâmbulo, como uma das finalidades constitucionais fundamentais, no título dos direitos e garantias "fundamentais", como fazendo parte dos "direitos e deveres" individuais e coletivos (art. 5º, *caput*) e no capítulo do Sistema Tributário Nacional, na parte dos "princípios gerais" (art. 145, § 1º) e das "limitações ao poder de tributar", onde é tratada como uma "garantia" dos contribuintes (art. 150, II). Isso sem considerar todos os outros dispositivos que são umbilicalmente ligados à igualdade, tanto aqueles concernentes aos princípios, como o do

Estado de Direito, da segurança jurídica ou da legalidade, quanto aqueles referentes à ausência de discriminação entre fatos, pessoas ou situações.

Diante do modo como a igualdade é positivamente tratada (como "finalidade fundamental", "garantia fundamental", "princípio geral" e "garantia específica"), surge a seguinte questão: enquanto princípio constitucional, a igualdade "vale mais" que os outros princípios? Essa mais valia da igualdade pode ter vários significados.

De um lado, ela pode significar que o princípio da igualdade é abstratamente mais importante que os outros princípios, de tal sorte que o intérprete, ao descrevê-lo, deve realçar a sua superioridade. Como consequência, tal superioridade pode também querer dizer que o princípio da igualdade, quando confrontado concretamente com outros princípios, deve prevalecer. Aqui, uma prevalência concreta; lá, uma primazia abstrata.

De outro lado, porém, a tal superioridade da igualdade pode corresponder um outro sentido. Ela pode querer ilustrar a diferente funcionalidade da igualdade, quando comparada com a operacionalidade de outros princípios. A igualdade, por implicar uma relação entre sujeitos com base em medidas de comparação que servem a finalidades, como foi largamente explicado, mantém uma relação estrutural e necessária com outras normas constitucionais que os outros princípios não mantêm: enquanto os outros princípios podem ter seu sentido compreendido com independência interna, o sentido da igualdade só é entendido em conexão com outros princípios, na medida em que as medidas de comparação e as finalidades, que formam os seus elementos estruturais, decorrem de outros princípios constitucionais, não da própria igualdade.

Para que se possa verificar a consistência dessas afirmações, é preciso, ainda que de modo sintético (mas propositadamente desse modo para não perder o fio condutor da argumentação), analisar os conceitos de *hierarquia* e de *coerência*. Por meio deles, poder-se-ão compreender tanto a superioridade quanto a inferioridade da igualdade e, com isso, compreender como a igualdade deverá ser aplicada quando ocorrer aquilo que vem ocorrendo com cada vez mais frequência: a restrição do princípio da igualdade com justificativa em finalidades extrafiscais.

Alexy afirma haver hierarquia absoluta quando um princípio, independentemente de qualquer razão adicional, sobrepõe-se a outro com o qual se contraponha. Afirma-se haver hierarquia relativa entre princípios quando a prevalência de um princípio é presumida relativamente a outro, e só modificável se houver razões suficientes para isso.[1]

---

1. Robert Alexy, "Rechtsregeln und Rechtsprinzipien", in *Archiv für Rechts- und Sozialphilosophie*, Beiheft, 25, p. 17, 1985.

O plano abstrato, porém, não proporciona uma hierarquia imóvel à igualdade, porque sempre pode surgir uma desconhecida situação que altere essa hierarquia. A solução do conflito só pode ser obtida mediante uma ponderação, por meio da qual um princípio, em determinada situação, obtém prevalência, nada impedindo que, noutra situação, seja preterido.[2] Considerando isso, não se pode dizer que o princípio da igualdade sempre supere qualquer outro princípio em qualquer situação. Fazê-lo seria atribuir ao princípio da igualdade aquilo que ele, enquanto princípio, não tem, que é a qualidade de afastar, de antemão, a aplicação de outros princípios. Corresponderia a atribuir a um princípio qualidades que os princípios não têm.[3] Seria, além disso, desconsiderar que os princípios, protetores de valores em nível deontológico, são portadores, como afirma Reale, das características da polaridade, da implicação, da referibilidade, da preferibilidade, da incomensurabilidade e, especialmente, da graduação hierárquica.[4]

Não obstante, embora o princípio da igualdade não tenha superioridade abstrata absoluta, ele tem prevalência axiológica relativa em nível abstrato. Trata-se de uma hierarquia relativa, decorrente do "privilégio axiológico atribuído à isonomia" pela Constituição.[5] Ao ser tratada como "finalidade fundamental", "garantia fundamental", "princípio geral" e "garantia específica", e ao ser colocada em primeiro lugar nas garantias fundamentais, a Constituição atribuiu uma superioridade abstrata à igualdade frente aos demais princípios que não receberam o mesmo tratamento.[6] Pode-se dizer que há uma preferência pelo tratamento igualitário (*Präferenz für die Gleichbehandlung*).[7]

---

2. Riccardo Guastini, *Distinguendo: studi di teoria e metateoria del diritto*, Turim, Giappichelli, 1996, p. 145.

3. Humberto Ávila, *Teoria dos princípios*, 16ª ed., São Paulo, Malheiros Editores, 2015, pp. 102 e ss.

4. Miguel Reale, *Introdução à filosofia*, São Paulo, Saraiva, 1988, p. 145. Sobre o assunto, ver também: Paulo de Barros Carvalho, *Curso de direito tributário*, 18ª ed., São Paulo, Saraiva, 2007, p. 154.

5. José Souto Maior Borges, "Significação do princípio da isonomia na Constituição de 1998", *Revista Trimestral de Direito Público* 15/31. Francisco Campos, *Direito constitucional*, Rio de Janeiro, Freitas Bastos, 1956, v. 2, p. 12. Klaus Stern, *Das Staatsrecht der Bundesrepublik Deutschland*, t. 1 – *Grundbegriffe und Grundlagen des Staatsrechts, Strukturprinzipien der Verfassung*, 2ª ed., Munique, Beck, 1984, p. 133.

6. Cármen Lúcia Antunes Rocha, *O princípio constitucional da igualdade*, Belo Horizonte, Lê, 1990, pp. 70 e ss.

7. Rolf Eckhoff, *Rechtsanwendungsgleichheit im Steuerrecht*, Colônia, Otto Schmidt, 1999, p. 73.

Mas, considerando que não há hierarquia absoluta do princípio da igualdade, no sentido de que ele não supera, de antemão, outro princípio com o qual venha a entrar em conflito, há, mesmo assim, relevância em constatar a sua prevalência relativa? Há, e é enorme.

É que a prevalência relativa da igualdade (ou seu privilégio axiológico, sua hierarquia sintática, sua prevalência abstrata ou qualquer outra expressão que venha a denotar o mesmo) indica, precisamente, que há uma *presunção de igualdade*.[8] Essa presunção de igualdade traz repercussões importantes para a realização da igualdade, logo adiante esclarecidas, que podem ser traduzidas na ideia, metaforicamente descrita, de que a igualdade, embora não "ganhe" a partida contra outro princípio colidente antes da partida se iniciar, sai "na frente" com alguns gols de vantagem. Isso significa, em outras palavras, que a prevalência relativa abstrata cria, nos dois pratos da figurativa "balança da ponderação", um *desnivelamento favorável* à igualdade, no sentido de que, inexistentes outras razões justificativas para sua inversão, a prevalência abstrata se mantém no plano concreto. As razões justificativas, precisamente por causa do referido desnivelamento, precisam ser superiores às razões que permitiram a prevalência concreta sobre outro princípio. A superioridade das razões exterioriza-se no ônus argumentativo maior para sua superação, aprofundado mais adiante.

Até aqui, falou-se da prevalência relativa e abstrata da igualdade. Não se fez menção, porém, à qual dimensão da igualdade deve ser atribuída prevalência, caso haja contraposição entre a igualdade particular e a igualdade geral. Pois ela deve ser dada à igualdade particular. Isso porque, como já foi mencionado, a Constituição atribuiu preferência ao tratamento particularizado, quer porque o elegeu como princípio geral (art. 145, § 1º), quer porque o manteve como contraponto na sua exceção (art. 150, § 7º), quer, ainda, porque exigiu sua observância na instituição das espécies tributárias, ao prever, nas regras de competência, a existência de poder de tributar somente relativamente à ocorrência, que se supõe efetiva, de determinados fatos abstratamente descritos. Esse tratamento particularizado faz com que o contribuinte seja tratado de modo diferente na medida em que ele se diferencia dos demais, quer mediante a consideração das suas particularidades (capacidade contributiva subjetiva), quer mediante a análise das particularidades das operações que concretamente pratica (capacidade contributiva objetiva).

8. Peter Westen, *Speaking of equality. An analysis of the rhetorical force of "equality" in moral and in legal discourse*, Princeton, Princeton University, 1990, p. 230.

Essas considerações levam ao entendimento de que existe uma presunção em favor da igualdade e, dentre suas dimensões, uma presunção em favor da igualdade particular. Qualquer tipo de afastamento da igualdade exige razões justificativas à altura da sua estatura constitucional. Mesmo quando há fundadas justificativas para seu afastamento, a igualdade continua lá como contraponto para a verificação da validade desse distanciamento. A igualdade mantém seu peso constante, mesmo diante de razões contrárias. Não é, pois, um princípio *prima facie*, mas *pro tanto*.[9]

3.1.2 Função de suporte da igualdade

O que até aqui se afirmou diz respeito ao eventual conflito do princípio da igualdade com outro princípio que não tenha a mesma prevalência relativa abstrata. Trata-se, portanto, da *eficácia horizontal* decorrente dessa prevalência. Há, no entanto, outra espécie de eficácia advinda dessa prevalência: a *eficácia vertical*.

A eficácia vertical da prevalência manifesta-se na função de suporte argumentativo que a igualdade exerce relativamente a normas infraconstitucionais que estejam em conflito. Nessa hipótese, pergunta-se: qual delas deve prevalecer? Aqui, entra em cena a noção de coerência substancial, já explicada apenas na parte pertinente à função desempenhada pela igualdade.

A noção de coerência substancial por suporte possibilita compreender que a solução para a ponderação entre normas legais em colisão depende de qual delas é mais fortemente suportada por princípios constitucionais superiores. A intensidade do suporte, nesse caso, provém de dois fatores.

Em primeiro lugar – e por isso a relação com o tema ora desenvolvido –, a intensidade do suporte decorre da prevalência relativa abstrata do princípio. O suporte axiológico, advindo de um princípio constitucional abstratamente prevalente, é maior do que aquele fornecido por um princípio sem essa primazia. Nesse sentido, não havendo outros elementos a modificar a equação, se houver um conflito entre duas normas legais, uma delas suportada pela igualdade e outra não, deve-se dar primazia à primeira em detrimento da segunda.

Em segundo lugar, a intensidade do suporte provém da proximidade com o princípio superior. O suporte axiológico, advindo de um princípio constitucional, é tanto maior, quanto mais próxima for a relação da nor-

9. Shelly Kagan, *The limits of morality*, Oxford, Clarendon, 1989, p. 17.

ma legal com o princípio constitucional. Alguns princípios exercem, por assim dizer, uma função subordinante relativamente a outros princípios subordinados, a exemplo do que ocorre com os valores, na terminologia de Reale.[10] Nessa direção, não havendo outros elementos a modificar a equação, se houver um conflito entre duas normas legais, uma delas suportada mais intensamente por um princípio constitucional, inclusive a igualdade, e outra menos intensamente apoiada, deve-se dar primazia à primeira em desfavor da segunda.

Tanto a eficácia horizontal quanto a eficácia vertical da prevalência axiológica da igualdade são importantes para demonstrar que a restrição à igualdade só pode ser feita mediante um ônus argumentativo maior. É sobre ele que se passa a dissertar.

3.1.3 Restringibilidade

3.1.3.1 Dimensão do ônus argumentativo

Foi dito acima que a prevalência axiológica da igualdade traz repercussões para a sua realização. Chegou o momento de aprofundá-las. Para tanto, é preciso, em primeiro lugar, fazer uma distinção entre explicação da desigualdade e justificação da desigualdade; em segundo lugar, verificar quais os elementos necessários a uma justificação de desigualdade; e em terceiro lugar, examinar as consequências argumentativas da presunção de igualdade. Cada um desses passos traz grandes repercussões para a realização da igualdade.

A presunção de igualdade (*presumption of equality*) estabelece que os contribuintes devem ser tratados igualmente, a não ser que existam razões para tratá-los diferentemente. Há, pois, um dever de tratamento igualitário (*Gleichbehandlungsgebot*).[11] Se assim é, passa a ser decisivo saber em que consiste uma "razão" para efeito do tratamento desigual. É precisamente aqui que, seguindo Westen, se faz necessária a distinção entre *explicação* da desigualdade e *justificação* da desigualdade.[12] Explicar a desigualdade de tratamento é apenas fornecer uma razão causal para o tratamento desigual. Por exemplo, um marido pode dizer que agrediu

---

10. Miguel Reale, *Filosofia do Direito*, 14ª ed., São Paulo, Saraiva, 1991, p. 235.

11. Rolf Eckhoff, *Rechtsanwendungsgleichheit im Steuerrecht*, Colônia, Otto Schmidt, 1999, p. 71. Robert Alexy, *Theorie der Grundrechte*, Frankfurt am Main, Suhrkamp, 1985, p. 370.

12. Peter Westen, *Speaking of equality. An analysis of the rhetorical force of "equality" in moral and in legal discourse*, cit., p. 240.

sua esposa, "porque" ela estava bêbada. Nesse caso, ele está apenas explicando sua conduta, sem a justificar, isto é, ele está apenas fornecendo uma razão que entende explicar causalmente sua conduta, sem defender sua correção. Justificar é algo diferente. Justificar é atribuir uma avaliação moral ou jurídica para uma ação. Continuando com o mesmo exemplo, o marido pode afirmar que agrediu sua esposa porque ela cometeu adultério; nesse caso, além de explicar, estaria justificando sua conduta, ao tentar dar uma razão que pensa poder persuadir os outros a respeito da correção da sua conduta.

Pois bem, a presunção de igualdade não exige apenas uma *explicação* do tratamento desigual. Ela exige uma *justificação*, assim entendida aquela razão que demonstra fundamentos jurídicos suficientes para o tratamento desigual. Essa distinção, aparentemente trivial, reveste-se de importância sem igual. Um exemplo pode explicá-lo. Uma lei federal estabeleceu uma isenção do imposto sobre operações financeiras apenas para aqueles contribuintes que tivessem guia de importação emitida a partir de uma determinada data. Os contribuintes insurgiram-se contra tal medida, alegando, no ponto agora discutido, que haveria violação ao princípio da isonomia, porquanto a medida de comparação (emissão de guia de importação a partir de determinada data) seria arbitrária. O tribunal de origem afastou o critério distintivo, por considerá-lo ofensivo à igualdade, o que permitiu a obtenção da isenção também por aqueles contribuintes que tivessem guias de importação emitidas antes da data referida em lei. Excluídas, neste passo, outras questões que deveriam ser respondidas (se o Poder Judiciário tem competência para modificar a lei, ou se os benefícios fiscais devem ser interpretados restritivamente), o Tribunal Pleno do Supremo Tribunal Federal decidiu que não haveria violação ao princípio da isonomia, porque a isenção fiscal decorreria da implementação de política fiscal e econômica, pelo Estado, tendo em vista o interesse social, sendo, por isso, ato discricionário que escaparia ao controle do Poder Judiciário e envolveria um juízo de conveniência e oportunidade do Poder Executivo.[13]

Diante desse caso, surge a pergunta: a decisão justificou a desigualdade de tratamento ou apenas a explicou? Explicou. Isso porque apenas forneceu uma causa para o tratamento desigual, sem, porém, demonstrar o acerto do tratamento desigual, mediante – eis o ponto – a demonstração de que existia uma relação de causalidade fundada e conjugada entre uma medida de comparação, cujo uso era permitido, e uma finalidade

---

13. RE 188.951, STF, Segunda Turma, Rel. Min. Maurício Corrêa, j. em 16.5.1995, *DJU* 15.9.1995.

que, além de prevista, justificava a utilização da medida de comparação. O tratamento desigual até poderia ser justificável, mas isso não foi demonstrado. O que houve, na decisão, foi a demonstração de existência de *autorização para a distinção*, e, não, a demonstração de existência de *correção para a distinção* autorizada, o que é bem diferente.

O mesmo não ocorreu noutro caso. A autoridade administrativa competente negou, com base em portaria que proibia a autorização para a importação de bens de consumo usados, a emissão de guias de importação para a importação de um automóvel usado. O contribuinte se insurgiu contra essa negativa, alegando que o critério de discriminação (ser usado o bem a ser importado) não seria compatível com o princípio da isonomia.[14] No julgamento, o Tribunal Pleno do Supremo Tribunal Federal também afirmou inexistir violação ao princípio da isonomia, porque a importação de produtos estrangeiros sujeitava-se ao controle governamental, tendo em vista os mais variados interesses nacionais. O Tribunal, porém, foi além. Ele confirmou, de um lado, que havia uma diferença fática entre a importação de veículos usados e novos: os veículos usados sofreriam grande depreciação em função das novidades tecnológicas, o que os tornaria, diferentemente dos veículos novos, bastante atrativos do ponto de vista do consumidor, ainda mais quando estrangeiros, cuja qualidade é presumida e o preço, à vista da falta de tradição na importação, difícil de dimensionar. De outro, o Tribunal evidenciou, primeiro, que o uso da medida de comparação (ser usado o bem a ser importado) era justificada por uma finalidade constitucional (melhorar as condições de competitividade da indústria nacional), vinculada a uma regra constitucional de competência (art. 237); segundo, que, entre a medida de comparação e a finalidade constitucional, havia relação de pertinência, dado que a permissão de importação de automóveis novos favoreceria a concorrência efetiva e a melhoria da qualidade industrial, o que não ocorreria caso fosse permitida a importação de veículos usados.

Essas considerações revelam aquilo que é fundamental para a realização da igualdade: a desigualdade de tratamento precisa ser, mais do que explicada, justificada. Para haver justificação não basta que seja explicado o que o ente estatal fez, nem apenas porque fez. É preciso que seja patenteada a correção da atuação estatal. E a correção da atuação estatal – aqui o núcleo da questão – depende de uma relação fundada e conjugada entre uma medida de comparação permitida e uma finalidade imposta. Sem isso, malogra a realização da igualdade. Noutro giro, isso significa

14. RE 203.954, STF, Tribunal Pleno, Rel. Min. Ilmar Galvão, j. em 20.11.1996, *DJU* 7.2.1997.

que uma lei instituidora de tratamento desigual entre contribuintes não é justificada mediante a revelação de que o legislador visava a atingir uma finalidade extrafiscal, e nada mais. A menção à finalidade extrafiscal não é o fim da justificação, mas seu começo: é necessária a confirmação de que o uso da medida de comparação é justificada por uma finalidade constitucional e que, entre a medida de comparação e a finalidade constitucional, há uma relação fundada e conjugada de pertinência. Em resumo, a finalidade extrafiscal não possui *poder justificativo em si*, a tal ponto que a sua menção possa dispensar a adução da justificativa geral para o tratamento desigual entre os contribuintes.

A justificação, contudo, deve ser demonstrada e, quando for o caso, comprovada. Não pode, portanto, ser presumida. Isso seria negar a própria presunção de igualdade, transformando-a no seu contrário. Um caso, acima estudado noutro particular, pode esclarecer o argumento.[15] O Poder Legislativo, ao instituir a contribuição social sobre o faturamento, majorou a sua alíquota de dois para três por cento, autorizando a compensação de até um terço dela com outra contribuição social, a incidente sobre o lucro. A fazê-lo, o legislador terminou por estabelecer alíquotas diferenciadas para contribuintes com lucro e sem lucro, pois aqueles que tinham lucro no exercício poderiam efetuar a compensação, negada para aqueles que não tinham a mesma condição. O ponto nuclear da discussão era verificar se a medida de comparação (lucratividade) mantinha uma relação fundada e conjugada de pertinência com a finalidade da contribuição (financiamento da seguridade social). Afastando outros elementos ora pertinentes, a maioria dos julgadores fixou-se apenas na aplicação uniforme da lei, afastando a lesão ao princípio da igualdade – eis o ponto aqui – porque, no caso em apreço, "mostrou-se claramente que não há lesão ao princípio da isonomia, porque o benefício é concedido a empresas que preenchem os requisitos devidos, e que não há discrímen arbitrário" (voto do Ministro Gilmar Mendes). Ora, no caso em questão, a maioria vencedora não analisou a relação de pertinência fundada e conjugada entre a medida de comparação e a finalidade, fixando-se, em vez disso, na consideração da igualdade sob seu aspecto de aplicação uniforme da lei. Foi apenas a minoria dos julgadores que adentrou no mérito da distinção, mas para demonstrar sua arbitrariedade. Como foi, pois, demonstrada, claramente, a ausência de arbitrariedade da medida de comparação? Ela não foi.

15. RE 336.134, STF, Tribunal Pleno, Rel. Min Ilmar Galvão, j. em 20.11.2002, *DJU* 16.5.2003.

Essa observação patenteia que não basta, para aferir tratamento desigual aos contribuintes, que haja uma presunção de justificação. É preciso que exista a *fundamentação da justificação*, sem o que, por outra via, será frustrada a efetividade da igualdade.

Visto, até aqui, que a prevalência abstrata da igualdade repercute na exigência de justificação fundamentada da desigualdade de tratamento entre os contribuintes, é preciso ingressar no mérito da justificação: em que consiste precisamente uma justificação? Ou, posto de outro modo: há algo a mais na necessidade de demonstrar a existência de uma relação de pertinência fundada e conjugada entre a medida de comparação e a finalidade? Há. Esse complemento se manifesta no *ônus argumentativo superior* para o afastamento da igualdade, o qual se particulariza pelas seguintes características:

(a) Em primeiro lugar, como a prevalência relativa abstrata cria um desnivelamento favorável à igualdade, são necessárias *maiores razões* para o seu afastamento do que as exigidas para o afastamento ou superação de outro princípio. É que, enquanto a relação de prevalência concreta entre os princípios de mesma estatura horizontal se dá mediante a atribuição de um peso maior a um deles, bastando que, pelo nivelamento anterior, seja demonstrada uma razão para isso, no caso da igualdade, cujo peso já é inicialmente maior, é preciso que seja demonstrada uma razão suficiente para reverter a sua vantagem axiológica primitiva e permitir a prevalência do princípio contraposto.

(b) Em segundo lugar, se, além de um tratamento diferenciado, houver um tratamento diferenciado relacionado a uma medida de comparação preliminarmente vedada ou diversa daquela prescrita pela Constituição, são necessárias, *ainda maiores razões* para o tratamento desigual. A Constituição proíbe distinção baseada em determinadas medidas de comparação, como origem, raça, sexo, cor, idade, estado civil, deficiência física, qualidade do trabalho, caráter do vínculo empregatício, origem da nacionalidade, ocupação profissional ou procedência ou destino do bem. Não que o tratamento desigual não possa estar relacionado a medidas de comparação vedadas ou estar baseado em medidas de comparação diversa das prescritas. O que ele não pode é estar "fundado" em qualquer delas, entendendo-se como tratamento desigual aquele estabelecido "só por causa" de uma medida de comparação vedada, sem que o seu uso seja justificado por uma finalidade, constitucionalmente posta, com a qual mantenha vínculo de pertinência fundada e conjugada. O mesmo ocorre quando a Constituição impõe o uso de determinada medida de comparação, como a capacidade contributiva, no caso de impostos pessoais. Não que o legislador não possa estabelecer tratamento desigual mediante o uso de outra medida de comparação diferente da daquela prescrita pela Constituição. O que lhe é subtraído é o poder de usar outra medida sem uma finalidade, constitucionalmente posta, que justifique a sua utilização. O ponto crucial, aqui, é afirmar que não basta que o tratamento desigual seja relacionado a – e não fundado em – medida de comparação inicialmente vedada, ou possa valer-se de medida de comparação diversa daquela preliminarmente prescrita. "A questão não é, pois, se ocorre uma distinção, e sim, se o parâmetro que a criou se legitima constitucionalmente", afirma Schoueri.[16] Bandeira de Mello evidencia que medidas preliminarmente arbitrárias, como altura, cor dos olhos, raça, dependendo do fim que justifica o seu uso, tornam-se legítimas (por exemplo, altura para contratação de guardas de honra, olhos azuis para acesso a ofício que requer contato com povos com aversão a pessoas com outra cor de olhos, raça branca para ser objeto de uma pesquisa que requer essa raça).[17] A própria jurisprudência do Supremo Tribunal Federal dá conta de vários casos nesse sentido.[18]

Havendo, porém, uso de medida de comparação que seja vedada ou que seja divergente da prescrita, são necessárias razões *ainda maiores* para o tratamento desigual. Enquanto o tratamento desigual relacionado a medidas de comparação permitidas exige a demonstração de razões justificativas, o tratamento diferente, concernente a medidas de comparação vedadas ou desviadas da obrigatória, pressupõe a demonstração da existência de razões justificativas irresistíveis ou extremamente convincentes (*compelling reasons*).[19]

Essas ponderações são de enorme importância no Direito Tributário. A Constituição atribuiu preferência ao tratamento particularizado, quer porque o elegeu como princípio geral (art. 145, § 1º), quer porque o manteve como contraponto na sua exceção (art. 150, § 7º), quer, ainda, porque exigiu sua observância na instituição das espécies tributárias, ao prever,

16. Luis Eduardo Schoueri, *Normas tributárias indutoras e intervenção econômica*, Rio de Janeiro, Forense, 2005, p. 277.

17. Celso Antônio Bandeira de Mello, "Princípio da isonomia: desequiparações proibidas e desequiparações permitidas", *Revista Trimestral de Direito Público* 1/80, 1993.

18. Carlos Mário da Silva Velloso, "A evolução da interpretação dos direitos fundamentais no Supremo Tribunal Federal", in José Adércio Leite Sampaio (Org.), *Jurisdição constitucional e direitos fundamentais*, Belo Horizonte, Del Rey, 2003, pp. 366 e ss.

19. Peter Westen, *Speaking of equality. An analysis of the rhetorical force of "equality" in moral and in legal discourse*, cit., p. 237.

nas regras de competência, a existência de poder de tributar somente relativamente à ocorrência efetiva de determinados fatos. Com isso, a Constituição não só estabeleceu uma presunção de igualdade particular; ela também instituiu presunções de medidas de comparação, ao tornar algumas obrigatórias (por exemplo, capacidade contributiva para impostos pessoais) e outras, proibidas (por exemplo, ocupação profissional). Ao fazê-lo – aqui o desate final –, criou obliquamente várias regras argumentativas: o ente estatal deverá tratar igualmente os contribuintes, a não ser que haja uma razão para tratá-los diferente; o ente estatal deverá tratar os contribuintes de acordo com sua capacidade contributiva pessoal, a não ser que haja uma razão extrema para não fazê-lo; o ente estatal deverá tratar os contribuintes conforme a dimensão real do fato gerador, a não ser que haja uma razão para assim não proceder; o ente estatal não poderá diferenciar os contribuintes pela sua ocupação profissional, a não ser que haja uma razão para fazer de outro modo; e assim por diante. Em outras palavras, a Constituição é contrária a discriminações. Tanto mais, quanto mais enfaticamente a procura afastar.

A presunção de igualdade não só contribui para o ônus de fundamentação. Ela também concorre para o ônus de *comprovação*. Um exemplo, já tratado, pode esclarecê-lo.[20] Ao instituir um mecanismo diferenciado de pagamento de tributos federais por meio do qual as microempresas e as empresas de pequeno porte pagariam menos e de modo mais simplificado, o Poder Legislativo excluiu desse mecanismo determinadas categorias profissionais, como advogados, contadores e médicos, independente de eles se enquadrarem no limite de faturamento previsto para todas as outras categorias profissionais. Os contribuintes excluídos do benefício atacaram a constitucionalidade da medida, por entenderem que não haveria justificativa para o tratamento diferenciado de profissionais liberais. A questão subjacente era concernente à existência de diferenças reais entre as sociedades civis de prestação de serviços profissionais relativos ao exercício de profissão legalmente regulamentada e as sociedades relativas a outros tipos de serviços. É precisamente neste particular que entra em cena o ônus de comprovação, decorrente da presunção de igualdade.

A igualdade exige o tratamento igualitário de dois ou mais contribuintes que se encontrem em "situação equivalente". Daí se dizer que a igualdade descritiva é pressuposto de aplicação da igualdade prescritiva: para atribuir o mesmo tratamento a determinados contribuintes, é preciso saber se eles têm direito a esse mesmo tratamento; para saber se eles têm

---

20. ADI 1.643-1, STF, Tribunal Pleno, Rel. Min. Maurício Corrêa, j. em 5.12.2002, *DJU* 14.3.2003.

direito ao mesmo tratamento, é necessário verificar se eles preenchem os requisitos previstos abstratamente na norma; e para examinar se eles satisfazem os requisitos previstos na norma – aqui a questão –, é imperioso comprovar que cumprem, da mesma forma, aqueles pressupostos de fato. Se houver, entre os contribuintes, diferenças factuais relevantes, assim consideradas aquelas distinções a respeito de propriedades cuja existência tenha sido selecionada pela norma, eles não estarão na mesma situação e, por isso, não terão direito ao mesmo tratamento.

Pois é justamente aqui que a presunção de igualdade concorre para o ônus de comprovação. Sua prevalência axiológica requer que o ente estatal dispense igualdade de tratamento entre os contribuintes, a não ser que comprove que eles não estão na mesma situação. A desigualdade de fato não pode ser presumida. Deve, antes, ser comprovada. O retorno ao caso paradigmático escolhido pode ser de grande valia. É que o voto vencedor afirmou que "não resta dúvida *de que as sociedades civis de prestação de serviços profissionais relativos ao exercício de profissão legalmente regulamentada não sofrem impacto do domínio de mercado pelas grandes empresas; não se encontram, de modo substancial, inseridas no contexto da economia informal; em razão do preparo científico, técnico e profissional de seus sócios estão em condições de disputar o mercado de trabalho, sem assistência do Estado; não constituiriam, em satisfatória escala, fonte de geração de empregos se lhes fosse permitido optar pelo 'Sistema Simples'*".[21]

No caso, não houve qualquer comprovação de que as sociedades de prestação de serviços profissionais não sofreriam o impacto do domínio de mercado pelas grandes empresas, não se encontrariam inseridas no contexto da economia informal, estariam em condições de disputar o mercado de trabalho sem assistência do Estado ou não se constituiriam em fonte de geração de empregos. Tudo isso foi "tomado de barato", sem ser provado ou fundamentado. "Não resta dúvida", limitou-se o relator a afirmar. Note-se que foi precisamente essa presunção que afastou a violação ao princípio da igualdade, pois, não estando em situação equivalente a outras sociedades, as sociedades de serviços profissionais não tinham direito ao mesmo tratamento.

Claro está que não há dever de tratamento igualitário que resista a uma aplicação mediante presunções de desigualdades factuais: para deixar de aplicar uma norma a determinado contribuinte, bastaria *a mera*

---

21. ADI 1.643-1, STF, Tribunal Pleno, Rel. Min. Maurício Corrêa, j. em 5.12.2002, *DJU* 14.3.2003.

alegação de que ele está em situação dessemelhante para legitimar o tratamento desigual.

Tudo quanto se ponderou até aqui serviu justamente para patentear os reflexos argumentativos e comprobatórios da estatura constitucional da igualdade: para afastar a presunção de igualdade, não basta explicar, é preciso justificar; mas para justificar, não basta pressupor, é preciso confirmar a existência de vínculo de pertinência, fundada e conjugada, entre a medida de comparação e a finalidade que legitima seu uso. Não sendo assim, gorada estará a realização da igualdade.

3.1.3.2 Sujeito do ônus argumentativo

Se a Constituição estabelece que os contribuintes devem ser tratados igualmente, a *não ser que* existam razões para tratá-los diferentemente, há uma presunção a favor da igualdade ou contra a desigualdade. Em outras palavras, não há necessidade de justificar o tratamento igual. Há dever de justificar o tratamento desigual. Essa observação é, até certo ponto, trivial. Não obstante, por trás da sua obviedade existe algo que merece maior aprofundamento. O mesmo caso, logo acima esmiuçado, pode demonstrá-lo. Os contribuintes excluídos do mecanismo de pagamento simplificado de tributos federais insurgiram-se contra a medida, alegando que o tratamento diferenciado seria arbitrário, dada a inexistência de justificativa para a exclusão das sociedades de profissionais liberais. Tirantes outras questões ora impertinentes, merece consideração o voto do Ministro Relator que, adotando as razões da Procuradoria-Geral da República, afastou a violação ao princípio da igualdade porque "a não exclusão das pessoas jurídicas de prestação de serviços (...) do SIMPLES é que consubstanciaria privilégio em nada compatível com o sistema instituído no texto constitucional, eis que ausente qualquer motivo objetivo que assim o justificasse". Em outras palavras, a decisão manteve a desigualdade, dada a ausência de uma razão para a igualdade. Ao assim proceder, aplicou a presunção de igualdade, às avessas.[22]

Com efeito, se a Constituição estabelece que os contribuintes devem ser tratados igualmente, a não ser que existam razões para tratá-los diferentemente, precisa-se justificar o tratamento desigual, não o igual. Noutro dizer (e colocando de lado a questão processual de que o autor de uma ação deve fundamentar seu pedido, ainda mais quando se trata de uma lei,

---

22. ADI 1.643-1, STF, Tribunal Pleno, Rel. Min. Maurício Corrêa, j. em 5.12.2002, *DJU* 14.3.2003.

cuja presunção de constitucionalidade é presumida), pode-se afirmar que não são os contribuintes que devem aduzir razões de extrema importância para serem tratados da mesma forma, mas é o ente estatal que deve aduzi-las para tratá-los de forma diferente. Ler a presunção de igualdade como sendo a permissão para tratar diferentemente os contribuintes, a não ser que haja uma razão para tratá-los iguais, ou como sendo a permissão para tratá-los conforme qualquer medida de comparação, salvo se houver uma razão para tratá-los de acordo com a sua capacidade contributiva ou conforme a dimensão real do fato gerador por eles praticados, é subverter a igualdade tal como é posta pela Constituição.

Até aqui foi analisada a repercussão geral da prevalência axiológica da igualdade, notadamente com relação ao ônus argumentativo decorrente da denominada presunção de igualdade dos contribuintes. Há, relativamente ao mesmo assunto, algo mais a ser aduzido. É que a instituição de tributos serve a finalidades diferentes e, dependendo da finalidade a que a tributação se destina a atingir, não só são diferentes os seus critérios de validação, como, também, diferentes a intensidade do controle e o sujeito encarregado de justificá-lo. É o que se passa a analisar.

3.2 Medida de realização

3.2.1 Finalidade das normas tributárias e realização da igualdade

3.2.1.1 Finalidade fiscal e capacidade contributiva

Quando os tributos destinam-se a atingir uma finalidade fiscal, enquanto instituídos com o fim preponderante de obter receitas dos particulares, e o ordenamento constitucional permitir a eleição dessa medida de comparação, será a *capacidade contributiva* a medida de diferenciação entre os contribuintes.[23] O § 1º do art. 145 da Constituição determina que os impostos "terão caráter pessoal e serão graduados segundo a capacidade econômica do contribuinte". Isso importa dizer que a medida de aplicação da igualdade entre os contribuintes com a finalidade de pagar impostos é a sua própria capacidade contributiva. Como a distinção entre os contribuintes é feita com base em elementos residentes neles próprios e a finalidade da tributação é a própria distribuição igualitária da carga tributária, critério e finalidade, antes de se afastarem, aproximam-se,

---

23. Pedro M. Herrera Molina, *Capacidad económica y sistema fiscal*, Madri, Marcial Pons, 1998, p. 73. F. Moschetti, "La capacità contributiva", *Trattato di diritto tributario*, v. 1, t. 1, Pádua, CEDAM, 1994, p. 230.

para consubstanciar uma só equação: *a imposição deve corresponder à capacidade contributiva*. Fala-se, por isso, em *fim interno*.[24]

A observância da capacidade contributiva faz com que, primeiro, os tributos devam ser graduados segundo a *capacidade econômica*. O *substrato econômico* na hipótese de cada imposto é *pressuposto* pela própria Constituição. Sendo assim, só podem ser tributadas as atividades relacionadas à renda, patrimônio ou consumo, que sejam indicativas de expressão econômica. A capacidade produtiva não deve ser tributada, mas somente a riqueza efetivamente percebida. Nesse sentido, afastam-se tanto a tributação de rendimentos meramente nominais, decorrentes da inflação, quanto a tributação de riquezas meramente prováveis por meio de ficções e presunções absolutas.

O decisivo é que o poder de tributar é limitado pelo critério da capacidade contributiva subjetiva: a instituição de impostos "pessoais" é inconstitucional quando não obedecer à capacidade econômica dos contribuintes.

3.2.1.2 Finalidade extrafiscal e proporcionalidade

Quando, porém, os tributos se destinarem a atingir uma finalidade extrafiscal, porque instituídos com o fim prevalente de atingir fins econômicos ou sociais, a medida de comparação não será a capacidade contributiva. Ela deverá corresponder a um elemento ou propriedade que mantenha relação de pertinência, fundada e conjugada, com a finalidade eleita. Nesse sentido, deve-se buscar, nas outras finalidades que o ente estatal deve realizar, o parâmetro para a validação das medidas de comparação escolhidas. A manutenção do Estado Federativo (art. 18), a garantia da segurança pública (art. 144), a preservação da ordem econômica (arts. 170 e ss.), a implementação da política urbana (arts. 182 e 183), a garantia da função social da propriedade (arts. 184 a 191), a preservação da ordem social (arts. 193 a 231), a evolução da ciência e da tecnologia (arts. 218 a 224), a proteção do meio ambiente (art. 225) e da família (arts. 231 e 232), a fiscalização e o controle sobre o comércio exterior (art. 237), entre tantos outros fins direta ou indiretamente previstos no ordenamento constitucional, é que irão permitir a verificação da compatibilidade da medida de comparação legalmente escolhida. Como a distinção entre os contribuintes é feita com base em elementos a eles exteriores, e a tributação baseia-se numa finalidade estranha à própria

24. Stefan Huster, *Rechte und Ziele: Zur Dogmatik des allgemeinen Gleichheitssatzes*, Berlim, Duncker und Humblot, 1993, p. 149.

distribuição igualitária da carga tributária, critério e finalidade afastam-se para consubstanciar duas realidades empiricamente discerníveis. Fala-se, por isso, em *fim externo*. Como tal, o fim externo é aquele perceptível fora do âmbito jurídico.[25]

A instituição de um tributo com finalidade extrafiscal, no entanto, fará com que o ente estatal se afaste, em maior ou menor medida, do ideal de igualdade particular preliminarmente instituído. Esse afastamento faz com que a tributação se submeta a outro tipo de controle: o controle de proporcionalidade.

Não é o momento de realizar um exame aprofundado dessa norma.[26] É preciso, apenas, aclarar seu significado enquanto controle de aplicação da própria igualdade. Nesse sentido, o distanciamento da igualdade exige que a medida seja *adequada*, *necessária* e *proporcional*.

Adequada é a medida cuja utilização provoque efeitos que contribuam para a promoção gradual da finalidade extrafiscal. Por exemplo, se a finalidade da tributação é proteger o meio ambiente, o mecanismo pelo qual ela é exteriorizada deve produzir efeitos que contribuam para a proteção do meio ambiente. O fundamento de validade da exigência de adequação decorre da própria finalidade positivamente estabelecida: a instituição mesma da finalidade pressupõe a adoção de comportamentos que levem à sua realização, deslegitimando qualquer outro. Não por outro motivo, o Supremo Tribunal Federal declarou inconstitucional lei que exigia a demonstração de condições de capacidade para o exercício de uma profissão que não as pressupunha: a medida foi declarada inconstitucional, porque inadequada para atingir o fim visado.[27]

Necessária é a medida que, dentre todas aquelas disponíveis e igualmente adequadas para atingir dada finalidade, seja a menos restritiva relativamente ao princípio da igualdade. Por exemplo, se a finalidade da tributação é promover o desenvolvimento de determinada região, o meio escolhido, além de contribuir para a promoção gradual desse desenvolvimento, deve ser o meio menos restritivo, dentre os disponíveis, no que concerne ao princípio da igualdade. O fundamento de validade da exigência de necessidade decorre da própria positivação de vários princípios constitucionais que devem, ao mesmo tempo, ser realizados: ao ter

---

25. Klaus Vogel, "Die Abschichtung von Rechtsfolgen im Steuerrecht", in *Der offene Finanz- und Steuerstaat*, Heidelberg, Müller, 1991, p. 542.

26. Humberto Ávila, *Teoria dos princípios*, cit., pp. 204 e ss.

27. Rp 930, STF, Tribunal Pleno, Rel. Min. Cordeiro Guerra, Rel. para o acórdão: Min. Rodrigues Alckmin, j. em 5.5.1976, *DJU* 2.9.1977.

que atingir não só um ideal de desenvolvimento regional, mas, também, e simultaneamente, um ideal de igualdade, o ente estatal está obrigado a escolher aquele meio que promova o primeiro sem restringir desnecessariamente o segundo. Por esse motivo, por exemplo, o Supremo Tribunal Federal declarou inconstitucional a lei que previa a obrigatoriedade de pesagem de botijão de gás à vista do consumidor, porque a proteção dos consumidores poderia ser preservada de outra forma, menos restritiva.[28]

Proporcional é a medida cuja utilização provoque mais efeitos positivos do que negativos à promoção dos princípios constitucionais. Por exemplo, a pretexto de proteger o meio ambiente, o ente estatal não pode instituir mecanismo de tributação que, embora promova positivamente a proteção ambiental em determinado nível, termine por restringir em nível negativo ainda maior o princípio da igualdade e o princípio do desenvolvimento regional. O fundamento de validade da exigência de proporcionalidade decorre da própria positivação de um bloco de princípios constitucionais que deve ser realizado em conjunto: ao ter que promover a ordem constitucional, ao invés de restringi-la, o ente estatal está obrigado a escolher aquele meio que promova, na sua inteireza, mais a ordem constitucional do que a restrinja.

As observações precedentes permitem verificar os reflexos da finalidade extrafiscal escolhida para a justificação do tratamento desigual: para afastar a presunção de igualdade, não é suficiente justificar; é preciso confirmar que a medida do distanciamento da igualdade é proporcional; e, para evidenciá-lo, é preciso comprovar que a medida produz efeitos que contribuem para a realização gradual da finalidade extrafiscal (exame da adequação), que a medida é a menos restritiva aos direitos envolvidos, dentre aquelas que poderiam ter sido utilizadas para atingir a finalidade extrafiscal (exame da necessidade), e que os efeitos positivos, decorrentes da adoção da medida, aferidos pelo grau de importância e de promoção da finalidade extrafiscal, não são desproporcionais aos seus efeitos negativos, estimados pelo grau de importância e de promoção da finalidade igualitária (exame de proporcionalidade em sentido estrito). Não sendo assim, defraudada está a realização da igualdade.

3.2.2 Limites da realização da igualdade

Mesmo, porém, que o afastamento da igualdade particular seja justificado mediante a demonstração de que a norma legal contém medida

28. ADI MC 855-2, STF, Tribunal Pleno, Rel. Min. Sepúlveda Pertence, j. em 1.7.1993, *DJU* 1.10.1993.

de comparação que seja congruente e proporcional, pode ser que ela seja inválida, por excessiva. Um exemplo pode elucidar o argumento ora desenvolvido.

A União Federal institui uma lei com a finalidade de promover o desenvolvimento de determinada região mediante uma desoneração tributária das empresas que lá estão instaladas, equivalente a uma redução de trinta por cento do percentual de um imposto relativamente a outras regiões. Nesse sentido, pode-se afirmar que a medida de comparação (estabelecimento na região) mantém um vínculo de pertinência, fundada e conjugada, com a finalidade que justifica sua utilização: *fundada*, porque o estabelecimento na região é uma propriedade que mantém compatibilidade lógica com a finalidade de promover a região; *conjugada*, porque não há outra medida de comparação que revele melhor a necessidade de estímulo via desoneração do que o estabelecimento na região que carece de desenvolvimento. Seria correto dizer, além disso, que a norma legal é proporcional, porque adequada, necessária e proporcional em sentido estrito: *adequada*, porque a desoneração tributária produziria efeitos que contribuiriam para o desenvolvimento da região, via atração de investimentos novos e estímulo de investimentos antigos; *necessária*, caso se comprovasse que o desenvolvimento da região só seria mesmo estimulado com uma redução de trinta por cento da carga tributária de um tributo específico, não havendo outro meio, além da desoneração nesse percentual, que restringisse menos o direito de livre concorrência; e *proporcional*, porque as vantagens criadas pela desoneração seriam proporcionais aos seus efeitos negativos relativamente aos direitos fundamentais de livre concorrência. Ainda que considerando tudo isso, ainda assim a norma legal poderia ser qualificada como excessiva. Isso ocorreria, por exemplo, se, mesmo não havendo meio menos restritivo disponível, a desoneração provocasse um efeito tão devastador na concorrência que, praticamente, eliminasse a possibilidade de que empresas que produzissem os mesmos bens noutra região pudessem competir com aquelas instaladas na região favorecida. Nessa hipótese, a normal legal, conquanto proporcional, seria excessiva, na medida em que provocasse efeitos que aniquilariam a eficácia mínima do direito fundamental de livre concorrência.

O entendimento aqui exposto demonstra existir uma dissociação entre os controles de proporcionalidade e excessividade: pode haver medidas proporcionais, mas excessivas; e desproporcionais, mas não excessivas.[29]

29. Humberto Ávila, *Teoria dos princípios*, cit., p. 219.

A problemática da realização da igualdade, porém, não se esgota aí. Parte dela, aliás, começa neste ponto. É que o problema não está apenas em se saber se a medida é adequada, necessária ou proporcional, ou se não foi ultrapassado o limite da proibição de excesso. A questão crucial é saber quem deverá decidir quando isso se verifica. É o que se propõe para exame a seguir.

3.3 Sujeitos da realização

3.3.1 Considerações gerais

Prosseguindo no método adotado neste trabalho, recorre-se, uma vez mais, à análise de alguns casos como ilustração da problemática dos sujeitos envolvidos na realização da igualdade. Ocioso repetir que esse exame é limitado ao que aqui ora se investiga.

O primeiro caso, já esquadrinhado por outras razões neste trabalho, diz respeito à instituição do mecanismo de tributação simplificada para micro e pequenas empresas.[30] Esse caso fez surgir a questão de perquirir se a exclusão de determinadas sociedades de profissionais do benefício, independente de elas se enquadrarem no limite de faturamento previsto para todas as outras categorias profissionais, era compatível com o princípio da igualdade. No julgamento, o Supremo Tribunal Federal alegou que o favor fiscal decorria de "implemento de política fiscal e econômica, visando o interesse social" e que – eis a questão-chave – "é ato discricionário que foge ao controle do Poder Judiciário, envolvendo juízo de mera conveniência e oportunidade do Poder Executivo". Além disso, o Tribunal entendeu que a pretensão de obter judicialmente a extensão do benefício extrafiscal esbarraria nos seus precedentes, dentre os quais aquele que pontificou que não poderia o Tribunal "alterar o sentido inequívoco da norma por via de declaração de inconstitucionalidade de parte do dispositivo de lei", já que ele "só pode atuar como legislador negativo, não, porém, como legislador positivo".

O exame desse caso põe em evidência duas perguntas que precisam ser respondidas no tocante à realização da igualdade: a quem compete definir a medida de comparação e a finalidade – ao Poder Legislativo, ao Poder Judiciário ou ao Poder Executivo? E mesmo que se admita que o Poder Judiciário possa examinar esses elementos, ele pode alterar o

---

30. ADI 1.643-1, STF, Tribunal Pleno, Rel. Min. Maurício Corrêa, j. em 5.12.2002, *DJU* 14.3.2003.

sentido de uma norma a ponto de, em nome da igualdade, conferir um benefício a quem o Poder Legislativo ou Executivo não outorgou?

O segundo caso, também já esmiuçado por motivos diversos, diz respeito ao fato de uma autoridade administrativa ter negado, com base em portaria que proibia a autorização para a importação de bens de consumo usados, a emissão de guias de importação para a importação de um automóvel usado.[31] Diante desse caso, surgiu a questão de saber se o critério de discriminação (ser usado o bem a ser importado) seria compatível com o princípio da isonomia, notadamente em função de a medida ser destinada à implementação de uma finalidade extrafiscal. No julgamento, o Supremo Tribunal Federal alegou que a medida se revelava "consentânea com os interesses fazendários nacionais que o art. 237 da CF teve em mira proteger, ao investir as autoridades do Ministério da Fazenda no poder de fiscalizar e controlar o comércio exterior". O Tribunal, para evidenciar que o uso da medida de comparação era justificado por uma finalidade constitucional, valeu-se de informações do Departamento de Comércio Exterior, forte na circunstância de haver regra constitucional de competência, atribuindo ao Poder Executivo o poder de controlar o comércio exterior (art. 237).

A pesquisa desse caso expõe, com clareza, dois questionamentos, cuja resposta é da mais alta importância para a efetividade da igualdade: a existência de regra constitucional, atribuindo competência a um Poder, exclui a competência do Poder Judiciário para examinar tanto a relação entre a medida de comparação e a finalidade que a legitima, quanto a proporcionalidade do meio escolhido para atingir a finalidade extrafiscal? E, mesmo que seja mantida a competência do Poder Judiciário para proceder a esses exames, pode ele contrariar, total ou parcialmente, opiniões técnicas a respeito da pertinência e da proporcionalidade da medida?

Esses questionamentos remetem a discussão à relação existente entre a realização da igualdade e o princípio da separação dos poderes: até que ponto o Poder Judiciário pode, em nome da igualdade, examinar a pertinência fundada e conjugada entre a medida de comparação e a finalidade e a proporcionalidade no seu uso sem, com isso, invadir competências reservadas ao Poder Legislativo (ou Executivo) e, por via reflexa, violar o princípio da separação dos poderes?[32]

---

31. RE 203.954, STF, Tribunal Pleno, Rel. Min. Ilmar Galvão, j. em 20.11.1996, *DJU* 7.2.1997.

32. Rolf Eckhoff, *Rechtsanwendungsgleichheit im Steuerrecht*, cit., p. 138.

É precisamente para responder a essas perguntas que se passa a analisar a realização da igualdade do ponto de vista dos Poderes Legislativo, Judiciário e Executivo.

3.3.2 Igualdade e Poder Legislativo

3.3.2.1 Aspectos gerais

A liberdade de configuração (*Gestaltungsfreiheit*) do Poder Legislativo, relativamente à realização da igualdade, decorre de dois fatores. Em primeiro lugar e no plano geral, de *normas atributivas de competência* que conferem ao Poder Legislativo, dentro do seu âmbito de competência constitucional, a prerrogativa de definir o conteúdo dos seus atos normativos. Em segundo lugar e no plano específico, ela advém de *normas configuradoras de competência*, que reservam ao Poder Legislativo (ou ao Executivo) a tarefa de regulação de determinadas matérias.[33]

No seu conjunto, essas normas outorgam ao Poder Legislativo (ou ao Executivo) o poder para configuração da igualdade tanto no plano geral, quanto no que concerne a determinadas matérias.[34] Em razão disso, o Poder Judiciário não pode, simplesmente, ignorar essas normas e invadir, sem mais, o mérito da regulação elaborada pelo Poder Legislativo.

Ocorre, porém, que a Constituição não tem apenas normas de competência. Ela também possui normas que delimitam, direta ou indiretamente, o âmbito material das normas de competência, inclusive, é claro, no tocante à realização da igualdade. Isso ocorre, como foi visto, tanto pelas normas que atuam sobre a configuração das medidas de comparação (vedando ou obrigando, expressa ou implicitamente, sua utilização), quanto pelas normas que exercem influência na delimitação das finalidades (vedando ou obrigando expressa ou implicitamente sua realização). A liberdade de configuração do legislador não é, portanto, total. Ao contrário, ela já nasce, na Constituição, delimitada por regras e princípios que garantem direitos fundamentais aos contribuintes.

A constatação de que a Constituição atribui poder, de um lado, e delimita seu conteúdo e exercício, de outro, traz duas consequências referentes à realização da igualdade.

Em primeiro lugar, faz com que a extensão da liberdade do Poder Legislativo e o alcance do correspondente poder de controle do Poder Ju-

33. Humberto Ávila, *Teoria dos princípios*, cit., p. 105.

34. Georg Müller, *Rechtsgleichheit*, cit., p. 7.

diciário devam ser encontrados pelo exame de dois eixos argumentativos: de um lado, nas normas que dividem o poder entre o Legislativo e os outros Poderes; de outro, nas normas que garantem direitos fundamentais aos contribuintes. Em outras palavras, a liberdade de configuração do Poder Legislativo deve obedecer a uma escala entre esses dois eixos, sendo, maior ou menor, em razão da relação do tratamento igualitário com essas normas.

Em segundo lugar, faz com que a liberdade de configuração da igualdade pelo Poder Legislativo seja materialmente vinculada e se submeta, em razão disso, a um controle de proporcionalidade. A previsão de direitos fundamentais que predeterminam o conteúdo da igualdade elimina o argumento de que, em virtude da competência do Poder Legislativo, bastaria qualquer motivo plausível para ele estabelecer tratamentos diferenciados entre os contribuintes, cuja invalidade se limitaria, em função disso, aos casos absolutamente evidentes.[35] O Poder Judiciário, noutro dizer, pode controlar materialmente a realização da igualdade pelo Poder Legislativo. A questão crucial, porém, é saber em que medida e com base em que critérios. Essa medida e esses critérios são fornecidos precisamente pelo exame dos dois eixos normativos antes mencionados: o referente às normas de competência e o relativo aos direitos fundamentais dos contribuintes.[36] É o que se passa a analisar.

3.3.2.2 Liberdade de configuração e normas de competência

O primeiro eixo normativo a ser considerado diz respeito às normas de competência. Elas conferem ao Legislativo (ou ao Executivo) poder para a configuração da igualdade tanto no plano geral, quanto no específico. Isso, porém, não significa que o Poder Legislativo se torne livre para definir a medida de comparação e a finalidade.

Ele não está livre para escolher qualquer medida de comparação porque, em maior ou menor extensão, a Constituição a define quando: veda expressamente a utilização de uma medida de comparação específica (origem, raça, sexo, cor, idade, estado civil, deficiência física, qualidade do trabalho, nacionalidade, ocupação profissional ou função exercida); impõe expressamente o uso de uma medida de comparação (capacidade contributiva para impostos pessoais); veda implicitamente o uso de uma medida de comparação pela positivação de fins (e consequente exclu-

35. Rolf Eckhoff, *Rechtsanwendungsgleichheit im Steuerrecht*, cit., p. 136.

36. Georg Müller, *Rechtsgleichheit*, cit., p. 6.

são de medidas de comparação com eles incompatíveis), pela igualação de pessoas, fatos ou situações (e decorrente exclusão de medidas de comparação que levam a sua diferenciação) e pela instituição de regras conceituais de competência (a consequente proibição de sua vinculação com fins autônomos).

Dentro desses parâmetros, porém, o Poder Legislativo é livre para concretizar as medidas de comparação constitucionalmente predeterminadas. Metaforicamente, isso significa que, embora não possa decidir a "linha" de atuação, o Poder Legislativo pode decidir onde colocar o "ponto".[37] Dois exemplos podem esclarecer o argumento. O primeiro deles diz respeito ao fato de o Poder Legislativo, embora não possa escolher outra medida de comparação que não a capacidade contributiva na instituição de impostos pessoais, ter liberdade para concretizar, em pormenor, como será configurada especificamente essa capacidade contributiva, mediante o estabelecimento de regras que irão determinar a composição concreta da base de cálculo do imposto sobre a renda, das alíquotas e assim sucessivamente. O segundo exemplo refere-se também ao espaço de liberdade conferido ao Poder Legislativo. Embora não lhe seja permitida a escolha de medidas de comparação que não mantenham uma relação de pertinência com o propósito de estimular o desenvolvimento do pequeno empresário, uma vez comprovado que a distinção com base na receita bruta anual é compatível com esse fim, ele tem a liberdade, dentro de uma faixa razoável, de estabelecer exatamente qual montante de receita bruta deverá ser considerado para efeito de definir uma empresa como pequena.

Esses exemplos demonstram que o Poder Legislativo, embora não tenha liberdade para definir a primeira fase, está habilitado a preencher o segundo nível de concretização da medida de comparação (*zweite Konkretisierungsstufe*).[38]

A liberdade de configuração, desse modo, não atinge primariamente a definição da medida de comparação, mas, especialmente, o elemento indicativo para a sua fixação. Por exemplo, para promover a participação democrática (finalidade), o Poder Legislativo deve estabelecer diferenças entre os cidadãos com base na sua capacidade de discernimento (medida de comparação). Essa medida de comparação, todavia, pode ser verificada de vários modos: pela idade, pelo grau de educação, e assim

37. Antônio Roberto Sampaio Dória, *Princípios constitucionais tributários e a cláusula "due process of law"*, São Paulo, EGRT, 1964, p. 199.

38. Rolf Eckhoff, *Rechtsanwendungsgleichheit im Steuerrecht*, cit., p. 158.

sucessivamente.[39] Dentre os elementos indicativos que mantiverem uma relação fundada e conjugada com a medida de comparação compatível com a finalidade, o Poder Legislativo tem o poder de decidir qual deles é mais adequado.

Esse poder é tão mais extenso, quanto mais técnica for a escolha do elemento indicativo. Em virtude da maior capacidade para avaliar as decisões, o Poder Legislativo tem uma espécie de margem de avaliação (*Einschätzungssprärogative*): o poder para escolher entre mais de uma premissa concreta duvidosa que irá restringir algum direito fundamental e servirá de ponto de partida para o controle pelo Poder Judiciário.[40]

O retorno a um dos exemplos iniciais pode ser de grande valia para explicar o argumento. O caso diz respeito a uma autoridade administrativa que negou a emissão de guias para a importação de um automóvel usado, em virtude do que era necessário examinar se a medida de comparação era compatível com o princípio da isonomia.[41] Na análise desse caso, surge a indagação: como havia uma finalidade extrafiscal, justificando o uso da medida de comparação, e regra constitucional de competência que atribuía ao Poder Executivo o poder de controlar o comércio exterior, poderia o Poder Judiciário desconsiderar as *premissas concretas*, fornecidas pelo Departamento de Comércio Exterior, para o exame da legitimidade da medida de comparação, quer relativamente aos bens alcançados pela medida de comparação (os veículos usados sofreriam grande depreciação em função das novidades tecnológicas e seu preço seria difícil de dimensionar pela falta de tradição na sua importação), quer no que se refere aos efeitos produzidos pela sua utilização (a vedação de importação de automóveis novos favoreceria a concorrência efetiva e a melhoria da qualidade industrial)? É justamente aqui que entra o poder de configuração do Poder Legislativo.

Esse poder inclui, de um lado, a prerrogativa de fixar as premissas empíricas a serem utilizadas na tomada de decisão (*Festsetzungsprärogative*). É o Poder Legislativo, com base em estudo técnico do Poder

---

39. Frederick Schauer, *Profiles, probabilities and stereotypes*, cit., p. 119.

40. Humberto Ávila, *Teoria dos Princípios*, cit., p. 105. Marius Raabe, "Grundrechtsschutz und gesetzgeberischer Einschätzungsspielraum – Ein Konstruktionsvorschlag", in Christoph Grabenwarter (Org.), *Allgemeinheit der Grundrechte und Vielfalt der Gesellschaft*, Stuttgart, Boorberg, 1994, pp. 94 e ss. Christian Rau, *Selbst entwickelte Grenzen in der Rechtsprechung des United States Supreme Court und des Bundesverfassungsgerichts*, Berlim, Duncker und Humblot, 1996, pp. 190 e ss.

41. RE 203.954, STF, Tribunal Pleno, Rel. Min. Ilmar Galvão, j. em 20.11.1996, *DJU* 7.2.1997.

Executivo, o órgão competente para avaliar se há diferenças fáticas entre os automóveis usados e novos. De outro lado, envolve uma margem de prognose (*Prognosespielraum*) relativa à previsão dos efeitos futuros da adoção de uma medida que visa a promover efeitos referentes ao interesse público.[42] É o Poder competente que deve se pronunciar a respeito dos efeitos que advirão da vedação de importação de automóveis novos para a concorrência efetiva e a melhoria da qualidade industrial.

Essas prerrogativas, porém, não levam à proibição de o Poder Judiciário examinar a sua execução. O que o Poder Judiciário não pode fazer é, sem correspondente comprovação técnica que revele o evidente equívoco do estudo proveniente do Poder competente, substituir simplesmente as premissas adotadas por esse Poder e rever, sem mais, os efeitos que as medidas irão produzir no que concerne à realização das finalidades constitucionais. Isso conduz à conclusão de que quanto mais difícil e técnico for o juízo exigido para o tratamento da matéria, tanto maior será a liberdade de configuração do Poder Legislativo, quer quanto à fixação de premissas de fato, quer quanto à previsão de efeitos futuros da lei.

Logo se vê que esses critérios não afastam o controle do Poder Judiciário, mas, apenas, modificam-lhe a qualidade e intensidade. Conquanto o Poder Judiciário não possa substituir, sem mais, essas premissas empíricas, e contrariar a previsão de efeitos, ele deve verificar se o legislador fez uma avaliação objetiva e sustentável do material fático e técnico disponível, se esgotou as fontes de conhecimento para prever os efeitos da regra do modo mais seguro possível, e se se orientou pelo estágio atual do conhecimento e da experiência.[43] Em qualquer caso, é preciso verificar *em que medida* essas competências estão sendo exercidas, cabendo ao Poder Judiciário "avaliar a avaliação" feita pelo Poder Legislativo (ou pelo Poder Executivo) relativamente à premissa escolhida.[44]

3.3.2.3 Liberdade de configuração e direitos fundamentais

O segundo eixo normativo a ser examinado diz respeito aos direitos fundamentais dos contribuintes. Eles delimitam, direta ou indiretamente,

---

42. Marius Raabe, "Grundrechtsschutz und gesetzgeberischer Einschätzungsspielraum – Ein Konstruktionsvorschlag", in Christoph Grabenwarter (Org.), *Allgemeinheit der Grundrechte und Vielfalt der Gesellschaft*, cit., pp. 94 e ss. Christian Rau, *Selbst entwickelte Grenzen in der Rechtsprechung des United States Supreme Court und des Bundesverfassungsgerichts*, cit., pp. 190 e ss.

43. Christian Rau, *Selbst entwickelte Grenzen in der Rechtsprechung des United States Supreme Court und des Bundesverfassungsgerichts*, cit., pp. 192 e ss.

44. Humberto Ávila, *Teoria dos princípios*, cit., p. 216.

o âmbito material das normas de competência, inclusive, é claro, quando o exercício dessa competência fizer referência à igualdade. A Constituição, todavia, não faz isso de modo uniforme: às vezes, ela é mais incisiva, vedando ou proibindo expressamente a utilização de medidas de comparação; outras, mais tênue, protegendo bens jurídicos ou estabelecendo fins a serem perseguidos, e que, por implicação, terminam indiretamente afastando determinadas diferenciações. É preciso, pois, examinar quais são as formas mediante as quais a Constituição externa sua preferência pela igualdade e demonstrar porque esses modos fazem com que a liberdade de configuração do legislador seja maior ou menor.

Em primeiro lugar, a Constituição demonstra preferência pela igualdade quando proíbe expressamente a utilização de medidas de comparação (quer por mencioná-las, como faz com a origem, a raça, o sexo, a cor, a idade, o estado civil, a deficiência física, a qualidade do trabalho, o caráter do vínculo empregatício, a nacionalidade ou a ocupação profissional, quer por equiparar pessoas, situações ou coisas que, por isso, não podem ser discriminadas, como faz com o trabalhador urbano e rural, ou com o trabalhador com vínculo empregatício permanente e o trabalhador avulso), ou quando obriga seu uso (por exemplo, ao impor a capacidade contributiva no caso de impostos pessoais). A vedação ou imposição expressa de medidas específicas de comparação não é fortuita. Bem ao contrário, deve-se a duas razões principais cuja consideração lançará as bases para a construção de limites e de critérios ao poder de configuração do legislador.

De um lado, a vedação ou imposição expressa de medidas específicas de comparação é feita levando em conta elementos que dizem respeito direto à dignidade da pessoa humana. Elementos como origem, raça, sexo ou cor são elementos distintivos elevadamente pessoais (*höchstpersönlichen Merkmalen*).[45] A sua relevância reside, justamente, no fato de estarem intimamente relacionados com a dignidade humana, na medida em que é por meio dessas propriedades que o homem pode se desenvolver autônoma e respeitosamente como pessoa.[46] A relação com a dignidade humana torna a igualdade uma "igualdade geral dos homens" (*allgemeine Menschengleichheit*).[47]

---

45. Rolf Eckhoff, *Rechtsanwendungsgleichheit im Steuerrecht*, cit., p. 183.

46. Christoph Enders, *Die Menschenwürde in der Verfassung*, Tübingen, Mohr Siebeck, 1997, p. 11.

47 Georg Müller, *Rechtsgleichheit*, Zurique, Helbing & Lichtenhahn, 1995, p. 5. Maria da Glória Ferreira Pinto, "Princípio da igualdade: fórmula vazia ou fórmula 'carregada' de sentido?", *Boletim do Ministério da Justiça de Portugal* (358):51, 1986.

De outro lado, a vedação ou imposição expressa de medidas específicas de comparação é determinada em razão de elementos que foram historicamente estigmatizados.[48] Alguns elementos estão arraigados na história como fatores de rancor e repulsa de uns indivíduos em relação a outros.[49] Em razão disso, receberam proteção constitucional, porque o risco de discriminação com base neles é muito maior: a proibição de sua utilização funciona indiretamente como uma condenação do seu uso, afastando ou restringindo, com isso, a possibilidade de as pessoas manifestarem desejos não suportados pelo ordenamento jurídico no estabelecimento de diferenças entre os destinatários das normas.[50]

A conjugação dessas duas razões conduz à *diminuição* do poder de configuração do legislador na máxima medida. A diferenciação relacionada (pois a fundada é vedada) a um desses fatores recebe um potencializado ônus de justificação (*Rechtfertigungslast*).[51] Nesse sentido, não bastam quaisquer razões para instituir uma diferença que repercuta em qualquer desses elementos. São necessárias razões com altíssimo poder de convencimento e, se for o caso, com comprovação inequívoca, justamente para evitar o risco de uma discriminação que alcance bens jurídicos prevalentes do ordenamento jurídico. Não por outro motivo que a Constituição vedou o estabelecimento de distinção entre os contribuintes com base na sua ocupação profissional: sendo a ocupação profissional um modo de manifestação do desenvolvimento pessoal do contribuinte, individualmente ou por meio da criação de uma pessoa jurídica, foi necessário vedar a diferenciação com base nela e, com isso, evitar, ou, pelo menos, reduzir o risco de discriminação fundada num bem jurídico tão importante para a realização do princípio da liberdade de exercício de atividade profissional e de atividade econômica. Qualquer diferenciação relativa à ocupação profissional torna-se, por assim dizer, suspeita e, por isso, precisa *recompor sua legitimidade* por meio de um ônus de justificação potencialmente superior.

Em segundo lugar, a Constituição evidencia preferência pela igualdade quando veda implicitamente a utilização de determinadas medidas de comparação, ao instituir princípios, pois, nesse caso, o ente público não poderá fazer uso de medidas de comparação, cuja utilização, em vez de promover, termine por restringir a realização desses princípios. Alguns

---

48. Frederick Schauer, *Profiles, probabilities and stereotypes*, cit., p. 150.

49. Cármen Lúcia Antunes Rocha, *O princípio constitucional da igualdade*, cit., p. 74.

50. Rolf Eckhoff, *Rechtsanwendungsgleichheit im Steuerrecht*, cit., p. 183.

51. Rolf Eckhoff, *Rechtsanwendungsgleichheit im Steuerrecht*, cit., p. 165.

desses princípios, como o da liberdade de exercício de atividade econômica, da liberdade de exercício de profissão ou da proteção da família, dizem respeito a modos de desenvolvimento da pessoa. A liberdade de exercício de profissão, por exemplo, materializa um modo específico de expressão da pessoa, por isso se vincula ao princípio da dignidade humana.[52] Por essa razão, a liberdade de configuração do legislador se vê diminuída. Qualquer diferenciação que repercuta ou influencie a realização desses princípios deve ter uma vinculação mais estreita (*eine engere Bindung*).[53] Para justificar uma diferenciação que afete esses princípios, são necessárias razões com alto poder de convencimento, justamente para evitar que, por meio delas, se termine por restringir justamente os meios de manifestação do contribuinte enquanto pessoa.

Sempre, portanto, que a distinção efetuada pelo Poder Legislativo referir-se a elementos distintivos elevadamente ou meramente pessoais, terá um ônus argumentativo maior, pela vinculação, direta ou indireta, que essa referência tem com modos de desenvolvimento da pessoa, em geral, e do contribuinte, em particular. Esse ônus argumentivo será tanto maior, quanto maior for a relação da distinção com esses elementos e quanto mais importantes forem os bens jurídicos restringidos pela diferenciação. Uma diferenciação que afete bens jurídicos muito importantes de qualquer um dos princípios relativos ao desenvolvimento da pessoa, terá um ônus adicional.

Nesse sentido, a liberdade de configuração do legislador será tanto menor, quanto:

(1) mais pessoalizado for o elemento distintivo relacionado à diferenciação feita pelo Poder Legislativo;

(2) mais vinculada a distinção esteja com princípios relacionados à garantia do desenvolvimento pessoal;

(3) mais importante forem os bens jurídicos afetados ou influenciados por esses princípios.

O retorno a um dos casos inicialmente expostos é agora de grande valia.[54] No julgamento do caso referente à instituição do mecanismo de tributação simplificada para micro e pequenas empresas, o Supremo Tri-

---

52. Peter Häberle, "Menschenwürde und Verfassung am Beispiel von Art. 2 Abs. 1 Verf. Griechenland", 1975. *Rechtstheorie* 11, p. 398, 1980. Günther Dürig, *AöR* 79, p. 57, 1953/1954.

53. Rolf Eckhoff, *Rechtsanwendungsgleichheit im Steuerrecht*, cit., p. 183.

54. ADI 1.643-1, STF, Tribunal Pleno, Rel. Min. Maurício Corrêa, j. 5.12.2002, *DJU* 14.3.2003.

bunal Federal, depois de alegar que o favor fiscal decorria da realização de política fiscal e econômica, afirmou que ele seria "ato discricionário que foge ao controle do Poder Judiciário, envolvendo juízo de mera conveniência e oportunidade do Poder Executivo". Essa afirmação, tal como posta, contraria os limites e os critérios aqui expostos. Com efeito, a menção a existência de finalidade extrafiscal não elimina o controle do Poder Judiciário, apenas altera-lhe a qualidade e a extensão. Vale dizer que mesmo havendo uma finalidade extrafiscal e existindo assuntos que envolvam prerrogativas técnicas, ele deve controlar a avaliação feita pelo outro Poder. Isso, porém, não foi feito. No caso, não se verificou, por exemplo, se o legislador fez uma avaliação objetiva e sustentável do material fático e técnico disponível, se esgotou as fontes de conhecimento para prever os efeitos da regra do modo mais seguro possível, especialmente considerando que a distinção, por estar relacionada com o exercício de atividades profissional, apresentava elevado grau de pessoalidade e estava fortemente vinculada a princípios relacionados com a garantia do desenvolvimento pessoal. Houve, tão só, a presunção, sem amparo algum de órgão técnico, no sentido de que os profissionais liberais não se sujeitariam à dominação do mercado por grandes empresas, não se inseririam no contexto da economia informal, não careceriam de assistência estatal e não seriam geradores de empregos em escala satisfatória.

O Poder Legislativo não é, porém, apenas limitado externamente pelos direitos fundamentais. Ele o é, também, limitado internamente pela sua própria atuação. Faz-se, aqui, referência à limitação, decorrente da atuação própria do Poder Legislativo, referente a alguma pessoa, fato ou situação que já tenha sido objeto de diferenciação em lei anterior. A esse respeito, convém mencionar que a norma anterior, para ter sido compatível com a igualdade, deve ter diferenciado por alguma razão, não podendo o Poder Legislativo distanciar-se da sua própria regulação, a não ser que tenha alguma razão justificadora. A simples modificação da norma anterior, sem qualquer razão, indicia violação à igualdade pelo tratamento diferenciado de duas situações iguais. A exigência de justiça sistemática impõe, portanto, a consideração das decisões legislativas anteriores ou conjuntas.

Nesse sentido, embora o Poder Legislativo, na realização da igualdade, tenha ampla liberdade de configuração, ele está limitado pela sua própria atuação: uma vez tomada uma decisão realizadora da igualdade, deverá segui-la de modo consequente, salvo se houver uma justificação para a posterior discrepância com o tratamento anterior.[55] No âmbito

55. Rolf Eckhoff, *Rechtsanwendungsgleichheit im Steuerrecht*, cit., p. 171.

dessa vinculação sistemática, situam-se os conceitos já utilizados pelo legislador em outros campos normativos.[56] Em virtude da necessidade de orientação desempenhada pelo Direito, os mesmos termos devem ter o mesmo conceito.[57] E essa *dependência conceitual*, na verdade, favorece aquele "horizonte de Direito Privado", a partir do qual os particulares se autorregulam.[58] Pode, no entanto, haver diferenças, se ocorrerem situações diversas ou finalidades diferentes a serem reguladas pelo legislador tributário. A ausência de modificação justificada, porém, conduz a uma dependência conceitual, na medida em que o conceito anterior passa a ser pressuposto pelo legislador na instituição da nova norma. Não só razões de justiça sistemática obrigam o Poder Legislativo a fundamentar uma regulação diferente da anterior. Também razões ligadas à própria proteção da confiança do contribuinte: uma vez tendo confiado na igualdade da norma anterior, a quebra da legítima expectativa de que ela era compatível com a igualdade gera um ônus adicional para o Poder Legislativo se afastar dela.[59]

A eficácia dos princípios constitucionais fundamentais sobre a atuação do Poder Legislativo ainda provoca um último questionamento, e dos mais sérios: como fica a eficácia dos princípios frente a uma norma de competência? Poderá, nesse caso, a atuação do Poder Judiciário envolver a análise pura e simples da proporcionalidade da medida? Essa indagação se deve ao fato de o controle de proporcionalidade surgir quando o ente público escolhe um meio para atingir um princípio e, com isso, termina por restringir outro princípio que também deve promover, fazendo nascer um conflito entre princípios constitucionais. Nesse caso, o Poder Judiciário vai, justamente, verificar se o meio escolhido pelo poder competente é adequado, necessário e proporcional. A pergunta, portanto, é a seguinte: pode o Poder Judiciário se imiscuir na escolha do meio, inclusive projetando outros que poderiam ter sido adotados pelo Poder Legislativo, quando a própria Constituição já predeterminou o meio mediante instituição de uma regra de competência?

56. Humberto Ávila, "A eficácia do novo Código Civil na legislação tributária", in *Direito tributário e o novo Código Civil*, São Paulo, Quartier Latin, 2004.

57. Reinhold Zippelius, *Juristiche Methodenlehre*, 7ª ed., Munique, Beck, 1999, p. 49.

58. Dagmar Felix, *Einheit der Rechtsordnung*, Tübingen, Mohr Siebeck, 1998, p. 220.

59. Soren Schonberg, *Legitimate expectations in administrative law*, Oxford, Oxford Press, 2000, pp. 1, 31 e ss., 64 e ss. e 217 e ss. Roland Kreibich, *Der Grundsatz von Treu und Glauben im Steuerrecht*, Heidelberg, Müller, 1992, p. 101.

A resposta a essa indagação demanda a investigação precisa do modo como a Constituição efetivamente atribuiu o poder. Nesse sentido, é preciso considerar as seguintes alternativas:

Em primeiro lugar, a Constituição pode atribuir o poder por meio de uma regra de competência que delimite conceitualmente, em elevada medida, o conteúdo do ato a ser praticado. É o que ocorre, por exemplo, com o poder atribuído por meio de regras de competência que delimitam o aspecto material da hipótese de incidência para a instituição de impostos. Na aplicação dessas regras, o Poder Judiciário não poderá declarar a invalidade do meio utilizado sob o argumento de que haveria outro disponível, e menos restritivo em relação ao princípio da igualdade, do que o escolhido pelo Poder Legislativo (por exemplo, anular totalmente a instituição de um imposto, porque haveria outros meios de financiar os gastos públicos, como a redução de despesas). O controle da proporcionalidade só surge quando a própria Constituição não delimita substancialmente o meio a ser utilizado no exercício de um poder conferido via uma regra de competência.

Em segundo lugar, a Constituição pode atribuir o poder por meio de um dispositivo que delimite apenas parcialmente a substância do ato a ser praticado. É o que se dá, por exemplo, com as regras de competência que permitem a utilização da substituição tributária para frente ou que reservam ao Poder Executivo a competência para regular o comércio exterior. Nesses casos, a Constituição atribui o poder *se a causa do seu surgimento ocorrer*, mas não lhe predetermina substancialmente o *conteúdo*. Isso traz duas consequências. De um lado, impede que o Poder Judiciário afaste o poder, enquanto tal, concedido pela Constituição, mesmo a pretexto de prestigiar algum princípio constitucional, de que seria exemplo o princípio da igualdade. O Poder Judiciário não poderá declarar a invalidade total do meio utilizado sob o argumento de que haveria outra forma disponível e menos restritiva em relação ao princípio da igualdade que aquela constitucionalmente permitida (por exemplo, anular a substituição tributária e, portanto, a padronização no caso do imposto sobre circulação de mercadorias sob a alegação de que a igualdade geral e a simplificação poderiam ser atingidas de outro modo menos restritivo). No entanto – e aqui se localiza o ponto principal deste aparte –, a falta de predeterminação substancial da concretização específica do meio a ser escolhido abre a possibilidade de o Poder Judiciário efetuar uma espécie de controle de proporcionalidade interno ao próprio poder conferido pela norma de competência (na parte em que, sem descrever o conteúdo do ato, funciona como princípio). Trata-se de uma espécie mais estreita do controle de proporcionalidade. Isso ocorreria, por exemplo, no caso da substituição tributária: o Poder Judiciário não poderia eliminar a substituição tributária "enquanto tal" em razão de a igualdade geral poder ser atingida por outro meio, já que a Constituição atribuiu a competência aos entes federados para instituir a substituição tributária se presentes os seus pressupostos de utilização; o Poder Judiciário, porém, poderia anular a substituição tributária para determinados sujeitos, porque o modo como ela foi concretamente instituída, dentro do poder conferido pela Constituição, restringiria de maneira desproporcional o princípio da igualdade. Esse seria o caso, por exemplo, de uma substituição tributária que afetasse, sem cláusulas equitativas de ajuste, determinados contribuintes em relação a outros. É que, nesse caso, haveria um conflito entre a igualdade geral e a igualdade particular, cabendo ao Poder Judiciário controlar o modo como a competência constitucional foi exercida pelo Poder Legislativo relativamente à concretização do princípio da igualdade.[60]

Em outras palavras, a existência de regras de competência restringe o poder de controle do Poder Judiciário frente a atos do Poder Legislativo, tanto mais, quanto mais substancialmente determinados forem os poderes atribuídos ao Poder Legislativo pela Constituição. O controle de proporcionalidade por parte do Poder Judiciário sobre atos legislativos não pode excluir a competência constitucionalmente conferida ao Poder Legislativo, embora possa conduzir à nulidade de determinados *modos de concretização* dessa competência.

Todas essas considerações demonstram que o modelo ora exposto não defende a existência de dois extremos na liberdade de configuração do legislador: a total liberdade ou a ausência total dela. Em vez disso, propõe um modelo que, de um lado, advoga a existência de controle pelo Poder Judiciário quanto à medida de exercício da liberdade do legislador e, de outro, defende a graduação criteriosa entre dois opostos de liberdade máxima e mínima de configuração legislativa, decorrentes de normas de competência e de direitos fundamentais. As ponderações anteriores conduzem a algumas regras de argumentação, que podem ser assim sumarizadas:

(1) a liberdade de configuração do Poder Legislativo, quer quanto à fixação de premissas de fato, quer quanto à previsão de efeitos futuros da lei, será tanto maior, quanto mais duvidoso for o efeito futuro da lei e mais difícil e técnico for o juízo exigido para a fixação das premissas de fato;

60. Rolf Eckhoff, *Rechtsanwendungsgleichheit im Steuerrecht*, cit., p. 195.

(2) a liberdade de configuração do Poder Legislativo será tanto menor, quanto mais pessoalizado for o elemento distintivo relacionado à diferenciação feita pelo Poder Legislativo, mais vinculada a princípios relacionados à garantia do desenvolvimento pessoal for a distinção, e mais importantes forem os bens jurídicos afetados ou influenciados;

(3) a liberdade de configuração do Poder Legislativo será tanto menor, quanto mais regulações anteriores ele tiver editado sobre o mesmo fato ou situação, hipótese em que a exigência de coerência sistemática, material e temporal, e a proteção da confiança exigem uma justificação para o rompimento da norma anteriormente editada;

(4) a resistência da liberdade de configuração do Poder Legislativo, diante do controle de proporcionalidade do Poder Judiciário frente a atos do Poder Legislativo, será tanto maior, quanto mais substancialmente forem determinados pela Constituição os poderes atribuídos ao Poder Legislativo por meio de normas de competência.

Analisados os critérios e as regras argumentativas deles decorrentes para a delimitação da extensão da liberdade de configuração do legislador na realização da igualdade, cumpre, agora, voltar a atenção para a atuação do Poder Judiciário na efetivação da igualdade.

3.3.3 Igualdade e Poder Judiciário

Os limites, antes construídos, relativamente à liberdade de configuração do Poder Legislativo, trazem maior ou menor poder de controle para o Poder Judiciário. Os limites são, obviamente, convergentes e inversamente proporcionais: o poder de controle do Poder Judiciário quanto à fixação de premissas de fato e à previsão de efeitos futuros da lei será tanto menor, quanto mais difícil e técnico for o juízo exigido para a fixação das premissas de fato, e mais duvidosos forem os efeitos futuros da lei; o poder de controle do Poder Judiciário será tanto maior, quanto mais pessoalizado for o elemento distintivo relacionado com a diferenciação feita pelo Poder Legislativo, mais vinculada com princípios relacionados com a garantia do desenvolvimento pessoal for a distinção e mais importante forem os bens jurídicos afetados ou influenciados por esses princípios.

O que se pretende discutir aqui, todavia, é outro ponto. No julgamento do caso referente à instituição do mecanismo de tributação simplificada para micro e pequenas empresas, o Supremo Tribunal Federal entendeu que não poderia "alterar o sentido inequívoco da norma por via de declaração de inconstitucionalidade de parte do dispositivo de lei", já que ele "só pode atuar como legislador negativo, não porém, como legislador positivo".[61] Tudo isso porque, ao eliminar a exclusão de determinados profissionais do benefício, o Poder Judiciário terminaria por conferir-lhes um benefício que o Poder Legislativo não lhes quis conferir. E, ao fazê-lo, violaria sua função de apenas excluir, do ordenamento jurídico, a norma atentatória ao princípio da igualdade.

Essa decisão remete à discussão ao seguinte ponto: a competência do Poder Judiciário só compreende juízos negativos de exclusão? Tudo depende do significado de juízo negativo.

Em primeiro lugar, se juízo negativo significa a proibição de análise dos efeitos prospectivos da lei ou de consideração às alternativas que deveriam ter sido cogitadas pelo Poder Legislativo, obviamente a competência do Poder Judiciário não compreende apenas juízos negativos de exclusão. Isso levaria à falta de realização da igualdade. Ora, no exame de pertinência entre a medida de comparação e a finalidade que justifica sua utilização, há vários juízos positivos: na análise da relação de pertinência entre o elemento indicativo da medida de comparação e ela própria, o Poder Judiciário deve verificar a existência de compatibilidade (positiva) entre o uso do elemento indicativo da medida de comparação e a existência da propriedade denotada pela medida de comparação (por exemplo, comprovar se a receita bruta pequena serve para aferir o porte da empresa); na investigação da relação de pertinência entre a medida de comparação e o seu elemento indicativo, o Poder Judiciário deve verificar se outros elementos indicativos existentes não são mais significativos para revelar a medida de comparação (por exemplo, comprovar se a categoria profissional é mais significativa para revelar o porte da empresa do que o número de empregados); na análise da relação de pertinência entre a medida de comparação e a finalidade, o Poder Judiciário deve verificar a existência de compatibilidade (positiva) entre o uso da medida de comparação e a promoção da finalidade que justifica sua utilização (por exemplo, comprovar se o porte pequeno da empresa mantém vínculo com a necessidade de estímulo estatal ou se, quanto maior o caráter diminuto, maior a necessidade de apoio estatal); na análise da proporcionalidade do tratamento desigual, o Poder Judiciário deve examinar a existência de outros meios menos restritivos e ponderar os efeitos positivos e negativos da diferenciação, o que envolve tanto a projeção de ações não escolhidas pelo Poder Legislativo, quanto o prognóstico de efeitos futuros da lei.

61. ADI 1.643-1, STF, Tribunal Pleno, Rel. Min. Maurício Corrêa, j. 5.12.2002, *DJU* 14.3.2003.

Em todos esses controles, e noutros tantos, há um juízo positivo do Poder Judiciário, analisando os efeitos prospectivos da lei ou considerando as alternativas que deveriam ter sido cogitadas pelo Poder Legislativo. Retirar esse tipo de controle do Poder Judiciário é, praticamente, acabar com a igualdade *na lei*.

Em segundo lugar, se juízo negativo significa a proibição de provocar efeitos positivos em decorrência da sua decisão, claramente a competência do Poder Judiciário não compreende apenas juízos negativos de exclusão. O Poder Judiciário pode declarar a nulidade da medida de comparação.[62] Aliás, esse procedimento foi feito pelo próprio Supremo Tribunal Federal: ao analisar uma lei que estabeleceu uma nova revisão de vencimentos apenas para os militares, excluindo da revisão os servidores civis, decidiu que o Poder Judiciário pode corrigir a inconstitucionalidade de uma discriminação quando a lei estabelecer privilégios para uma pessoa ou grupo em relação a outros que se encontram na mesma situação.[63] Nesse caso, a atuação do Poder Judiciário foi negativa (excluiu a medida de comparação incompatível com a igualdade), mas o efeito concreto terminou sendo positivo (ao excluir a medida de comparação, terminou por outorgar o benefício àqueles a quem o Poder Legislativo não quis outorgar). O mesmo poderia ser feito, portanto, no caso referente à instituição do mecanismo de tributação simplificada para micro e pequenas empresas: bastaria excluir, da lei, a medida de comparação relacionada com a categoria profissional, mantendo, apenas, aquela relativa à receita bruta. Isso, porém, não foi feito, porque implicaria – segundo o acórdão – uma atuação positiva que, no caso dos vencimentos dos funcionários públicos, não teria havido.

Nesse tipo de controle, embora não haja uma atuação negativa, há produção de efeitos positivos decorrentes da anulação de medida de comparação (ou elemento indicativo seu), incompatível com a igualdade. Para chegar a essa anulação, o Poder Judiciário não tem outro modo senão recorrer aos juízos positivos, acima referidos, a respeito da relação de pertinência entre a medida de comparação e a finalidade. Subtrair esse tipo de controle do Poder Judiciário é, concretamente, acabar com a igualdade na lei, pois impediria a análise da arbitrariedade das diferenciações.

Em terceiro lugar, se juízo negativo significa a proibição de construção de significados pela concretização do padrão legal, sem raciocínio

---

62. Gilmar Mendes, "Os direitos fundamentais e seus múltiplos significados na ordem constitucional", *Revista Brasileira de Direito Público* 1/100, 2003.

63. RMS 22.307-DF, STF, Tribunal Pleno, Rel. Min. Marco Aurélio, j. 19.2.1997, *DJU* 13.6.1997.

por analogia, é também evidente que a competência do Poder Judiciário não compreende, apenas, juízos negativos de exclusão. Essa compreensão choca-se, aliás, com dois pressupostos, em geral admitidos, tanto pela doutrina quanto pela jurisprudência.

De um lado, vai de encontro à ideia de que a lei deve apenas estabelecer o padrão legal e, não, todos os supostos detalhes que levariam à consideração das particularidades dos contribuintes. Ora, como já foi investigado antes, o Poder Legislativo deve estabelecer padrões legais, não se atendo a particularidades, justamente porque o contrário faria com que a lei se tornasse extremamente complexa e, com isso, dificilmente compreensível e aplicável. A consequência inelutável disso, porém, é a comprovação de que as normas jurídicas, em maior ou menor medida, carecem de concretização: sendo seus significados dirigidos a uma classe de pessoas e situações, os dispositivos legais necessitam de ajustes semânticos, especialmente pela conexão da hipótese com a sua finalidade subjacente, mediante constantes ponderações internas ou externas.[64] O próprio fato de o Poder Judiciário proceder a uma interpretação conforme a Constituição, comprova a existência de múltiplos significados: quando uma lei pode ser interpretada de várias formas, quando sejam concebíveis múltiplas variantes interpretativas (*wenn mehrere Auslegungsvarianten denkbar sind*), de modo que uma interpretação entraria em conflito com a Constituição e provocaria a nulidade da lei e uma outra interpretação seria com ela compatível, deve ser escolhida aquela que se compatibiliza com a Constituição.[65] Logo se vê o perigo da incoerência: se se defende que a lei não deve conter tudo, devendo fixar apenas padrões legais, então não se pode excluir a competência de o Poder Executivo e o Poder Judiciário concretizarem aqueles padrões, retificando, aqui ou ali, em maior ou em menor medida, para um caso especial, aquilo que foi fixado de modo uniforme pelo padrão legal. O que não se pode defender é a reserva, apenas ao Poder Legislativo, da competência para fixar padrões legais, e, ao mesmo tempo, sustentar que o Poder Judiciário tem poder meramente negativo e que as regras legais têm sentidos inequívocos que nunca podem ser alterados.

De outro lado, esse entendimento contraria a ideia de que a atividade do Poder Legislativo está materialmente vinculada aos direitos fundamen-

64. Humberto Ávila, *Teoria dos princípios*, cit., pp. 65 e ss.

65. Theodor Maunz e Reinhold Zippelius, *Deutsches Staatsrecht*, 29ª ed., Munique, Beck, 1994, p. 47. Christian Pestalozza, *Verfassungsprozeßrecht*, 3ª ed., Munique, Beck, 1991, p. 275. Ernst Benda e Eckart Klein, *Verfassungsprozeßrecht*. 2ª ed., Heidelberg, C. F. Muller, 2001, p. 532.

tais. Ora, se o conteúdo da lei deve corresponder aos princípios constitucionais, não se pode retirar do Poder Judiciário o poder para examinar, na medida acima mencionada, o mérito das escolhas feitas pelo Poder Legislativo para examinar se esses princípios foram, concretamente, prestigiados.[66]

Em quarto lugar, porém, se juízo negativo significa a proibição de o Poder Judiciário de alterar sentidos mínimos, predetermináveis a partir dos dispositivos legais, estabelecendo critérios e soluções opostos aos critérios e soluções constantes da lei, depois de tentar manter ao máximo aquilo que o legislador objetivamente desejou, bem, aí então a competência do Poder Judiciário compreende apenas juízos negativos de exclusão.

Isso porque a construção de significados por meio da interpretação conforme a Constituição enfrenta vários limites. De um lado, não pode desprezar os limites textuais. A interpretação não pode conduzir a um resultado que não seja mais compatível com o texto legal. O essencial é que o fato de não haver certeza absoluta em relação ao conteúdo da lei e de, no plano ideal, não haver sentido inequívoco, não afasta a possibilidade de existirem núcleos inequívocos ou sentidos mínimos que são predetermináveis a partir dos dispositivos legais, como quer a doutrina[67] e como aceita a jurisprudência.[68] Afinal, todo significado pode ser objeto de fixação (*Festsetzung*) pelo próprio legislador, nos casos em que o significado admita vários sentidos.[69]

Daí por que, por meio desse método, não se pode contrariar o teor literal e o objetivo inequívoco da lei. O conteúdo normativo da norma interpretada não pode ser novamente definido e a sua finalidade não pode ser afastada em pontos essenciais. Se, porém, o teor literal, a gênese, a análise global da norma e o seu sentido e fim permitirem múltiplas interpretações (*mehrere Deutungen*), dentre as quais uma delas é compatível com a Constituição, essa deve ser a escolhida. As mesmas diretrizes são adotadas pelo próprio Supremo Tribunal Federal, quando afirma que

66. F. C. de San Tiago Dantas, "Igualdade perante a lei e *due process of law*", *Revista Forense* 537/360, 1948.

67. Frederick Schauer, "Easy Cases", in John Garvey, Alexander Aleinikoff, e Daniel Farber (Orgs.), *Modern constitucional theory: a reader*, 5ª ed., St. Paul, West, 2004, p. 130.

68. RE 71.758, STF, Tribunal Pleno, Rel. Min. Thompson Flores, j. 14.6.1972, *DJU* 31.8.1973 ("(...) não deve ir além dos limites semânticos, que são intransponíveis").

69. Matthias Klatt, *Theorie der Wortlautgrenze: Semantische Normativität in der juristischen Argumentation*, Baden-Baden, Nomos, 2004, p. 280.

"se a única interpretação possível para compatibilizar a norma com a Constituição contrariar o sentido inequívoco que o poder legislativo lhe pretendeu dar, não se pode aplicar o princípio da interpretação conforme a Constituição, que implicaria, em verdade, criação de norma jurídica, o que é privativo do legislador positivo".[70]

Para não ultrapassar a competência do poder legislativo, porém, a interpretação conforme a Constituição deve manter ao máximo aquilo que o legislador desejou.[71] Trata-se do chamado princípio da manutenção da norma (*Grundsatz der Normerhaltung*). Caso contrário, o Tribunal não faria uma interpretação conforme, mas uma correção constitucional da lei, para a qual, porém, não possui competência. Assim também decide o Supremo Tribunal Federal, quando afirma que, do contrário, "seria forçar a interpretação conforme, que tem os seus limites e não vai ao ponto de transmutar esta Casa em legislador".[72]

De outro lado, o sentido e a finalidade da lei não podem ser adulterados, pois, do contrário, a interpretação conforme a Constituição, em vez de ser um meio de consideração do Poder Legislativo, se transformaria num instrumento de sua negação. Daí por que não se pode confundi-la com o aperfeiçoamento conforme a Constituição (*verfassungskonforme Rechtsfortbildung*): esse aperfeiçoamento acontece quando os limites textuais são ultrapassados (*die Wortlautgrenze wird überschritten*), como ocorre no caso de analogia (preenchimento de uma lacuna mediante a aplicação de uma norma que regula um conflito de interesses semelhante) e da redução teleológica (limitação da expressão literal, porque o seu sentido é muito amplo quando cotejado com a finalidade da norma). Esse limite é também aceito pelo próprio Supremo Tribunal Federal, quando afirma que a interpretação conforme a Constituição "Não pode, no entanto, deixar de estar sujeita a um requisito de razoabilidade: ela terá de se deter aí onde o preceito legal, interpretado conforme à Constituição, fique privado de função útil ou onde, segundo o entendimento comum, seja incontestável que o legislador ordinário acolheu critérios e soluções opostos aos critérios e soluções do legislador constituinte".[73]

70. Rp 1.417, STF, Tribunal Pleno, Rel. Min Moreira Alves, j. 9.12.1987, *DJU* 15.4.1988, voto do Relator.

71. *BVerfGE* 86, 288, 320.

72. ADI 3.046, STF, Tribunal Pleno, Rel. Min. Sepúlveda Pertence, j. 15.4.2004, *DJU* 28.5.2004, voto do Min. Carlos Britto.

73. Rp 1.417, STF, Tribunal Pleno, Rel. Min. Moreira Alves, j. 9.12.1987, *DJU* 15.4.1988, p. 8.397; voto do relator, citando Jorge Miranda, *Manual de direito constitucional*, t. 2, 2ª ed., n. 57, pp. 233-234.

A interpretação conforme a Constituição pode conduzir à declaração de inconstitucionalidade de parte da lei, já que nem sempre a nulidade de uma parte da norma conduz a sua invalidade total. No entanto, isso acontece quando, de acordo com o sentido objetivo da regra, a norma objeto de mantença não tenha uma significação autônoma (*keine selbständige Bedeutung*), o que ocorre, especialmente, quando o dispositivo afetado é parte de uma regulação global que perderia seu sentido e a sua justificação se fosse retirada uma de suas partes. É o que se verifica quando o dispositivo nulo é de tal modo entrelaçado com os demais, que eles constroem uma unidade indissolúvel que não pode ser decomposta nos seus componentes individuais. Essas limitações relativas à manutenção de parte de norma são também fixadas pelo Supremo Tribunal Federal, quando, com apoio em Lúcio Bittencourt, afirma que o Poder Judiciário deve declarar várias normas inválidas, quando elas "sejam conexas, dependentes uma de outra, atuando juntas para o mesmo fim, ou de tal modo associadas no seu sentido, que se deva legitimamente presumir que a legislatura não adotaria uma desacompanhada de outra".[74]

As considerações precedentes demonstram, primeiro, que a interpretação conforme a Constituição só pode ser feita quando o dispositivo objeto de interpretação for suscetível de múltiplos sentidos, dentre os quais um deles é compatível com a Constituição. Segundo, essas observações confirmam que a interpretação conforme a Constituição só é viável se não contrariar o teor literal e o objetivo inequívoco da lei. Se o sentido normativo da norma interpretada for novamente definido e a finalidade legal afastada em pontos essenciais, esse método interpretativo é desnaturado. Terceiro, as ponderações anteriores atestam que a interpretação conforme a Constituição só pode declarar a inconstitucionalidade de um fragmento de uma norma se ele tiver um significado autônomo. Não havendo sentido que subsista à nulidade da uma parte da norma, em virtude do entrelaçamento semântico dos fragmentos normativos, a interpretação conforme a Constituição é inadequada.

Para o tema ora versado, essas considerações demonstram que o Poder Judiciário só está mesmo impedido de atuar, com base na tão falada tese do legislador negativo, quando sua atividade implicar a alteração de sentidos mínimos, predetermináveis a partir dos dispositivos legais, e levar ao estabelecimento de critérios e soluções opostos aos critérios e soluções constantes da lei. Isso não ocorrerá, no entanto, quando: o

74. Rp 1.417, STF, Tribunal Pleno, Rel. Min. Moreira Alves, j. 9.12.1987, *DJU* 15.4.1988, p. 8.397; voto do relator, citando Lúcio Bittencourt, *O controle jurisdicional da constitucionalidade das leis*, p. 126.

dispositivo, objeto de interpretação, for suscetível de múltiplos sentidos; a interpretação não contrariar o teor literal da lei e a sua finalidade em pontos essenciais; houver sentido que subsista à nulidade de uma parte da norma em virtude da ausência de entrelaçamento semântico dos fragmentos normativos.

Todas as ponderações até aqui feitas levam ao entendimento de que não se pode, apenas porque há uma finalidade extrafiscal, deixar de realizar integralmente a igualdade, sustentando que o ato é discricionário e que, por isso, escapa ao controle do Judiciário. A finalidade extrafiscal não torna o ato nem discricionário nem imune ao controle: não o torna *discricionário*, porque, como já foi visto, a finalidade eleita continua tendo que manter uma relação de pertinência fundada e conjugada com a medida de comparação escolhida pelo órgão competente; não o torna *imune* ao controle do Poder Judiciário porque o Poder Judiciário tem competência para realizar vários juízos positivos. Dentre esses, ressalta-se a condição de: analisar os efeitos prospectivos da lei; considerar alternativas que deveriam ter sido cogitadas pelo Poder Legislativo; excluir medidas de comparação incompatíveis com as finalidades eleitas; anular medidas de comparação compatíveis com finalidades não previstas pela Constituição; concretizar padrões legais; verificar a compatibilidade da diferenciação com os direitos fundamentais dos contribuintes; escolher um dos múltiplos significados compatíveis com o teor literal e o objetivo inequívoco da lei. Alegar a discricionariedade do poder competente e a imunidade do controle em virtude de finalidade extrafiscal é silenciosamente violar a igualdade.

3.3.4 Igualdade e Poder Executivo

A igualdade obriga todos os Poderes, inclusive, é claro, o Poder Executivo.[75] A constatação de que o Poder Legislativo deve estabelecer padrões legais sem atentar para todas as particularidades do caso concreto repercute de três formas fundamentais para a atividade geral do Poder Executivo na realização da igualdade.

Em primeiro lugar, obriga o Poder Executivo a instituir instrumentos normativos secundários de concretização dos padrões legais, sempre se guiando pelos critérios legalmente estabelecidos.

Com efeito, se, ao Poder Legislativo, cabe estabelecer os padrões legais, então, por consequência, passa a ser de competência do Poder

75. Paulo de Barros Carvalho, *Curso de direito tributário*, 18ª ed., São Paulo, Saraiva, 2007, p. 159.

Executivo a função de cuidar dos detalhes necessários à concretização daqueles padrões. É precisamente aqui que o cuidado com a realização da igualdade se torna maior e a má compreensão do significado do princípio da igualdade se constitui em uma ameaça permanente. É que a competência, para instituir instrumentos normativos secundários, abre ensejo a que o Poder Executivo possa introduzir diferenciações entre os contribuintes, violando, reflexamente, a exigência de tratar todos os contribuintes igualmente, mesmo que eles sejam diferentes em elementos específicos. Nesse sentido, duas diretrizes são fundamentais.

De um lado, o Poder Executivo só pode estabelecer diferenças que estejam vinculadas aos critérios legalmente estabelecidos. Vale dizer, somente particularidades valorizadas pela hipótese ou pela finalidade subjacente da lei podem ser consideradas relevantes para efeito de estabelecer diferenciações.[76] Essas diferenciações devem ser estabelecidas em razão da concretização definitória daquilo que já esteja previsto no padrão legal. Não sendo possível reconduzir a diferenciação ao padrão legal, das duas, uma: ou o padrão legal é inconstitucional por violar o princípio da legalidade em razão da falta de previsão satisfatória dos critérios normativos; ou o instrumento normativo secundário é inconstitucional por violar o princípio da igualdade em virtude do estabelecimento de diferenças que não podem ser reconduzidas aos critérios legalmente estabelecidos.

De outro lado, o estabelecimento de diferenças pelo Poder Executivo deve ser objeto de justificação fundamentada. Isso porque o reconhecimento da constitucionalidade da instituição de padrões aumenta o espaço discricionário da Administração. O exercício desse poder, no entanto, só não atenta contra a exigência de igualdade se for devidamente justificado, de modo a evitar a instituição de diferenças arbitrárias entre os contribuintes.

Em segundo lugar, a consignação de que o Poder Legislativo deve estabelecer padrões legais sem cuidar de todas as particularidades do caso concreto obriga o Poder Executivo a editar instrumentos normativos secundários, para a facilitação da análise do material fático (*zur Vereinfachung der Sachverhaltsermittlung*).[77]

De fato, se os instrumentos normativos secundários servem de meio para concretizar o padrão legal com a previsão de particularidades que possam ser, diante do caso concreto, consideradas importantes, parte deles deve ser instituída precisamente para permitir que essas particularidades

---

76. Rolf Eckhoff, *Rechtsanwendungsgleichheit im Steuerrecht*, cit., p. 107.

77. Rolf Eckhoff, *Rechtsanwendungsgleichheit im Steuerrecht*, cit., p. 113.

possam ser levadas em conta pelo Poder Executivo. É justamente nesse ponto que deve ser redobrada a cautela com a realização da igualdade. Isso porque deve haver instrumentos normativos que facilitem a análise do padrão legal, de modo a permitir que os contribuintes possam revelar particularidades que afetem o seu tratamento igualitário.

Em terceiro lugar, a verificação de que o Poder Legislativo deve editar padrões legais despidos de excessivas particularidades obriga o Poder Executivo a garantir procedimentos que permitam que os contribuintes possam revelar eventuais particularidades que tenham potencial para alterar os efeitos legais. Claro, se os contribuintes não puderem expor seus interesses concretos e comprovar suas particularidades, estará frustrada a tantas vezes mencionada conexão permanente entre o padrão legal e a capacidade contributiva. Nesse particular, as eficácias do princípio do devido processo legal assumem importância ímpar.

O princípio do devido processo legal estabelece um ideal de protetividade do contribuinte para a defesa dos seus interesses e – no viés aqui privilegiado – para a manifestação das suas diferenças. Como princípio, o devido processo legal produz os seguintes efeitos:[78]

(1) exerce uma *função integrativa*, na medida em que introduz uma regra jurídica necessária à garantia da protetividade do contribuinte, quando a lei não a prevê. Por esse motivo, o Supremo Tribunal Federal não afasta a concessão de uma garantia (no caso, a intervenção), apenas "porque a lei não lhe haja previsto", já que ela "prescinde da lei",[79] devendo sempre ser assegurada (no caso, a intimação) "mesmo não havendo disposição legal expressa".[80] Enfim, o princípio do devido processo legal como que "põe aquilo que não foi posto", mas que faz parte dos "elementares corolários" do ideal de protetividade.[81]

(2) desempenha uma *função interpretativa*, pois permite reler as garantias que já estão expressas, como é o caso das regras atinentes ao juiz natural, à proibição de provas ilícitas, ao duplo grau de jurisdição, à citação, à intimação, à manifestação, à consideração de razões, à produção de provas, à motivação, à publicação, à suspeição e ao impedimento.

78. Humberto Ávila, *Sistema constitucional tributário*, 5ª ed., São Paulo, Saraiva, 2012, pp. 165 e ss.

79. Pet-AgR 423-SP, STF, Tribunal Pleno, Rel. Celso de Mello, Relator para o acórdão: Min. Sepúlveda Pertence, j. 26.4.1991, *DJU* 13.3.1992, p. 2.921.

80. REsp 172.712, STJ, Rel. Min. Sálvio de Figueiredo Teixeira, j. 6.8.1998, *DJU* 14.9.1998.

81. MS 23.550, STF, Tribunal Pleno, Rel. Min. Marco Aurélio, Relator para o acórdão: Min. Sepúlveda Pertence, j. 4.4.2001, *DJU* 31.10.2001, p. 6.

Por isso o dizer do Supremo Tribunal Federal no sentido de que o devido processo legal se "direciona ao exame da legislação comum", não sendo necessário, para sua análise, nada além de simplesmente "partir-se do que previsto na legislação comum".[82] Vale dizer, o princípio do devido processo legal como que "redefine o que foi posto", conforme o ideal de protetividade a ser atingido.

(3) exercita uma *função bloqueadora*, em razão de neutralizar a aplicação das regras previstas, mas cujo conteúdo é incompatível com a protetividade da esfera jurídica do contribuinte. Não por outro motivo, o Supremo Tribunal Federal decidiu que a ampla defesa depende daquilo que está previsto em lei, "a menos que esta última acabe por inviabilizá-la",[83] justamente porque o princípio do devido processo legal "não se satisfaz (...) com a simples observância de meros ritos formais".[84] Noutras palavras, o princípio do devido processo legal como que "bloqueia aquilo que foi posto", mas que é incompatível com o ideal de protetividade.

Essas funções eficaciais do devido processo legal são fundamentais para a realização da igualdade. Com efeito, se a lei não garantir um processo tributário capaz de, por exemplo, dar ciência ao interessado da instauração do processo e oportunidade para que se manifeste e produza ou requeira a produção de provas, o princípio do devido processo legal irá sanar essas lacunas, proporcionando condições ao contribuinte para que possa mostrar peculiaridades relevantes para a melhor aplicação do padrão legal. Se o Poder Executivo se negar a interpretar as garantias expressamente previstas em lei no sentido de elas permitirem a defesa dos interesses dos contribuintes, o princípio do devido processo legal irá atuar na redefinição do sentido normativo, de acordo com a finalidade de proporcionar ao contribuinte a exposição das peculiaridades de fato. E, por fim, se as garantias previstas em lei não forem suficientes para permitir a comprovação da ocorrência do fato tributário e das particularidades relevantes do contribuinte, o princípio do devido processo legal irá afastá-las.

Todas essas considerações levam ao entendimento de que o Poder Executivo, quer na sua atividade normativa, quer na sua atividade judicante, deve possibilitar condições efetivas para que, de um lado, seja

82. RE 242.064, STF, Segunda Turma, Rel. Min. Marco Aurélio, j. 14.11.2000, *DJU* 24.8.2001.

83. AI-AgR 142.847, STF, Segunda Turma, Rel. Min. Marco Aurélio, j. 1.12.1992, *DJU* 5.2.1993, p. 849.

84. HC 68.926, STF, Primeira Turma, Rel. Min. Celso de Mello, j. 10.12.1991, *DJU* 28.8.1992.

devidamente comprovada a ocorrência do fato previsto no padrão legal e, de outro, sejam proporcionadas condições de o contribuinte demonstrar particularidades suas que possam afetar a aplicação da lei ao caso concreto.

Com isso – esclareça-se, para realçar a inexistência de contradição –, não se quer dizer que ao contribuinte deve ser assegurado o direito de revelar qualquer particularidade sua. Isso seria negar a viabilidade do padrão legal. Seria inviabilizar a validade de padronização em alguns setores do Direito Tributário. Significaria, enfim, desconsiderar tudo quanto se afirmou a respeito da legitimação de generalizações no Direito e da sua função de evitar problemas de coordenação, de deliberação e de conhecimento. O que se pretende dizer, em vez disso, é que a atividade do Poder Executivo, justamente porque deve ser compatível com o padrão legal, deve permitir que o contribuinte possa comprovar que o fato previsto em lei não ocorreu ou que, embora tenha ocorrido, existem distinções particulares suas que afastam a aplicação para o seu caso. Isso, porém, – insista-se, porque este ponto é crucial – só pode acontecer quando a aplicação do padrão legal produzir efeitos significativamente diferenciados para um contribuinte ou grupo de contribuintes, que restrinjam, em excessivo ou elevado nível, bens jurídicos protegidos por princípios constitucionais fundamentais, como foi sendo cuidadosamente exposto ao longo deste trabalho.

4
CONCLUSÕES

A preferência que a Constituição atribui à igualdade não lhe garante efetividade alguma. A sua glorificação doutrinária tampouco. Ou seus elementos estruturais são devidamente explicados, e a relação entre eles bem compreendida, ou ela continua enclausurada em tinta preta.

Este trabalho procurou explicar e unir cada um desses elementos. Por meio dele, buscou-se demonstrar que a exigência de compatibilidade entre o critério de discriminação e a finalidade que o justifica, ademais de transcender elementos puramente lógicos, não termina o conteúdo normativo da igualdade, apenas o inicia. A ela, devem ser agregadas determinações concernentes à fundação e à significação dos elementos que compõem a igualdade, para cuja legitimação não basta uma explicação; requer, antes, uma autêntica justificação. Essa, contudo, não é retilínea, antes oscila, aqui e ali, conforme sejam os graus de fundamentação e de comprovação decorrentes do cotejo entre a presunção de igualdade, de um lado, e as liberdades de configuração do legislador e de avaliação do julgador, de outro.

Mais do que explicar esses elementos, a investigação revelou as diferentes facetas da igualdade, não apenas mostrando que a igualdade é regra, princípio e postulado, mas, muito mais, evidenciando a existência de uma espécie de crise no seu próprio interior: quando busca generalidade, trata todos os contribuintes igualmente, apesar das suas diferenças; quando persegue particularidade, trata-os diferentemente, mesmo que sejam iguais.

Este trabalho, no entanto, não se limitou a constatar as várias dimensões da igualdade. Foi além, para precisar critérios, intersubjetivamente controláveis, que permitem verificar os requisitos exigidos para uma padronização. Padronização que não é, como comumente se afirma, necessariamente ruim. Ela também tem seu lado bom de evitar conflitos de coordenação, de conhecimento e de deliberação, cuja busca, no entanto, não pode estar fechada à capacidade contributiva concreta. Esta não é mero princípio que possa ser descartado em função da pretensiosa eficiência administrativa. É, acima de tudo, contraponto permanente da tributação: mesmo quando a norma tributária, em busca da igualdade da maioria, se distancia da igualdade de cada um, a capacidade contributiva está ali, como referência para a validade mesma da padronização.

O que resta claro, ao longo desta pesquisa, é que a realização da igualdade é um processo permanente, com múltiplos atores: a doutrina, a quem cabe reconstruir, a partir da Constituição, critérios claros e objetivos que permitam saber como ela deva ser realizada, ao mesmo tempo em que possibilitem saber quando ela não é efetivada; o Poder Legislativo, a quem incumbe, no uso da sua liberdade de configuração, fixar, sem depois se contradizer, os elementos básicos da concretização da igualdade; o Poder Executivo, a quem cabe especificar os padrões legais, de modo a permitir a manifestação da individualidade dos contribuintes; e o Poder Judiciário, a quem concerne controlar a preservação da harmonia das normas de competência com os direitos fundamentais dos contribuintes.

A ausência de conjugação de todos esses fatores, pela possibilidade de manipulação de seus elementos, numa ou noutra fase do seu processo de realização, favorece a destruição silenciosa do ideal igualitário: enquanto barulhentamente se proclama sua importância, vai-se, silenciosamente, destruindo, como um cupim que se alimenta da madeira dos pilares de uma casa, os alicerces que permitiriam sua efetivação.

Este trabalho intentou contribuir para a reconstrução de parâmetros que confiram efetividade à igualdade, tendo chegado, no seu final, aos seguintes resultados específicos:

1. A igualdade é a relação entre dois ou mais sujeitos, com base numa medida de comparação, aferida por meio de um elemento indicativo, que serve de instrumento para a realização de uma determinada finalidade.

2. A medida de comparação, ademais de efetivamente existente, deve ser aferida por meio de elemento indicativo com o qual guarde vinculação, devendo manter vínculo de pertinência, fundada e conjugada, com a finalidade que justifica sua utilização.

3. A relação entre a medida de comparação e a finalidade é fundada quando existir uma correlação estatisticamente baseada entre ambas, no sentido de que a existência ou inexistência do elemento indicativo se correlaciona com a existência ou inexistência da medida de comparação, e a correlação aumenta, quando aumenta a intensidade da presença do elemento indicativo.

4. A relação é conjugada, quando a existência do elemento indicativo exerce significativa influência para a existência da medida de comparação, e esta para a existência da finalidade, tendo ambos sido escolhidos por serem os mais significativos no que concerne à medida de comparação e à finalidade.

5. A validade do uso da medida de comparação depende de compatibilidade com a Constituição, sendo aferida não só pela compatibilidade com a finalidade que a sua utilização visa a promover, como pela ausência de regra que proíbe o seu uso, imponha o uso de outra diferente, iguale aquilo que ela separa, preexclua a busca da finalidade que justificou sua utilização ou pela inexistência de princípio que exclua o seu uso.

6. A diferenciação não pode ser fundada em medidas de comparação constitucionalmente vedadas, consideradas como aquelas que são feitas apenas com base nas propriedades cuja utilização seja constitucionalmente proibida para diferenciar. Contudo, a diferenciação pode ser justificada por finalidade constitucional com a qual a propriedade escolhida mantenha vínculo fundado e conjugado de pertinência; nesse caso, não se trata, a rigor, de diferença *fundada* em propriedade preliminarmente proibida, mas meramente *relacionada* a ela.

7. O Poder Legislativo, mesmo após as Emendas Constitucionais ns. 20/1998 e 42/2003, não pode fundar uma diferenciação entre os contribuintes em razão da atividade econômica ou da utilização intensiva de mão de obra: de um lado, porque isso excluiria um dos elementos essenciais da igualdade (a necessidade de relação de pertinência fundada e conjugada entre a medida de comparação e a finalidade), não se podendo admitir que uma modificação constitucional possa ter esse efeito, sob pena de ela própria ser inconstitucional; de outro, porque isso termina por restringir excessivamente o princípio da liberdade de exercício de atividade econômica, o que afetaria, nesse caso, a validade da lei.

8. As normas tributárias podem ser divididas em *normas com finalidade fiscal*, assim entendidas aquelas que visam primariamente a arrecadar receitas para o Estado e, em virtude disso, repartem os encargos com base em medidas de comparação aferidas por elementos residentes nos próprios contribuintes, como sua capacidade contributiva; e *normas com finalidade extrafiscal*, consideradas como aquelas que visam a atingir algum fim público autônomo, existente fora das propriedades dos próprios contribuintes.

9. A diferenciação entre os contribuintes com base em finalidades extrafiscais só pode ocorrer quando não houver regra de competência cuja hipótese material torne impertinente a finalidade eleita ou vincule a tributação a outra finalidade extrafiscal diversa.

10. A finalidade a ser buscada deve ser demonstrada, sem ambiguidade ou contradição, mediante a indicação do suporte expresso ou implícito, cujo significado preliminar permita aferir a sua previsão em nível constitucional.

11. A finalidade não pode ser indiretamente excluída (pela definição da hipótese material de incidência do tributo por meio da preexclusão de determinadas medidas de comparação ou pela fixação da medida de comparação que deve ser a adotada para o tributo especificamente considerado), nem colidir com aquela finalidade predeterminada pela regra de tributação ou pelo regime jurídico constitucional estabelecido, relativamente à obrigação tributária objeto de instituição.

12. A igualdade só é assegurada se a lei, além de aplicada de modo uniforme, for isonômica no seu conteúdo, isto é, não diferencie os contribuintes senão por meio de fundadas e conjugadas medidas de comparação, atreladas a finalidades constitucionalmente postas.

13. A Constituição estabelece um modelo de igualdade particularista, ao prever o dever de obediência à capacidade contributiva sempre que isso for possível; ao projetar, apenas como exceção, a tributação com base em presunções, mesmo assim vinculadas à dimensão real do fato gerador, e ao atribuir poderes aos entes federados por meio de regras que descrevem os aspectos materiais da hipótese de incidência.

14. Esse tratamento particularizado faz com que o contribuinte deva ser tratado de modo diferente na medida em que ele se diferencia dos demais, quer mediante a consideração das suas particularidades (capacidade contributiva subjetiva), quer mediante a análise das particularidades das operações que concretamente pratica (capacidade contributiva objetiva).

15. Esse modelo particularista, porém, não é puro, podendo o contribuinte deixar de ser parcialmente avaliado segundo as suas circunstâncias, se – por ser impossível ou extremamente onerosa a fiscalização de tributos – as particularidades dos contribuintes e dos casos não puderem ser verificadas, porque sua consideração causaria, devido à falta de previsão, controle, coordenação, modicidade e conhecimento, mais generalização do que individualização.

16. Quando o contribuinte é avaliado por meio de uma padronização, o modelo particularista não é abandonado, mas permanece como contraponto para a generalização, na medida em que os padrões legais utilizados, além de deverem ser compatíveis com a maioria dos fatos efetivamente praticados, devem possuir cláusulas de retorno ao modelo particularista.

17. A dimensão real do fato funciona como critério para verificar a consistência do padrão e a sua aplicabilidade: a *consistência*, porque se houver discrepância entre o seu valor e o efetivo do fato ocorrido, em muitos casos não meramente marginais, o próprio padrão pode ser questionado por não mais corresponder à média dos casos; a *aplicabilidade*, porque mesmo que o padrão seja consistente para a maior parte dos casos e, em razão disso, deva ser mantido como regra geral, se a discrepância for excessiva para determinado contribuinte, ela, de forma individual, pode ser objeto de superação.

18. O dever de eficiência estabelece o grau de realização de fins, cuja concretização seja devida pelo estabelecimento de princípios, dentro do âmbito de poder atribuído por regras, em razão do que não tem o condão de criar poder não concedido por regras, nem afastar critérios gerais de tributação, não autorizando o legislador a abandonar a justiça individual em nome exclusivo da justiça geral.

19. A padronização só é válida se *necessária* (for usada quando não é possível adotar o modelo de igualdade particular), *geral* (provocar efeitos desiguais de diminuta extensão, alcance e intensidade), *compatível* (manter vinculação com a realidade antes e depois da formação do padrão), *neutra* (considerar as diferenças estruturais entre os profissionais atingidos), *não excessiva* (não atingir bens jurídicos essenciais à realização de qualquer direito fundamental), *minimamente equitativa* (conter cláusulas de retorno ao modelo particularista, se as diferenças entre o fato presumido e o ocorrido forem de grande alcance, extensão e intensidade, ou se elas forem de uma qualidade tal, que tenham um impacto disparatado relativamente a algum contribuinte específico).

20. O ajuste do padrão depende de um procedimento de fundamentação e comprovação: de *fundamentação*, porque é preciso exteriorizar, de modo racional e transparente, as razões que permitem a superação do padrão; e de *comprovação*, porque as diferenças de grande alcance, extensão ou intensidade, ou de disparatada qualidade, entre o fato presumido e o ocorrido devem ser instruídas com documentos que comprovem sua existência.

21. Os parâmetros essenciais da obrigação tributária devem estar fixados em lei, cabendo à Administração manter-se fiel a eles na sua concretização no plano concreto, especialmente para o efeito de não prejudicar o exercício da autonomia privada por meio da análise de particularidades, cuja importância não possa ser reconduzida ao padrão legal.

22. O legislador, tendo adotado um sistema legislativo inicial harmônico, não pode dele se afastar sem uma justificativa condizente. Para aferir sua realização, é preciso comprovar a existência de compatibilidade entre uma diferenciação posteriormente introduzida e o conjunto de regras previamente existente. O desenvolvimento posterior inconsequente, incoerente e contraditório perde sua justificação e, por isso, viola a igualdade.

23. A tentativa de reversão dos efeitos passados da coisa julgada, em nome da igualdade, esbarra no estabelecimento da regra que garantiu proteção irrestrita da coisa julgada e na instituição dos princípios da segurança jurídica e da coisa julgada. Os efeitos futuros de decisão transitada em julgado, afastando a cobrança de um tributo (ou a mantendo), podem, extraordinariamente, ser modificados se, e somente se, em virtude de decisão posterior do Poder Judiciário, tenha sido declarada a inconstitucionalidade (ou constitucionalidade, conforme o caso) do tributo e, em virtude dela, se possa comprovar a criação de um estado superveniente de grave desigualdade que impeça a mínima realização dos princípios da liberdade de exercício de atividade econômica e de livre concorrência.

24. O termo "igualdade" pode ser empregado para denotar aquela norma que orienta o intérprete na aplicação de outras normas (igualdade-postulado); para expressar aquela norma que estabelece um estado ideal de igualdade a ser alcançado (igualdade-princípio); para referir a norma que delimita substancialmente o poder do legislador proibindo o emprego de determinadas medidas de comparação (igualdade-regra).

25. A igualdade pode ser considerada uma norma "formal" enquanto aquela que estabelece uma estrutura relacional entre determinados elementos cuja definição provém de outras normas constitucionais materiais. No seu significado operativo completo, porém, é norma "material", porque, nesse sentido, engloba os critérios da relação estrutural (pertinência, fundamento, conjugação), os seus elementos (sujeitos, medida de comparação, elemento indicativo da medida de comparação e finalidade) e os seus parâmetros (regras e princípios direta ou indiretamente relacionados com as medidas de comparação e as finalidades).

26. Ao tratar a igualdade como "finalidade fundamental", "garantia fundamental", "princípio geral" e "garantia específica", e ao ser posta em primeiro lugar nas garantias fundamentais, a Constituição atribuiu uma preferência ao tratamento igualitário.

27. A Constituição deu preferência, no Direito Tributário, ao tratamento particularizado, porque o elegeu como princípio geral (art. 145, § 1º), o manteve como contraponto na sua exceção (art. 150, § 7º) e exigiu sua observância na instituição das espécies tributárias, ao prever, nas regras de competência, a existência de poder de tributar somente relativamente à ocorrência de determinados fatos abstratamente descritos.

28. A eficácia horizontal da prevalência axiológica da igualdade consiste na criação de um desnivelamento favorável à igualdade, no sentido de que, inexistentes outras razões justificativas para sua inversão, a prevalência abstrata deve ser mantida no plano concreto. A eficácia vertical da prevalência manifesta-se na função de suporte argumentativo que a igualdade exerce relativamente a normas infraconstitucionais que estejam em conflito, no sentido de que deve ser dada prioridade à opção interpretativa que seja mais fortemente suportada pela igualdade.

29. A preferência da igualdade cria uma presunção de igualdade, para a qual não basta uma mera explicação para o tratamento desigual, mediante demonstração de existência de autorização para a distinção; é necessária uma justificação, entendida como a demonstração de existência de correção para a distinção, isto é, a fundamentação (e não mera alegação) da existência de uma relação fundada e conjugada entre uma medida de comparação permitida e uma finalidade imposta que obedeça aos vários níveis de justificação decorrentes da harmonia entre as normas de competência e os direitos fundamentais.

30. As finalidades extrafiscais, no Direito Tributário, não têm poder justificativo em si, a tal ponto que sua menção possa dispensar a adução da justificativa geral para o tratamento desigual entre os contribuintes.

31. A presunção de igualdade se manifesta no ônus argumentativo de fundamentação superior para o afastamento da igualdade: são necessárias maiores razões para o seu afastamento do que as exigidas para o afastamento ou superação de outro princípio; e são necessárias, ainda, maiores razões para o tratamento desigual, se houver tratamento diferenciado relacionado a uma medida de comparação preliminarmente vedada ou diversa daquela prescrita pela Constituição.

32. A preferência ao tratamento particularizado, no Direito Tributário, cria uma presunção de igualdade particular, traduzida no dever de o ente estatal tratar igualmente os contribuintes, a não ser que haja uma razão, objeto de comprovação, para tratá-los de modo diferente.

33. A Constituição, ao estabelecer que os contribuintes devem ser tratados igualmente, a não ser que existam razões para tratá-los diferentemente, instituiu o dever de justificativa do tratamento desigual, não do igual, razão pela qual não são os contribuintes que devem apresentar razões de extrema importância para serem tratados da mesma forma, mas é o ente estatal que deve aduzi-las para tratá-los de forma diferente.

34. A finalidade dos tributos é essencial para averiguar a validade da medida de comparação empregada pelo Poder Legislativo. Quando os tributos têm finalidade fiscal, e a regra de competência permite a consideração da capacidade contributiva, essa deve ser a medida de comparação entre os contribuintes. Quando os tributos têm uma finalidade extrafiscal, a medida de comparação deverá corresponder a um elemento ou propriedade que mantenha relação de pertinência fundada e conjugada com a finalidade eleita. Além disso, é preciso confirmar que a medida do distanciamento da igualdade é proporcional, comprovando que: a medida produz efeitos que contribuem para a realização gradual da finalidade extrafiscal (exame da adequação); a medida é a menos restritiva aos direitos envolvidos dentre aquelas que poderiam ter sido utilizadas para atingir a finalidade extrafiscal (exame da necessidade); os efeitos positivos decorrentes da adoção da medida, aferidos pelo grau de importância e de promoção da finalidade extrafiscal, não são desproporcionais aos seus efeitos negativos, estimados pelo grau de importância e de promoção da finalidade igualitária (exame de proporcionalidade em sentido estrito).

35. A liberdade de configuração do Poder Legislativo na realização da igualdade inclui a prerrogativa de avaliação (poder de escolher entre mais de uma premissa concreta duvidosa que irá restringir algum direito fundamental e servirá de ponto de partida para o controle pelo Poder Judiciário) e uma margem de prognose (previsão dos efeitos futuros advindos da adoção de medida que visa a promover efeitos relativos ao interesse público).

36. A distinção efetuada pelo Poder Legislativo, quando se referir a elementos distintivos elevadamente pessoais ou meramente pessoais, terá sempre um ônus argumentativo maior, pela vinculação, direta ou indireta, que essa referência tem com modos de desenvolvimento da pessoa, em geral, e do contribuinte, em particular. Esse ônus argumentativo será tanto maior, quanto maior for a relação da distinção com esses elementos e quanto mais importantes forem os bens jurídicos restringidos pela diferenciação.

37. O Poder Legislativo está limitado pela sua própria atuação na realização da igualdade, embora tenha ampla liberdade de configuração: uma vez tomada uma decisão realizadora da igualdade, deverá segui-la de modo consequente, salvo se houver uma justificação para a posterior discrepância com o tratamento anterior.

38. A existência de regras de competência restringe o poder de controle do Poder Judiciário frente a atos do Poder Legislativo, tanto mais, quanto mais substancialmente determinados forem os poderes atribuídos ao Poder Legislativo pela Constituição.

39. O Poder Judiciário tem competência para emitir juízos positivos no controle de constitucionalidade da aplicação da igualdade, salvo se sua atividade implicar a alteração de sentidos mínimos predetermináveis a partir dos dispositivos legais e o estabelecimento de critérios e soluções opostos aos critérios e soluções constantes da lei.

40. O Poder Executivo, para concretizar o princípio de igualdade, deve instituir instrumentos normativos secundários de concretização dos padrões legais, sempre se guiando pelos critérios legalmente estabelecidos; editar instrumentos normativos secundários para a facilitação da análise do material fático; e garantir, forte na eficácia integrativa, interpretativa e bloqueadora do princípio do devido processo legal, procedimentos que permitam que os contribuintes possam revelar eventuais particularidades significativas que tenham potencial para a alteração dos efeitos legais.

5
BIBLIOGRAFIA

ALEXANDER, Larry, e SHERWIN, Emily. *The rules of rules – Morality, rules and the dilemmas of law*. Durham e Londres: Duke University Press, 2001.

ALEXY, Robert. "Individuelle Rechte und Kollektive Güter". *Recht, Vernunft, Diskurs*. Frankfurt: Suhrkamp, 1995.

_________. "Rechtsregeln und Rechtsprinzipien". *Archiv für Rechts- und Sozialphilosophie* (25): 13-29, 1985.

_________. *Theorie der Grundrechte*. Frankfurt: Suhrkamp, 1985.

AMARO, Luciano. *Direito tributário brasileiro*. 12ª ed. São Paulo: Saraiva, 2006.

ANDRADE, José Carlos Vieira de. *O dever de fundamentação expressa de actos administrativos*. Coimbra: Almedina, 1992.

ANSCHÜTZ, Gerhard. *Die Verfassung des Deutschen Reiches vom 11ª August 1919*. 14ª ed. Darmstadt: Scientia Verlag Aalen, 1987.

ARISTOTELES. *Etica Nicomachea*. 4ª ed. t. 1. Trad. Marcello Zanata. Milão: Rizzoli, 1994.

ÁVILA, Humberto. *Teoria dos princípios*. 16ª ed. São Paulo: Malheiros Editores, 2015; 20ª ed., 2021.

_________. *Teoria da Segurança Jurídica*. 6ª ed. São Paulo: Juspodivm/Malheiros, 2021.

_________. "O princípio da isonomia em matéria tributária". In: TÔRRES, Heleno Taveira (Org.), *Tratado de Direito Tributário: estudos em homenagem a Paulo de Barros Carvalho*, pp. 407-439. São Paulo: Saraiva, 2005.

_________. "Conteúdo, limites e intensidade dos controles de razoabilidade, de proporcionalidade e de excessividade das leis". *Revista de Direito Administrativo*, n. 236, pp. 369-384. Rio de Janeiro: Renovar, abr./jun. 2004.

_________. "Eficácia do Novo Código Civil na legislação tributária". In: GRUPENMACHER, Betina (Org.), *Direito tributário e o novo Código Civil*, pp. 61-79. São Paulo: Quartier Latin, 2004.

_________. *Sistema constitucional tributário*. 3ª ed. São Paulo: Saraiva, 2007.

_________. "A distinção entre princípios e regras e a redefinição do dever de proporcionalidade". *Revista de Direito Administrativo*, n. 215, pp. 151-179. Rio de Janeiro: Renovar, jan./mar. 1999.

_________. "Repensando o princípio da supremacia do interesse público sobre o particular". *Revista Trimestral de Direito Público* 24/159-180. São Paulo: Malheiros Editores, 1999.

_________. "Juristische Theorie der Argumentation". In: HELDRICH, PRÖLSS e KOLLER (Orgs.), *Festschrift für Claus-Wilhelm Canaris zum 70. Geburtstag*. pp. 963-989. Munique: Beck, 2007.

________. "Controles instrumental e justificativo da extrafiscalidade". In: OLIVEIRA, Ricardo Mariz de; ZILVETI, Fernando Aurélio; MOSQUERA, Roberto Quiroga; PURETZ, Tadeu. (Org.). *Direito Tributário: estudos em homenagem ao Professor Luís Eduardo Schoeuri por ocasião de seus 20 anos como Professor Titular em Direito Tributário na Faculdade de Direito da Universidade de São Paulo*. 1. ed. São Paulo: IBDT, 2023, p. 279-291.

BANDEIRA DE MELLO, Celso Antônio. *O conteúdo jurídico do princípio da igualdade*. 3ª ed., 23ª tir. São Paulo: Malheiros Editores, 2014; 4ª ed., 2021.

________. "Princípio da isonomia: desequiparações proibidas e desequiparações permitidas". *Revista Trimestral de Direito Público*, n. 1, p. 79-83. São Paulo: Malheiros Editores, 1993.

BAUMESTER, Peter. *Das Rechtswidrigwerden von Normen: eine rechtsdogmatische Untersuchung zu den Grenzen der Wirksamkeit und Anwendbarkeit von Normen – Probleme des Spannungsverhältnisses von Recht und Zeit*. Berlim: Duncker und Humblot, 1996.

BECKER, Alfredo Augusto. *Teoria geral do direito tributário*. São Paulo: Saraiva, 1963.

BENDA, Ernst, e KLEIN, Eckart. *Verfassungsprozeßrecht*. 2ª ed. Heidelberg: C. F. Muller, 2001.

BIRK, Dieter. *Steuerrecht I, Allgemeines Steuerrecht*. 2ª ed. Munique: Beck, 1994.

BLAKE, William. *Annotations to Sir Joshua Reynolds's discourses*. Londres, 1808.

BONAVIDES, Paulo. "O princípio da igualdade como limitação à atuação do Estado". *Revista da Procuradoria do Estado de São Paulo*, n. 16, p. 71-96, jun. 1980.

BORGES, José Souto Maior. "Significação do princípio da isonomia na Constituição de 1998". *Revista Trimestral de Direito Público*, n. 15, p. 29-34. São Paulo: Malheiros Editores, 1996.

________. "A isonomia tributária na Constituição de 1988". *Revista de Direito Tributário* 64/13. São Paulo: Malheiros Editores.

BOYSEN, Sigrid. *Gleichheit im Bundesstaat*. Tübingen: Mohr Siebeck, 2005.

BRACKER, Susanne. *Kohärenz und Juristische Interpretation*. Baden-Baden: Nomos, 2000.

BRÖHMER, Jürgen. *Transparenz als Verfassungsprinzip*. Tübingen: Mohr Siebeck, 2004.

CAMPOS, Francisco. *Direito constitucional*. v. 2. Rio de Janeiro: Freitas Bastos, 1956.

CANARIS, Claus-Wilhelm. *Systemdenken und Systembegriff in der Jurisprudenz*. 2ª ed. Berlim: Duncker und Humblot, 1983.

CARRAZZA, Roque Antonio. *Curso de direito constitucional tributário*. 30ª ed. São Paulo: Malheiros Editores, 2015; 32ª ed., 2019.

________. "O princípio da igualdade". *Revista Justitia*, v. 37, n. 90, pp. 337-341, jul./set. 1975.

CARVALHO, Paulo de Barros. *Curso de direito tributário*. 18ª ed. São Paulo: Saraiva, 2007.

________. "Compensação de prejuízos fiscais acumulados do imposto sobre a renda e a inconstitucionalidade da limitação de 30% prescrita na Lei n. 8.981/95". *Revista de Direito Tributário*, n. 68, p. 29-38. São Paulo: Malheiros Editores, 1997.

CHIODI, Giulio. *Equità. La regola costitutiva del diritto*. Turim: Giappichelli, 2000.

COÊLHO, Sacha Calmon Navarro. *Curso de direito tributário brasileiro*. 9ª ed. Rio de Janeiro: Forense, 2006.

COMPARATO, Fábio Konder. "Precisão sobre os conceitos de lei e de igualdade jurídica". *Revista dos Tribunais*, v. 87, n. 750, pp. 11-19. São Paulo: Ed. RT, abr. /1998.

_______. "Igualdades, desigualdades". *Revista Trimestral de Direito Público*, n. 1, pp. 69-78. São Paulo: Malheiros Editores, 1993.

COSTA, Alcides Jorge. "Capacidade contributiva". *Revista de Direito Tributário*, v. 15, n. 55, pp. 297-302. São Paulo: Ed. RT, jan./mar. 1991.

DANTAS, F. C. de San Tiago. "Igualdade perante a lei". *Problemas de direito positivo*. Rio de Janeiro: Forense, 1953.

_______. "Igualdade perante a lei e *due process of law*". *Revista Forense*, v. 45, n. 116, pp. 357-367. Rio de Janeiro: Forense, mar./abr. 1948.

DE PAOLA, Leonardo Sperb. *Presunções e ficções no direito tributário*. Belo Horizonte: Del Rey, 1997.

DERZI, Misabel de Abreu Machado. "O princípio da igualdade e o direito tributário". *Revista da Faculdade de Direito Milton Campos*, v. 1, n. 1, pp. 185-222, 1994.

_______. *Direito tributário, direito penal e tipo*. São Paulo: Ed. RT, 1988.

DÓRIA, Antônio Roberto Sampaio. *Princípios constitucionais tributários e a cláusula "due process of law"*. São Paulo: EGRT, 1964.

DÜRIG, Günther. *Archiv des öffentlichen Rechts* (79): 57, 1953/1954.

DWORKIN, Ronald. *Sovereign virtue: the theory and practice of equality*. Cambridge: Harvard University Press, 2000.

_______. "What is equality". *Philosophy of Public Affairs*, 10/3:185, 1981.

ECKHOFF, Rolf. *Rechsanwendungsgleichheit im Steuerrecht. Die Verantwortung des Gesetzgebers für einen gleichmässigen Vollzug des Einkommensteuerrechts*. Colônia: Otto Schmidt, 1999.

ENDERS, Christoph. *Die Menschenwürde in der Verfassung*. Tübingen: Mohr Siebeck, 1997.

FELIX, Dagmar. *Einheit der Rechtsordnung*. Tübingen: Mohr Siebeck, 1998.

FERRAZ, Roberto. "A Igualdade na lei e o Supremo Tribunal Federal". *Revista Dialética de Direito Tributário*, n. 116, pp. 119-128. São Paulo: Dialética, maio 2005.

FERRAZ JÚNIOR, Tércio Sampaio. "O princípio da igualdade no direito tributário". *Revista de Direito Tributário*, v. 15, n. 58, pp. 204-208. São Paulo: Ed. RT, out./dez. 1991.

FLEW, Antony. *The politics of Procustes: contradictions of enforced equality*. Buffalo, NY: Prometheus Books, 1981.

FRANKENA, William. "The concept of social justice". In: BRAND, Richard (Org.), *Social Justice*. Englewood Cliffs, NJ: Prentice-Hall, 1962.

FRIED, Charles. *Saying what the law is. The Constitution in the Supreme Court*. Cambridge: Harvard University Press, 2004.

GALLIGAN, Denis James. *Discretionary powers*. Oxford: Clarendon, 1986.

GESEPATH, Stefen. *Gleiche Gerechtigkeit*. Frankfurt: Suhrkamp, 2004.

GONÇALVES, José Arthur Lima. *Isonomia na norma tributária*. São Paulo: Malheiros Editores, 2003.

GRECO, Marco Aurélio. *Substituição tributária (antecipação do fato gerador)*. 2ª ed. São Paulo: Malheiros Editores, 2001.

GREENAWALT, Kent. "How empty is the idea of equality". *Columbia Law Review*, 83:1.167-1.185, 1983.

GRIBNAU, J. L. M. "Equality, Consistency and Impartiality in Tax Legislation". In GRIBNAU, Hans (Org.), *Legal protection against discriminatory tax legislation*. Haia: Kluwer, 2003.

GUASTINI, Riccardo. *Distinguendo: studi di teoria e metateoria del diritto*. Turim: Giappichelli, 1996.

HÄBERLE, Peter. "Menschenwürde und Verfassung am Beispiel von Art. 2 Abs. 1 Verf. Griechenland 1975". *Rechtstheorie*, (11): 398, 1980.

HAGE, Jaap. C. *Reasoning with rules. An essay on legal reasoning and its underlying logic*. Dordrecht: Kluwer, 1997.

HARGER, Marcelo. "O Simples e o princípio da isonomia". *Revista Tributária e de Finanças Públicas*, v. 9, n. 40, pp. 225-231. São Paulo: Ed. RT, set./out. 2001.

HART, Herbert. *The concept of law*. Oxford: Clarendon, 1961.

HENSCHE, Martin. *Teleologische Begründungen in der juristischen Dogmatik*. Baden--Baden: Nomos, 1998.

HUSTER, Stefan. *Rechte und Ziele: Zur Dogmatik des allgemeinen Gleichheitssatzes*. Berlim: Duncker und Humblot, 1993.

ISENSEE, Josef. *Die typisierende Verwaltung. Gesetzesvollzug im Massenverfahren am Beispiel der typisierenden Betrachtungsweise des Steuerrechts*. Berlim: Duncker und Humblot, 1976.

JACHMANN, Monika. *Steuergesetzgebung zwischen Gleichheit und wirtschaftlicher Freiheit: verfassungsrechtliche Grundlagen und Perspektiven der Unternehmensbesteuerung*. Stuttgart; Munique; Hannover; Berlim; Weimar; Dresden: Boorberg, 2000.

__________. *Die Fiktion im öffentlichen Recht*. Berlim: Duncker und Humblot, 1998.

JARASS, Hans, e PIEROTH, Bodo. *Grundgesetz für die Bundesrepublik Deutschland*. 4ª ed. Munique: Beck, 1997.

JARZYK-DEHNE, Friederike. *Pauschalierungen im Steuerrecht*. Berlim: Duncker und Humblot, 2003.

KAGAN, Shelly. *The limits of morality*. Oxford: Clarendon, 1989.

KELSEN, Hans. *Reine Rechtslehre*. 2ª ed. Viena: Franz Deuticke, 1960.

__________. *Was ist Gerechtigkeit?* 2ª ed. Viena: Franz Deuticke, 1975.

KIRCHHOF, Paul. *Besteuerung im Verfassungsstaat*. Tübingen: Mohr Siebeck, 2000.

__________. *Die Verschiedenheit der Menschen und die Gleichheit vor dem Gesetz*. Munique: Siemens Stiftung, 1996.

__________. "Der verfassungsrechtliche Auftrag zur Steuervereinfachung". In BÜHLER, Wilhelm; KIRCHHOF, Paul, e KLEIN, Franz. *Steuervereinfachung. Festschrift für Dietrich Meydung zum 65. Geburtstag*. pp. 3 e ss. Heidelberg: Müller, 1994.

KLATT, Matthias. *Theorie der Wortlautgrenze: Semantische Normativität in der juristischen Argumentation*. Baden-Baden: Nomos, 2004.

KREIBICH, Roland. *Der Grundsatz von Treu und Glauben im Steuerrecht*. Heidelberg: Müller, 1992.

LEIBHOLZ, Gerhard. *Die Gleichheit vor dem Gesetz*. 2ª ed. München: Beck, 1959.

MAITERTH, Ralf. *Wettbewerbsneutralität der Besteuerung*. Bielefeld: Erich Schmidt, 2001.

MATHIS, Klaus. *Effizienz statt Gerechtigkeit? Auf der Suche nach den philosophischen Grundlagen der Ökonomischen Analyse des Rechts*. Berlim: Duncker und Humblot, 2004.

MAUNZ, Theodor, e ZIPPELIUS, Reinhold. *Deutsches Staatsrecht*. 29ª ed. Munique: Beck, 1994.

MENDES, Gilmar. "Os direitos fundamentais e seus múltiplos significados na ordem constitucional". *Revista Brasileira de Direito Público*, v. 1, n. 1, pp. 91-103. Belo Horizonte: Fórum, abr./jun. 2003.

MICHAEL, Lothar. *Der allgemeine Gleichheitssatz als Methodennorm komparativer Systeme*. Berlim: Duncker und Humblot, 1997.

MOLINA, Pedro M. Herrera. *Capacidad económica y sistema fiscal*. Madri: Marcial Pons, 1998.

MOREIRA, José Carlos Barbosa. "Considerações sobre a chamada 'relativização' da coisa julgada material". *Revista Forense* 377/43-61. Rio de Janeiro: Forense, jan./fev. 2005.

MOSCHETTI, F. "La capacità contributiva". *Trattato di diritto tributario*. v. 1, t. 1. Pádua: CEDAM, 1994.

ORTIZ, Gaspar Ariño. *Principios constitucionales de la libertad de empresa: libertad de comercio e intervencionismo administrativo*. Madri: Marcial Pons, 1995.

OSTERLOH, Lerke. *Gesetzesbindung und Typisierungsspielräume bei der Anwendung der Steuergesetze*. Baden-Baden: Nomos, 1992.

PECZENIK, Aleksander. *On law and reason*. Dordrecht: Kluwer, 1989.

PENSKY, Ulrich. "Rechtsgrundsätze und Rechtsregeln". *Juristen Zeitung*, n. 3, pp. 109 e ss., 1989.

PERNICE, Ingolf. *Billigkeit und Härteklauseln im öffentlichen Recht*. Baden-Baden: Nomos, 1991.

PESTALOZZA, Christian. *Verfassungsprozeßrecht*. 3ª ed. Munique: Beck, 1991.

PETERS, Christopher. "Equality revisited". *Harvard Law Review*, v. 110, n. 6, pp. 1.210-1.264, 1997.

PIMENTA, Paulo Roberto Lyrio. *Contribuições de intervenção no domínio econômico*. São Paulo: Dialética, 2002.

PINTO, Maria da Glória Ferreira. "Princípio da igualdade: fórmula vazia ou fórmula 'carregada' de sentido?" *Boletim do Ministério da Justiça*, n. 358, pp. 19-64. Lisboa, jul./1986.

PLATÃO. "O Político" ("Statesman"). In *Statesman, Philebus, Ion*. Trad. Harold N. Fowler, W. R. M. Lamb. Cambridge: Harvard University Press. 2001.

PLEYER, Marcus. *Föderative Gleichheit*. Berlim: Duncker und Humblot, 2005.

PONTES, Helenilson Cunha. "Coisa julgada tributária". In: MARTINS, Ives Gandra da Silva *et. al.* (Orgs.), *Coisa julgada tributária*, pp. 189-211. São Paulo: MP Editora, 2005.

RAABE, Marius. "Grundrechtsschutz und gesetzgeberischer Einschätzungsspielraum – Ein Konstruktionsvorschlag". In: GRABENWARTER, Christoph (Org.), *Allgemeinheit der Grundrechte und Vielfalt der Gesellschaft*. Stuttgart: Boorberg, 1994.

RADBRUCH, Gustav. *Rechtsphilosophie*. Stuttgart: UTB, 2003.

RAU, Christian. *Selbst entwickelte Grenzen in der Rechtsprechung des United States Supreme Court und des Bundesverfassungsgerichts*. Berlim: Duncker und Humblot, 1996.

RAZ, Joseph. *The morality of freedom*. Oxford: Clarendon, 1986.

REALE, Miguel. *Introdução à filosofia*. São Paulo: Saraiva, 1988.

_________. *Filosofia do Direito*. 14ª ed. São Paulo: Saraiva, 1991.

ROCHA, Cármen Lúcia Antunes. *O princípio constitucional da igualdade*. Belo Horizonte: Lê, 1990.

RYAN, William. *Equality*. Nova York: Pantheon, 1981.

SCACCIA, Gino. *Gli "strumenti" della ragionevolezza nel giudizio costituzionale*. Milão: Giuffrè, 2000.

SCHAUER, Frederick. "The generality of law". *West Virginia Law Review*, n. 107, pp. 217-234, 2004.

_________. "Easy Cases". In GARVEY, John, ALEINIKOFF, Alexander, e FARBER, Daniel (Orgs.), *Modern constitutional theory: a Reader*. 5ª ed. St. Paul: West, 2004.

_________. *Profiles, probabilities and stereotypes*. Cambridge: Belknap, 2003.

_________. "The generality of rights". *Legal Theory*, n. 6, pp. 323-336, 2000.

_________. *Playing by the rules: a philosophical examination of rule-based decision--making in law and in life*. Oxford: Clarendon, 1991.

_________. "Formalism". *The Yale Law Journal*, v. 97, n. 4, pp. 509-548, mar./1988.

SCHONBERG, Soren. *Legitimate expectations in administrative law*. Oxford: Oxford Press, 2000.

SCHOUERI, Luis Eduardo. *Normas tributárias indutoras e intervenção econômica*. Rio de Janeiro: Forense, 2005.

_________. *Distribuição disfarçada de lucros*. São Paulo: Dialética, 1996.

SEABRA FAGUNDES, Miguel. "O princípio constitucional da igualdade perante a lei e o Poder Legislativo". *Revista dos Tribunais*, v. 44, n. 235, pp. 3-15. São Paulo: Ed. RT, maio 1955.

SEIDL, Christian. "Betriebssteuer und Neutralität". *Steuer und Wirtschaft*, pp. 350 e ss., 1989.

SHEPPARD, Steve. "The state interest in the good citizen: constitutional balance between the citizen and the perfectionist state". *Hastings Law Journal*, v. 45, n. 4, abr./1994.

SILVA, José Afonso da. "O advogado perante o princípio da igualdade". *Revista Jurídica* 92, pp. 38-49. Porto Alegre, 1979.

SILVA, Ovídio Batista da. "Coisa julgada relativa?" *Revista da AJURIS* 94, pp. 213-225, 2004.

SOBOTA, Katharina. *Das Prinzip Rechtsstaat*. Tübingen: Mohr Siebeck, 1997.

STERN, Klaus. *Das Staatsrecht der Bundesrepublik Deutschland. Grundbegriffe und Grundlagen des Staatsrechts, Strukturprinzipien der Verfassung*. 2ª ed. t. 1. Munique: Beck, 1984.

STOBER, Rolf. *Allgemeines Wirtschaftsverwaltungsrecht. Grundlagen und Prinzipien. Wirtschaftsverfassungsrecht*. 12ª ed. Stuttgart: Kohlhammer, 2000.

TORRES, Ricardo Lobo. "Os direitos humanos e a tributação: imunidades e isonomia". In *Tratado de direito constitucional financeiro e tributário*. 3ª ed. Rio de Janeiro: Renovar, 2005.

_________. "A legitimação dos direitos humanos e os princípios da ponderação e da razoabilidade". In TORRES, Ricardo Lobo (Org.), *Legitimação dos Direitos Humanos*. Rio de Janeiro: Renovar, 2002.

VELLOSO, Carlos Mário da Silva. "A evolução da interpretação dos direitos fundamentais no Supremo Tribunal Federal". In SAMPAIO, José Adércio Leite (Org.), *Jurisdição constitucional e direitos fundamentais*, pp. 347-383. Belo Horizonte: Del Rey, 2003.

VOGEL, Klaus. "Die Abschichtung von Rechtsfolgen im Steuerrecht". *Der offene Finanz- und Steuerstaat*. Heidelberg: Müller, 1991.

VOGT, Jürgen. *Neutralität und Leistungsfähigkeit*. Frankfurt: Peter Lang, 2003.

WESTEN, Peter. *Speaking of equality. An analysis of the rhetorical force of "equality" in moral and in legal discourse*. Princeton: Princeton University, 1990.

_________. "To lure the tarantula from its hole: a response". *Columbia Law Review*, n. 83, p. 1.188, 1983.

ZIPPELIUS, Reinhold. *Juristiche Methodenlehre*. 7ª ed. Munique: Beck, 1999.

* * *